Christa Jänicke:
Mein Leben mußte warten

Der Weg einer trockenen Alkoholikerin

Deutscher
Taschenbuch
Verlag

Originalausgabe
Juni 1995
© 1995 Deutscher Taschenbuch Verlag GmbH & Co. KG,
München
Umschlaggestaltung: Klaus Meyer, Costanza Puglisi
Umschlagfoto: Peter Schinzler
Satz: Filmsatz Schröter, München
Druck und Bindung: C. H. Beck'sche Buchdruckerei,
Nördlingen
Printed in Germany · ISBN 3-423-30474-X

Das Buch

»Mein Name ist Christa. Ich bin Alkoholikerin.« Seit über vierzehn Jahren begleiten diese beiden Sätze, unzählige Male vor der Gruppe Anonymer Alkoholiker ausgesprochen, den Weg Christa Jänickes in die Trockenheit. Offen, selbstkritisch und sehr persönlich ist ihre Schilderung dieser ereignisreichen Wanderschaft, die dort einsetzt, wo die Erfahrungsberichte von ähnlich Betroffenen zumeist abbrechen: Die »nasse« Zeit hat sie hinter sich, die eigentliche Arbeit eines Alkoholsüchtigen beginnt. Sie steht »an der Schwelle des grauen, zeit- und therapielosen Alltags außerhalb der unwirklichen und behütenden Käseglockenatmosphäre eines Krankenhauses oder Sanatoriums«. Gerade in der Zeit danach mangelt es nicht an Stolpersteinen und Anfechtungen: Lebensangst, Schlaflosigkeit und Depressionen müssen nun ohne die bewährten Helfer Alkohol und Tabletten bewältigt werden. Und berufliche Schwierigkeiten, die zerbrochene Ehe und private Schicksalsschläge lassen den Aufbruch Christa Jänickes in ein wieder selbstbestimmtes Leben zu einer gefahrvollen Gratwanderung werden. Wie sie dies alles durchsteht, woher sie die Kraft dazu nimmt, kann auch anderen Betroffenen Mut machen, den Weg in die Trockenheit zu wagen.

Die Autorin

Christa Jänicke, 1939 geboren, studierte Französisch an der Pädagogischen Hochschule in Berlin, absolvierte eine Ausbildung zur Analytischen Kinder- und Jugendlichentherapeutin und lebt in Berlin. Sie schrieb in diesem Buch ihre eigene Geschichte auf.

Inhalt

7 Einleitung

17 Vom Hintersinn der Märchen und dem Sinn der Sucht

24 Mein Weg in die Sucht – die Vorgeschichte

32 Fünf vor zwölf

46 Der Tag meiner Kapitulation

51 Die ersten sechs Wochen
Erste Eindrücke in der Gruppe – Befreiung vom »Stoff« – Gruppenarbeit – Vom Selbstmitleid – Im Heute leben –

97 Das erste Jahr der Trockenheit
Die Clique – Eine neue Beziehung und Trennungsabsichten – Auseinandersetzung mit meinen Eltern – Abschied nehmen – Die Trennung von Jens – Auszug und Neubeginn –

144 Die Jahre der Konsolidierung
Jonas – Ferientage – Unter Kolleginnen – Schlußstriche – Vom Umgang mit Depressionen – Geborgenheit – Erste eigenständige Gehversuche – Herausforderungen – Lehrjahre als Gruppensprecherin – Tochter und Vater –

198 Die Krise
Eine Illusion zerplatzt – Phase der Lähmung
und inneren Trugbilder – Phase der
Widersprüche – Phase der Einkehr und
Neuorientierung – Ein Ausflug in die
Esoterik – Eine Ausstellung –
Die Zeit der Stille – Die Früchte der Stille –

231 Literaturhinweise

Einleitung

»Mein Name ist Christa. Ich bin Alkoholikerin.« – Wie oft wohl habe ich diese beiden Sätze in den vergangenen vierzehn Jahren ausgesprochen, wenn ich mich in einer Gruppe vorstellte! Anfangs tat ich dies mit klopfendem Herzen und unsicherer Stimme, und immer war da das Gefühl, etwas Ungeheuerliches zu verkünden, etwas, das man besser für sich behielt und das mich – einmal ans Licht der Öffentlichkeit gezerrt – fremd und wie aussätzig vorkommen ließ. Inzwischen geht mir dieses Bekenntnis zu meiner Sucht selbstverständlich über die Lippen. Im Laufe der Jahre ist es für mich zur Grundlage eines zufriedenen, trockenen und erfüllten Lebens geworden.

Dieses Buch ist ein sehr persönlicher Bericht meines Weges in die Trockenheit. Ich habe den Entschluß zu schreiben lange in mir reifen lassen, habe andere, distanziertere Formen der Darstellung erwogen und habe sie wieder verworfen. Sie entsprechen mir nicht, lassen mich nicht das ausdrücken, was mir doch eigentlich so vertraut ist, was mir in so vielen leidvollen Erfahrungen und Gesprächen zur Gewißheit geworden ist und worin ich mich auskenne wie sonst nirgends in meinem Leben. Vor allem lassen sie mich nicht die richtige – meine – Sprache finden.

So habe ich mich entschlossen, das Risiko einzugehen und von mir zu schreiben, auch auf die Gefahr hin, von Erlebnissen und Gefühlen berichten zu müssen, die normalerweise nicht für fremde Ohren bestimmt sind. Doch habe ich inzwischen gelernt, mit meinen dunklen Seiten zu leben. Und da ich auch außerhalb der Gruppe keinen

Hehl aus ihnen mache, habe ich immer wieder erlebt, daß meine Offenheit auch anderen Menschen guttut, daß sie sie nicht abstößt, sondern eher aufhorchen läßt und sie ermuntert, einen Blick in die eigenen Abgründe und Dunkelkammern zu wagen.

Als ich begann, mich mit dem Thema Sucht auseinanderzusetzen, stellte ich fest, daß hierzu schon eine Unmenge Literatur existiert: Bücher, Broschüren, Nachschlagewerke, Zeitschriften, mit sehr viel Statistik und diversen Definitionen. Viel, unendlich viel wird dort gesammelt, sortiert, katalogisiert, definiert und beschrieben. Das Interesse an diesem Thema ist beeindruckend.

Die Lektüre der meisten Texte war für mich eher enttäuschend, denn fast nirgends fand ich mich mit meinen ganz konkreten Problemen und Fragestellungen wieder. Auf der einen Seite die zum Teil bewegenden Berichte von Betroffenen aus der »nassen« Zeit, die im günstigsten Fall noch die in der Klinik absolvierte Therapie mit einschließen, die aber in der Regel dort abbrechen, wo die eigentliche Arbeit eines Süchtigen erst beginnt: an der Schwelle des grauen, zeit- und therapielosen Alltags jenseits der unwirklichen und behütenden Käseglockenatmosphäre eines Krankenhauses oder Sanatoriums.

Auf der anderen Seite die fleißig und akribisch recherchierten, jedoch oft nichtssagenden wissenschaftlichen Arbeiten von Menschen, für die der Süchtige ein Objekt ist, das es von allen Seiten zu erforschen gilt. Und es liegt in der Natur der Sache, daß sie sich vorzugsweise dem Aspekt des Themas widmen, der der Forschung am ehesten zugänglich ist. Das ist nun einmal der »nasse Alkoholiker«. Denn ist er erst einmal trocken, entzieht er sich in der Regel jeder wissenschaftlichen Forschung, taucht unter im Strom des Lebens. Solange er jedoch in Kliniken und Langzeittherapien für den Arzt beziehungsweise Psychologen verfügbar ist, ist er ein willkommenes Objekt für Untersuchungen aller Art. Daß er in seiner Schwäche und Abhängigkeit zugleich auch die ideale Projektionsfläche für die unbewußten Schattenseiten der Forschenden selbst darstellt, ist inzwischen kein Geheimnis mehr. Um so erstaunlicher, wieviel Energie darauf verwandt wird, Forschungen an einer Stelle zu betreiben, die zwar gut ausgeleuchtet ist, wo jedoch Wesentliches und wirklich Hilfreiches kaum noch zu erwarten ist.

Manchmal mußte ich bei der Lektüre dieser wissenschaftlichen Arbeiten unwillkürlich an jenen Witz denken, in dem ein Mann seinen Schlüssel im Lichtschein unter einer Laterne sucht, obwohl er ihn dort gar nicht verloren hat. Befragt, warum er ihn denn dort suche, meint er: »Weil es dort heller ist.«

Die in wissenschaftlichen Untersuchungen genannten Prozentzahlen zu denjenigen, die ihre Sucht erfolgreich bekämpft haben, sind willkürlich, wenn nicht abenteuerlich, denn wie aussagekräftig ist eine Statistik, die zum Beispiel besagt, daß soundso viele Alkoholiker nach einem Jahr noch trocken sind? Was ist schon ein Jahr, was sind zwei, drei Jahre im Vergleich zu der Zeit, die noch vor einem liegt? Abhängig bleibe ich mein Leben lang, und so gilt es, wenn ich es wirklich ernst meine mit der Trockenheit, einen Weg zu finden, auf dem meine Sucht für immer zum Stillstand kommt. Zwar heißt es immer wieder, daß Rückfälle ein Symptom der Krankheit Sucht sind. Das ist zweifellos richtig. Doch macht es mich immer wieder neu betroffen, wie leichtfertig sie als unausweichliche Schicksalsschläge hingenommen werden, denn ein Rückfall ist ein gefährliches Spiel mit dem Feuer. Mit jedem von ihnen opfert man – vielleicht unwiederbringlich – einen Teil des Selbstwertgefühls oder auch der körperlichen und seelischen Unversehrtheit. Im Extremfall zahlt der Süchtige sogar mit dem Leben.

Natürlich finden sich in der Literatur auch ausgezeichnete Erfahrungsberichte speziell von den Ärzten und Therapeuten, die sich die jahrzehntelangen Erfahrungen der Anonymen Alkoholiker zunutze gemacht haben. Doch auch die besten Studien zu diesem Thema können nicht weiter führen als bis zu dem Punkt, an dem der Betroffene nach der kurzen Phase der Entgiftung sein Leben in eigener Regie übernehmen muß. Jede darüber hinausgehende Betreuung durch Nicht-Betroffene führt unweigerlich zu erneuter Entmündigung. Vor allem nährt sie die beim Süchtigen lebensgefährliche Illusion, daß da jemand ist, der für ihn sorgen kann.

Ich jedenfalls bekam erst die Chance, mich aus den Fesseln der Abhängigkeit zu befreien, als ich bereit war, mein Leben in meine Hände zu nehmen und meine Verantwortung nicht mehr an andere – seien es Ärzte, Therapeuten, Eltern oder den Ehemann – zu delegieren. Die einzige Hilfe, die ich in Anspruch nahm, war die Hilfe der Gruppe. Ihr verdanke ich ein zufriedenes, trockenes Leben, und so wird sie mich – die lebenslang Süchtige – bis ans Lebensende begleiten.

Daß jedoch der regelmäßige Gruppenbesuch allein keine Garantie für immerwährende Trockenheit bedeutet, wurde mir kürzlich auf erschreckende Art wieder deutlich. Noch während ich an diesem Buch schrieb, erfuhr ich vom Rückfall einer langjährig trockenen Gruppenfreundin. Eine außereheliche Beziehung ihres Mannes hatte Karla aus der Bahn geworfen, sie in ihrer Verzweiflung zur Flasche greifen lassen und wieder tief in die Abgründe der Sucht zurückgestoßen.

Immerhin erschien sie in der Gruppe, versuchte, an Bekanntes anzuknüpfen, und bemühte sich verzweifelt, den »trockenen« Schein zu wahren. Doch der »Stoff« hatte wieder von ihr Besitz ergriffen und machte sie zu einem willenlosen Opfer ihrer Abhängigkeit. Ihr starres, aufgedunsenes Gesicht strafte ihre glatten Worte Lügen, und die kräftig aufgetragene Schminke ließ ihre einstmals so lebendigen, markanten und gleichwohl sensiblen Gesichtszüge nun zu einer Maske erstarren, hinter der sie ihre Angst und Verzweiflung nur mühsam verbergen konnte.

Karla hatte meine Anfänge der Trockenheit mit konzentriertem Interesse verfolgt und sie mit überlegenem Einfühlungsvermögen kommentiert. Damals beneidete ich sie um die Jahre der Trockenheit, die sie mir voraus hatte, und ich bewunderte ihre fast routiniert wirkende Sachkenntnis und Sicherheit in puncto Alkohol. Doch nun war Karla rückfällig geworden. Vierzehn Jahre Trockenheit waren von heute auf morgen wertlos geworden. Vierzehn Jahre gewachsenen Vertrauens in die eigenen Kräfte und Möglichkeiten und vierzehn Jahre mühsam erworbener Sicherheit und Selbstbewußtheit als trockene Alkoholikerin gehörten der Vergangenheit an. Es galt, bei Null anzufangen, noch einmal den beschwerlichen Weg des Trockenwerdens zu beschreiten, Schritt für Schritt, Tag für Tag, Woche für Woche, Jahr für Jahr. Alles, was sich in diesen vierzehn Jahren an Wissen und Gewißheiten angehäuft hatte, alles, was Karla an Sicherheit gewonnen hatte, war nun für einen unbeschwerten Neuanfang zum Ballast geworden und mußte daher über Bord geworfen und zurückgelassen werden.

Tut man dies nicht und verzichtet bei einem Rückfall auf die radikale Entrümpelung des jahrelang gesammelten Wissens, so läuft man Gefahr, schädliche Verhaltensweisen und gefährliche emotionale Verfestigungen beizubehalten und so den Rückfall immer wieder möglich zu machen. Denn irgendwo in unserem Wust von angehäuften Wahrheiten, Halbwahrheiten, Lebenslügen, Gewißheiten und Wunschvorstellungen steckt der Keim des Rückfalls.

Er ist es, der eine klare Unterscheidung von richtig und falsch, förderlich und schädlich, gut und schlecht unmöglich macht. Wo dieser Keim steckt und in welchem Ausmaß er sich verbreitet hat, ist nicht so ohne weiteres auszumachen, jedenfalls nicht von dem Betroffenen selbst, der ja mittendrin steckt und den Überblick verloren hat. Und auch das Wissen der Gruppenfreunde nützt dem Unglücklichen herzlich wenig und erreicht ihn nicht. So bleibt nach einem Rückfall nichts weiter als die bedingungslose und radikale Rückkehr zum Ausgangspunkt.

Wie schwer, ja schier unmöglich das nach einer langen Zeit der Trockenheit ist, wurde mir am Schicksal dieser Gruppenfreundin auf bedrückende Art und Weise deutlich. Wer verzichtet schon gern auf vertraute und liebgewonnene Gewohnheiten und Sicherheiten, zumal, wenn sie sich über einen Zeitraum von vierzehn Jahren – scheinbar – bewährt haben? Wer begibt sich schon freiwillig wieder zurück an den Anfang eines beschwerlichen Weges, wenn er gerade eben noch zu den langjährig Trockenen gehört hat? Wer läßt sich schon von Gruppenfreunden, denen er vor kurzem noch aus sicherer Distanz Beherzigenswertes aus seinem gewachsenen Erfahrungsschatz berichtet hat, vorhalten, welche gravierenden Fehler er womöglich gemacht und an welcher Stelle er bewährte Gruppenempfehlungen sträflich mißachtet hat?

So fühle ich mich denn gerade angesichts der Tragödie dieses Rückfalls bestärkt, der Frage nach der zufriedenen, der erfüllten, der schöpferischen Trockenheit nachzugehen. Nicht die Quellen meiner Sucht und die verschlungenen Pfade ihres Wachsens und Werdens sollen hier im Mittelpunkt stehen. Ursachenforschung und Vergangenheitsbewältigung habe ich in insgesamt zehn Jahren Analyse ausgiebig betrieben, und es ist mir dabei nicht gelungen, meiner Sucht Einhalt zu gebieten. So richte ich meinen Blick vor allem auf das Heute und auf die Zukunft, die große Zeitspanne, die vom Beginn meiner Trockenheit bis an mein Lebensende reichen wird, und deren zentrale Fragestellungen mich beschäftigen: Wie kann ich trocken werden und bleiben, ohne in der ständigen Angst vor einem Rückfall zu leben? Wie kann ich ein trockenes und erfülltes Leben führen und zugleich meinem Anspruch auf Selbstverwirklichung in vollem Umfang gerecht werden? Wie erlange ich eine Trockenheit, die nicht nur die kleinen Stolpersteine des Alltags, sondern auch lebensbedrohliche Krisen, große Umbrüche integrieren kann, ja, in der ich diese sogar als Meilensteine einer sicher oft schmerzlichen, immer aber lebensbejahenden und konstruktiven Entwicklung begreifen kann?

Karla war also nach vierzehnjähriger Trockenheit einer solchen Krise zum Opfer gefallen, einer Beziehungskrise, die auch jeden Nicht-Alkoholiker aus der Bahn werfen kann. Doch als Alkoholikerin war sie doppelt gefährdet, und so hätte sie doppelt vorsichtig sein müssen, hätte von Anfang an dafür Sorge tragen müssen, daß ihre Trockenheit keine Risse bekommt, undichte Stellen, durch die die enorm destruktiven Energien der Sucht schleichend und unbemerkt einfließen können, die irgendwann das gesamte Denken, Fühlen und Handeln beherrschen, ohne daß man sich dessen bewußt wird.

Doch das hatte sie versäumt, hatte einige Empfehlungen in den Wind geschlagen, hatte unter anderem, ohne es zu bemerken, ihre Funktion als Gruppensprecherin zur Stabilisierung ihres nichtausgereiften Selbstwertgefühls mißbraucht und zugleich die therapeutische Arbeit in der Gruppe mit der Aufnahme freundschaftlicher Beziehungen verwechselt. Sie stellte zum Beispiel ihr privates Ferienhaus für regelmäßige gemeinsame Gruppenfahrten zur Verfügung, wodurch nur schwer auflösbare und für alle nicht mehr durchschaubare Abhängigkeiten entstanden, in deren Bann die eigentliche Aufgabe aus den Augen verloren gehen mußte.

»Nasses Verhalten« nennen die Anonymen Alkoholiker einen solchen unbewußt verlaufenden Prozeß und bringen damit zum Ausdruck, daß es für einen Alkoholiker keinesfalls reicht, das Glas, die Tablette, den »Stoff« stehenzulassen. Wenn ich mein Leben nicht von Grund auf ändere, habe ich keine Chance, langfristig trocken zu bleiben. Oder sehr viel einfacher und drastischer ausgedrückt: »Das erste Glas stehen lassen kann jeder Idiot, aber trocken zu bleiben, das schaffen nur wenige.«

Im Grunde ist das sehr einleuchtend: Wie soll ich denn von heute auf morgen ein Leben ohne »Stoff« ertragen, das schon im benebelten Zustand zum Schluß unerträglich war? Wie soll ich mit zunehmend klarem Verstand auf Dauer das emotionale und oft auch organisatorische und finanzielle Chaos aushalten, das sich im Laufe der Jahre angehäuft hat? Für eine Weile läßt es sich – je nach Temperament – ganz gut ertragen. Sogenannte »Trinkpausen« hat jeder Alkoholiker in seiner Säuferkarriere vorzuweisen. Sie gehören mit zum Krankheitsbild. Doch langfristig ist der Alkoholiker damit überfordert. Bei mir hat eine dieser Pausen sogar drei Jahre gedauert. Damals wußte ich noch nichts von der Notwendigkeit, mein Leben zu ändern, und so war denn der Rückfall vorprogrammiert.

Das Trockenwerden und -bleiben ist kein einmaliger Kraftakt, der möglichst schnell und effektiv hinter sich zu bringen ist, sondern das ständige geduldige Bemühen, den Zustand weitgehender Unbewußtheit zu Beginn der Trockenheit umzuwandeln in einen Prozeß wachsenden Bewußtwerdens, ein Lebensprogramm also. Wohl jeder Alkoholiker kennt die erstaunte bis vorwurfsvolle Frage von Nicht-Betroffenen: »Nun bist du schon so lange trocken und gehst immer noch in die Gruppe! Ist das nicht übertrieben?« Offenkundig ist es Außenstehenden nicht klar, daß ein Süchtiger ein Leben lang süchtig bleibt und daher ein Leben lang etwas dagegen tun muß.

Um eben diesen lebenslangen Weg in die Trockenheit geht es mir, um die notwendige Ausrüstung am Anfang, um die Gefahren des Stolperns, des allzu hastigen Drauflosstürmens, aber auch des ungebührlich langen, ängstlichen Verweilens, des selbstmitleidigen Zurückschauens, um das erste vorsichtige Auskundschaften und Erproben eigener Pfade, um die Anfechtungen der Einsamkeit dabei, aber auch um die Gefühle von Stolz und Zufriedenheit, wenn ein solcher selbstgewählter Weg sich für mich als der richtige erwiesen hat. Und es geht mir um die Gefahr des endgültigen Absturzes angesichts der Abgründe einer Lebenskrise.

Seit vierzehn Jahren befinde ich mich nun auf dieser ereignisreichen Wanderschaft, und es spricht alles dafür, daß ich – jedenfalls zur Zeit – den für mich richtigen Weg gefunden habe. Hundertprozentige Sicherheit vor den Gefahren eines Rückfalls wird es nie geben. Aber ich habe unendlich viele Möglichkeiten entdeckt, mein Leben konsequent und kreativ zu gestalten, so daß die Bedrohungen aus dem Unbewußten an Gefährlichkeit und Macht verlieren. Und von diesen Möglichkeiten will ich berichten, indem ich alles noch einmal nacherlebe.

Vom Hintersinn der Märchen und dem Sinn der Sucht

Ich bin mit Märchen groß geworden. Sie waren für mich wie Spielgefährten, die einem so vertraut sind, daß man ihr Wesen nie hinterfragte. Sie gehörten eben dazu. Anfangs erzählte sie uns unsere Mutter, später las ich selber, auch die Mythen und Sagen. Und ich verlor mich in ihren illusionären Bildern von Glück und Zufriedenheit, denn dieser lichte, beglückende Aspekt blieb vordergründig in mir haften und prägte mein kindliches Gemüt.

Mit dreiundzwanzig Jahren heiratete ich in sträflicher Naivität nach dem Motto meiner Märchen: »… und sie lebten glücklich und zufrieden bis an ihr Lebensende.« Inzwischen weiß ich, daß ich da etwas ganz furchtbar mißverstanden habe, und für alle diese Mißverständnisse habe ich bisher teuer bezahlen müssen. Ich hatte einfach ignoriert, daß ein Happy-End – nicht nur im Märchen – immer seinen Preis hat, und hatte gehofft, mit dieser Lebenslüge über die Runden zu kommen.

Ganz tief in mir muß aber auch das Wissen gewesen sein, daß die Mühen, denen sich die Märchenhelden unterziehen müssen, bevor es zum glücklichen Ende kommt, eine tiefere Bedeutung haben. Denn gerade auch die Leiden, Entbehrungen und Kämpfe waren es, die mich auf eigentümliche Art faszinierten. Und weil ich mich vor dem drückte, was ich unbewußt bereits als notwendig erkannt hatte, holte es mich in der Verkleidung meiner damals schleichend beginnenden Sucht auf dramatische Weise ein.

Es dauerte noch viele Jahre, bis ich zu ahnen begann, daß auch und gerade die dunkle, gefahrvolle Seite ihre Bedeutung im Ganzen des Märchens hat. Während meiner Ausbildung zur Analytischen Kinder- und Jugendlichenpsychotherapeutin lernte ich Rapunzel, Schneewittchen, Jorinde und Joringel und die unzähligen vertrauten Begleiter meiner Kindheit auf eine ganz neue, beunruhigende Art kennen. Die sonst so nahen Gestalten entfernten sich, wurden geheimnisvoll und hintergründig in dem Maße, wie ich mich in die Lektüre C. G. Jungs und seiner Schülerinnen und Schüler versenkte.

Jahrelang ruhten meine neugewonnenen Erkenntnisse wie in einem Dornröschenschlaf. Als ich nach neun Jahren Trockenheit den Faden wieder aufnahm, stellte ich fest, daß ich nun einen ganz neuen Zugang dazu fand. Zu dieser Zeit, Anfang 1990, steckte ich mitten in einer tiefen Krise durch die Trennung von meinem langjährigen Lebenspartner. Ich hatte ja inzwischen gelernt, auch das Dunkle, Bedrohliche als notwendigen Teil des Lebens, auch meines Lebens, zu begreifen und zu akzeptieren. Und so verschloß ich die Augen nicht vor den unangenehmen, auch peinlichen Erkenntnissen über mich selbst und mein Leben, wich den notwendig gewordenen Entscheidungen, den Verzichten und tiefen Einschnitten nicht aus.

Ich entdeckte Parallelen zwischen meinem bisherigen Leben und den immer wiederkehrenden Erzählmustern der Märchen. Schneewittchens böse Stiefmutter, die Hexe in Hänsel und Gretel und die Baba Yaga in den russischen Märchen standen nun nicht mehr primär für die bösen, zerstörerischen Kräfte im Außen, die es zu vernichten galt, sondern zugleich auch für die eigenen dunklen Schattenseiten, die wahrzunehmen und zu integrieren meine Aufgabe war.

Und die Bilder vom dunklen Wald, vom tiefen Meer, vom lodernden Feuer im Ofen der Hexe oder des Teufels verloren ihre Vordergründigkeit und begannen zu erzählen von jener Dimension des Unbewußten, jenem Ort der Wandlung, in dem alles möglich ist, Gegensätze sich vereinen, Altes verwandelt wird in Neues, Böses in Gutes, Häßliches in Schönes. Ich begann zu ahnen, daß jenes vermeintliche Chaos, jene Stätte der Angst, die mir bisher so vertraut war, zugleich auch den Keim des Neuen, des Schöpferischen in sich birgt.

Die Suchwanderungen und Nachtmeerfahrten, Kämpfe und Entbehrungen, die Jahre des Wartens und geduldigen Ausharrens, die die Helden und Heldinnen der Mythen und Märchen zu ertragen haben, bevor es zur Erlösung kommt, erklärten sich mir nun als symbolische Bilder für das Leiden, das mit jeder Krise, jeder tiefgreifenden Wandlung und Erneuerung einhergeht und das notwendig ist, um neuen Kräften den Weg zu bahnen.

Damals, als ich – aufgerüttelt und sensibilisiert durch die Krise – offen war für alles, was mir Wege wies aus dem Dunkel, berührten sie mich tief, die Märchen. Denn sie erschlossen mir nun verborgene Quellen, ließen mich teilhaben an einem uralten Wissen der Menschheit und entwarfen Bilder von faszinierender Einfachheit und Überzeugungskraft, die meinem lebenslangen Bedürfnis nach Klarheit und Übersicht so sehr entsprachen.

Denn sie erzählen in immer neuen Variationen von der Mühsal des Reifens und Wachsens, von der Sinnhaftigkeit des Leidens, den Anfechtungen der Einsamkeit und den Qualen des Verzichts.

Ich fand mich darin wieder, in den oft sinnlos anmutenden Irrfahrten und Prüfungen, und mein persönliches Unglück relativierte sich. Es reihte sich ein in die kleinen und großen Menschheitsdramen, erschien weniger zufällig und erhielt – sogar schon damals – einen Hauch von Sinn und Ziel.

Ich ging sogar noch weiter: Sollte es denkbar sein, daß auch die Sucht so etwas wie einen Sinnfaktor in meinem Leben darstellte? Diese Hypothese war nicht gerade naheliegend angesichts der unübersehbar destruktiven Tendenzen des Süchtigen. Doch sie drängte sich mir auf, und ich akzeptierte sie als eine Art Arbeitshypothese. Denn war nicht das sogenannte »Böse« in den Märchen meist der Motor für eine letztendlich gelungene Entwicklung? Könnte nicht analog auch die Sucht als die Versinnbildlichung des Bösen zum auslösenden und bewegenden Element im Individuationsprozeß werden?

Ich blicke zurück auf mein beschädigtes Leben: Solange ich dem Stoff verfallen war, war ich abhängig vom Zwang zur Flasche und zur Tablette. Es ging mir wie einem kleinen Kind, dessen körperliche und seelische Kraft nicht ausreicht, um sich den Forderungen eines Größeren und Stärkeren zu widersetzen. Ihn zu bekämpfen wäre sinnlos, ihn bezwingen zu wollen wäre Hybris. Und so blieb mir nur der bedingungslose Rückzug vor der Bedrohung durch die Sucht. Auch für den Märchenhelden gibt es Situationen, in denen die einzige Möglichkeit der Rettung das Zurückweichen, die Flucht vor der Übermacht ist.

Kapitulation nennen die Anonymen Alkoholiker dieses Eingeständnis der Ohnmacht und Hilflosigkeit des Süchtigen angesichts der Droge Alkohol. Dieses schonungslose Bekenntnis erst ist die Voraussetzung für einen wirklichen Neuanfang. Wer diesen ersten Schritt in die Trockenheit nicht irgendwann aus seinem tiefsten Inneren heraus bejaht – viele erleben das nicht gleich zu Beginn –, hat keine Chance, den Stürmen der Anfangszeit dauerhaft zu widerstehen. Die Sucht wird früher oder später Sieger im ungleichen Kampf bleiben.

Nur wenn es mir gelingt, einen bewußten Schritt aus dem Dunkel der Abhängigkeit zu wagen, indem ich meine Schwäche eingestehe und das erste Glas stehen lasse, ist die Macht der Sucht mir gegenüber gebrochen. Doch werde ich ihrer bedrohlichen Faszination nicht widerstehen können, wenn ich auch nur einen kleinen Schritt wieder auf sie zugehe oder stehenbleibe, in Passivität verharre und dann ihrer gefährlichen Versuchung erliege. So muß ich dafür sorgen, daß ich niemals meinen Fuß über die verbotene Schwelle setze, sonst ergeht es mir wie den Frauen im Grimmschen Märchen Ritter Blaubart, die der Faszination des Verbotenen erliegen und sterben müssen, weil sie die Tür öffnen, die für sie immer verschlossen bleiben muß.

Nicht meine Depressionen, meine Schlaflosigkeit, auch nicht meine Migräne und Ängste oder sonst eines meiner neurotischen Symptome waren es, die mich zur Umkehr bewogen, Einhalt geboten in einem Leben, das in Fremdbestimmung und Selbsthaß zu versinken drohte. Ihr Leidensdruck reichte nicht aus, um tiefgreifenden Wandel zu bewirken. Erst die Kapitulation vor dem Stoff war es, die mir nach Jahren gesichtslosen Unglücks den Weg in ein neues Leben eröffnete.

Als Süchtige war ich Gefangene meiner Maßlosigkeit und Gier. Sie banden zunehmend meine Kräfte und entzogen mir lebensnotwendige Energien. Als es mir dann gelang, diesen immer enger werdenden Käfig zu sprengen, wurden schlafende Energien freigesetzt, die nun in der bewußten Begegnung mit dem inneren Feind nie geahnte Wirkungen zeigten.

Keines meiner psychischen und psychosomatischen Symptome verursachte eine solche Verzweiflung und Not wie das elende Ausgeliefertsein an das süchtige Verlangen. Nirgends war die Konfrontation mit dem Tod deutlicher und bedrohlicher als angesichts meiner Niederlage, meiner Hilflosigkeit und Jämmerlichkeit der Sucht gegenüber. Es war dieser enorme Leidensdruck, der mich zwang, eine Entscheidung zu treffen. Es war eine Entscheidung zwischen Leben und Tod. Ich entschied mich für das Leben, und ich wußte, daß ich bezahlen mußte. Und ich war bereit dazu.

Da ich leben wollte, hatte ich keine Wahl. Ich mußte einen Neuanfang machen. Und immer, wenn ich auf meinem Weg des Trockenwerdens an einen Punkt kam, wo Verzicht angesagt war, wo ich wieder gegen meine Ängste handeln mußte und die Versuchung, auf halbem Wege stehenzubleiben und auf morgen zu verschieben, übermächtig wurde, beneidete ich insgeheim meine »nur« neurotischen Freunde, die – wie ich früher – in solchen Situationen ihren Ängsten und Schmerzen nachgaben und den Weg des geringsten Widerstandes gingen. Sie hatten nicht diesen Druck im Nacken, sie konnten sich noch der Illusion hingeben, daß diese eine Nachgiebigkeit wohl noch durchgehen mochte.

Heute bin ich dankbar, daß ich meinem Weg so unbeirrt gefolgt bin, daß ich die Kraft dazu hatte. Warum ich damals – am 14. Mai 1981 – vor der Übermacht der Sucht kapituliert habe, warum ich von da an nie mehr an meinem Entschluß gezweifelt habe, weiß ich nicht mit Sicherheit zu sagen. War es nur meine Kompromißlosigkeit in Sachen Alkohol, die mir bis heute ein trockenes Leben beschert hat, oder war da auch so etwas wie eine höhere Macht mit im Spiel? Mit dem Verstand allein läßt sich diese Frage nicht beantworten, und so erlebe ich meine Trockenheit immer wieder neu als ein Geschenk.

Die Anonymen Alkoholiker gehen von einer höheren Macht aus – sie nennen diese Macht Gott –, die den Alkoholiker auf seinem Weg begleitet, ihm bei seinen Schwierigkeiten hilft und letztendlich die Trockenheit trägt. Diese Vorstellung von einem gütigen Gott im Hintergrund, der helfend eingreift, wenn ich mich nur recht bemühe, widerstrebte mir von Anfang an, zu sehr erinnerte er mich an den protestantischen Gott meiner Kindheit, der im Sinne der Schwarz-Weiß-Malerei die Guten belohnte und die Schlechten bestrafte. Und da ich mich als Alkoholikerin zweifellos eher zu der zweiten Kategorie Mensch zählte, kam ich dabei sehr schlecht weg. Irgendwie überzeugte er mich nicht. Für mich war damals die Gruppe so etwas wie eine höhere Macht. Damit kam ich gut klar. Sie wußte immer, wo es langging. Und genau das brauchte ich.

Erst in der erwähnten Krise durch die Trennung von

meinem damaligen Lebenspartner fand ich allmählich einen Zugang zu – im weitesten Sinne – religiösen Fragen. Ob ich nun den von mir gewählten Weg als eine religiöse Erfahrung erlebe oder ob ich meine Entwicklung eher unter dem Begriff der Selbsterfahrung zusammenfasse, ist bedeutungslos.

In meiner »nassen« Zeit versuchte ich der Welt mit all ihren Beunruhigungen, Irritationen und Ablenkungen zu entfliehen, indem ich mich betäubte. Vielleicht war meine Suche nach Ruhe schon damals Ausdruck meines tiefen Wunsches nach Selbstfindung, nach Ganzheit und Vollständigkeit. Nur daß die Mittel, die ich wählte, um zum Ziel zu gelangen, untauglich waren. Mit der Zeit reift in mir die Vorstellung, daß in diesem Sinne jede Form von Drogenkonsum als eine pervertierte Form der Selbstfindung und damit auch Gottsuche verstanden werden kann. Wenn das so ist, dann sollte jeder Süchtige dieses Grundbedürfnis ernst nehmen und als richtungweisenden roten Faden auf dem Weg in die Trockenheit begreifen.

Mein Weg in die Sucht –
die Vorgeschichte

Es war am 5. März 1953, als ich meinen ersten Schluck Alkohol trank. »Das müssen wir begießen«, hatte mein Vater in aufgeräumter Stimmung gesagt, als im Radio Stalins Tod gemeldet wurde. »Es ist zwar nicht gerade christlich, auf den Tod eines Menschen zu trinken, aber in diesem Fall machen wir mal eine Ausnahme.« Sprach's und goß meiner Mutter, meiner gut ein Jahr älteren Schwester Maria und mir je ein Glas Weißwein ein (der zwei Jahre jüngere Hartmut und die vier Jahre jüngere Alexandra wurden vorsichtshalber übergangen). In einer Mischung aus Erstaunen, Neugierde und Stolz setzte ich das Glas an den Mund, nahm einen vorsichtigen Schluck und stellte es enttäuscht wieder auf den Tisch. »Schmeckt ja scheußlich! Ich verstehe gar nicht, warum die Leute Wein trinken, wo doch Saft so viel besser schmeckt«, maulte ich.

Damals war ich dreizehneinhalb Jahre alt, und es sollte noch geraume Zeit vergehen, bis ich die Vorzüge des Alkohols für mich entdecken würde. In unserer Familie gab es nur bei feierlichen Anlässen etwas zu trinken, und wenn, dann in minimaler Dosierung. Ein, zwei Gläser Wein gestatteten meine Eltern sich in solchen Ausnahmesituationen, und wir Kinder wurden in diese Gepflogenheit erst recht spät miteinbezogen. Nicht, daß mein Vater oder meine Mutter grundsätzlich etwas gegen Alkohol gehabt hätten. Aber damals mußten wir jeden Pfennig umdrehen, und eine Flasche Wein kostete ein kleines Vermögen für uns. Mein Vater hatte in den Jahren nach dem Krieg einige Mühe, die Familie mit seinem Gehalt als Mathematiklehrer über die Runden zu bringen, da er nebenher seine Dissertation schrieb und sich anschließend habilitierte, um später als Professor an die Hochschule zu wechseln. Alkohol war kein Thema in unserer Familie. Damals noch nicht.

Ich war das Sorgenkind meiner Mutter, da ich häufig krank war und so ihre besondere Aufmerksamkeit und Pflege beanspruchte. Schon in meiner Kindheit litt ich zeitweise unter Schlafstörungen, da mir mein Asthma oder diverse Krankheiten und Schmerzen den Schlaf raubten. Tabletten gab es damals noch nicht als Allheilmittel, und so mußte ich meine Schmerzen aushalten, die schlaflosen Stunden ertragen. Ich galt als tapfer, und darauf war ich stolz.

In jener Zeit lernte ich, meine Krankheiten, meine Befindlichkeitsstörungen und die teilweise auffällige Symptomatik einzusetzen, um Zuwendung und Aufmerksamkeit zu erlangen, zunächst die meiner Mutter, später die aller anderen Menschen, die in meinem Leben eine Rolle spielten. Oder ich benutzte sie, um mich den Forderungen des Alltags zu entziehen. Besonders gut eigneten sich dazu meine oft dramatisch anmutenden tetanischen Anfälle, die gehäuft in Deutsch- und Geschichtsstunden auftraten, vor denen ich große Angst hatte. Ich war eine schlechte Schülerin, immer die Jüngste in der Klasse und verstand vor allem im Deutschunterricht vieles nicht. Natürlich wußte ich damals noch nichts von unbewußten Steuerungen. Ich war – wie auch meine Eltern – fest davon überzeugt, daß ich eben krank war.

Viele Freunde aus der Kindheit beneideten uns um unser Elternhaus, speziell um unsere Mutter, die stets freundlich war und alles tat, um uns Kindern einen Raum zum Spielen zu schaffen, jedenfalls solange wir meinen Vater nicht bei seiner Arbeit störten. Sie war gelernte Kindergärtnerin, und so fühlte sie sich in ihrer Rolle als Mutter durchaus in ihrem Element, setzte all ihre Phantasie und Energie darein, uns zufriedenzustellen. Doch sie rieb sich auf zwischen den lärmenden Ansprüchen von uns Kindern und den nicht minder drängenden Erwartungen und Forderungen meines Vaters.

Schwer fiel es ihr auch, uns aus dieser Kindheitsidylle zu entlassen, uns verständnisvoll und mit sicherer Hand durch die Erfahrungen und Gefühlsaufwallungen der Pubertät zu begleiten und uns auf ein Leben als erwachsene Menschen vorzubereiten. Damit war sie überfordert.

So war ich in dieser Zeit oft sehr allein mit meinen Lebens- und Versagensängsten, meiner Verzweiflung angesichts bedrohlich sich zuspitzender Schulprobleme, meiner Einsamkeit, meinem Wunsch nach Liebe und Nähe und nicht zuletzt meiner Sexualität. Und als meine Schwester Maria, mit der ich neun Jahre lang gemeinsam in eine Klasse ging, die Schule wechselte, fühlte ich mich völlig vereinsamt, denn meine kleine Schwester Alexandra war damals noch kein ernst zu nehmender Gesprächspartner für mich. Und Hartmut war inzwischen kaum noch verfügbar für uns Mädchen, ging eigene Wege. Daß er schon damals zu trinken begann, habe ich erst sehr viel später erfahren.

Mein Abitur schaffte ich schlecht und recht. Auf einer anschließenden Jugendreise lernte ich Michael kennen, meinen zukünftigen Mann. Instinktiv wußte ich, daß ich in ihm jemanden gefunden hatte, der mir Sicherheit bieten würde, auf den ich mich in Krisenzeiten würde verlassen können und der vor allem in vieler Hinsicht den Vorstellungen meiner Eltern entsprach. Bald kam es zur Verlobung, und eine baldige Heirat war sicher. Ich war stolz, als erste in der Familie einen würdigen Ehemann präsentieren zu können, der aus gutem Hause kam, so daß auch meine Eltern davon profitieren würden, und der mir zudem in mancher Hinsicht sehr zusagte.

Daß ich mit dieser Partnerwahl primär die – vermuteten – Erwartungen meines Vaters zu erfüllen suchte, wenn auch unbewußt, sollte sich später bitter rächen, so wie andere, ähnlich motivierte Entscheidungen auch; denn meine ureigensten, vitalen Wünsche nach Liebe und Selbstverwirklichung ließen sich ungestraft auf Dauer nicht verleugnen. Auf dem Umweg über die Sucht fanden sie Jahre später ihren – zweifellos pervertierten und um so zerstörerischen – Niederschlag in meinem Leben.

Aus heutiger Sicht frage ich mich, ob mein Vater authentisches und eigenverantwortliches Verhalten seiner Kinder insgeheim nicht doch herbeigesehnt hat. Vielleicht wäre er sogar stolz auf eine Tochter gewesen, die den Mut und das Durchhaltevermögen bewiesen hätte, auch gegen seinen Willen in wechselvoller Auseinandersetzung mit den Widrigkeiten des Lebens Eigenes, Neues zu gestalten – ein Abenteuer, das er nie riskiert hatte.

Selber aus ärmlichen Verhältnissen stammend, hatte er – das hochbegabte einzige Kind eines Handwerkers und einer Bäuerin – seine gesamte Energie dareingesetzt, sich und seiner Familie mit Intelligenz, Fleiß und Beharrlichkeit einen bevorzugten Platz in der Gesellschaft zu erarbeiten. Er hat sich dabei nie die Finger schmutzig machen müssen, hat nie krumme Pfade beschreiten müssen, um dieses – für ihn – hohe Ziel zu erreichen. Doch es beanspruchte seine ungeteilten Kräfte, so daß in seinem Leben kein Platz blieb für Unvorhergesehenes, Experimentelles und Ungesichertes. Und ich – in seinem Schatten stehend – war zu schwach, um schon damals einen Weg zu beschreiten, der diese Aspekte des Lebens mit einschließt.

Seit ich Michael kennengelernt hatte, schien es mit mir bergauf zu gehen. Von Einsamkeit konnte nicht mehr die Rede sein, Menschen gab es inzwischen mehr als genug um mich herum. Eine Party folgte der anderen, und ich machte meine ersten Erfahrungen mit dem Alkohol. Es fing ganz harmlos an. Der erste Schwips, das Gefühl von Befreiung und Entfesselung, von Wärme, Geborgenheit und nie gekannter Seligkeit, aber auch der erste Kater, das schlechte Gewissen und das untergründig schwelende Gefühl, etwas Gefährliches zu tun.

Inzwischen studierte ich an der FU Berlin, und das nicht gerade erfolgreich, so daß ich mich nach einigen Semestern entschloß, an die Pädagogische Hochschule überzuwechseln, wo ich zu meinem eigenen Erstaunen sehr schnell reüssierte. Doch diese neue Erfahrung brachte nicht nur Positives. Mein Ehrgeiz war geweckt worden und damit der Zwang zu Hochleistungen. Unter diesem inneren Druck nahm ich zum ersten Mal Schlaf- und Beruhigungstabletten.

Meine Heirat fiel zusammen mit dem Beginn meiner Arbeit als Grundschullehrerin. In relativ kurzer Zeit hatte ich das erreicht, was mir bisher als Inbegriff des Glücks erschienen war: Ich hatte einen Mann und eine Arbeit, die mir Spaß machte. Zur Abrundung des Ganzen fehlten nun nur noch die Kinder. Drei sollten es sein – das schwebte mir in meiner grenzenlosen Naivität vor –, damit käme ich dem Vorbild meiner Mutter ziemlich nahe. Vier wären wohl eine Überforderung für mich – so sagte ich mir in vermeintlicher Realitätsverbundenheit –, denn ich wollte ja auch meinen Beruf ausüben.

Doch vorerst drohte das Gespenst der zweiten Prüfung. Eine Arbeit mußte geschrieben werden, und die hervorragenden Ergebnisse der ersten Prüfung verpflichteten. Der tägliche Streß in der Schule war zermürbend, nebenher mußte der Haushalt erledigt werden, und auf den Partys wollte ich auch glänzen, zumal ich einigen Nachholbedarf hatte. Ganz ohne Tabletten und Alkohol ging es nun nicht mehr.

Irgendwann war auch das geschafft. Jetzt stand dem Nachwuchs nichts mehr im Wege. Doch die Schwangerschaft ließ auf sich warten. Das monatliche bange Hoffen und Warten hinterließ Spuren, der Alkohol- und Tablettenkonsum stieg. Als ich dann endlich doch schwanger war, war ich überglücklich, und es fiel mir nicht schwer, in dieser Zeit vollständig auf Alkohol und Tabletten zu verzichten. Als wäre es gestern gewesen, erinnere ich mich daran, welche Erleichterung mich bei dem Gedanken überkam: Dann bist du also doch nicht abhängig von dem Zeug, wenn du so problemlos darauf verzichten kannst.

Doch die Hoffnung war trügerisch, denn nach der Geburt meiner Tochter Jana ging es erst richtig los. Nachts schrie sie in regelmäßigen Abständen, und auch tagsüber fand ich keine ruhige Stunde. Damit hatte ich nicht gerechnet, wie ich überhaupt sehr unvorbereitet war auf meine neue Aufgabe. Der Bau eines Eigenheimes war eine zusätzliche Belastung, da ich aus finanziellen Gründen für ein Jahr eine volle Stelle übernahm. Ich war am Ende meiner Kräfte. Längst hatte ich wieder zu Tabletten und Alkohol Zuflucht genommen.

Aber auch die dann eingelegte Berufspause – mein Mann war inzwischen Professor geworden, so daß wir finanziell aus dem Gröbsten heraus waren – brachte mir keine Erleichterung. Der Wiedereinstieg in die Droge ging so schnell und heftig vor sich, daß ich nun bereits mit Depressionen als Folge meiner Sucht zu kämpfen hatte. Hinzu kamen regelmäßige Migräneanfälle, Muskelkrämpfe, Trigeminusschmerzen, Bluthochdruck sowie die bereits vertrauten Schlafstörungen, eine insgesamt sehr angegriffene Gesundheit also, und mein erster Versuch, mich in einem Anfall von – völlig unbegründeter – Eifersucht mit Hilfe von Schnaps und Tabletten umzubringen.

Damals begann ich eine fünf Jahre dauernde Analyse, in deren Verlauf ich meinen zweiten – nicht allzu ernst gemeinten, aber um so dramatischer inszenierten – Selbstmordversuch unter Alkohol- und Tabletteneinfluß machte. Daraufhin verzichtete ich für etwa drei Jahre auf Alkohol, nicht jedoch auf Tabletten. Das Ergebnis der Analyse war eine relative Stabilität, die mich dazu ermunterte, neben meiner halben Stelle als Lehrerin eine fünfjährige zeit- und kräfteraubende Ausbildung zur Analytischen Kinder- und Jugendlichenpsychotherapeutin zu absolvieren.

Mein Mann hatte mir dabei weitgehende Entscheidungsfreiheit gelassen, war wohl auch stolz auf meine Aktivitäten und bereit, die großen finanziellen Belastungen dieser Ausbildung mitzutragen – nicht jedoch die bisher ohnehin nur von mir erledigte Arbeit in Haus und Garten, die Bewirtung der vielen Gäste, die ihm so wichtig waren und die mich zunehmend nervten, und – nicht zuletzt – die Umsorgung unserer Tochter Jana, die weitgehend sich selbst überlassen war. Das führte zu Spannungen in unserer Ehe, die im Laufe der Zeit emotional sehr karg geworden war, und die – doch das mußte ich damals verdrängen – von Anfang an nicht von wirklicher Liebe getragen war, sondern – auf meiner Seite – primär von dem Bedürfnis nach allumfassender Sicherheit sowie familiärer und gesellschaftlicher Akzeptanz. Ich denke, Michaels Entscheidung für mich war von entsprechenden unbewußten Wünschen geleitet, die seine Unfähigkeit, mir wirkliche Liebesgefühle entgegenzubringen, kaschierten. Doch im Gegensatz zu mir konnte er mit diesem Mangel leben.

Ich hatte mir inzwischen mit Hilfe meines stets großzügigen Vaters in unserem Haus einen separaten Behandlungsraum eingerichtet, da ich vom dritten Ausbildungsjahr an Patienten unter Kontrolle behandeln mußte. Alle meine Energien steckte ich in dieses ehrgeizige Projekt, vernachlässigte meine Familie und meinen Beruf als Lehrerin und begann wieder zu trinken, heftiger als je zuvor. So blieb es nicht aus, daß mein übermäßiger Alkoholkonsum irgendwann auch in meiner Lehranalyse, die Teil der Ausbildung war, zur Sprache kam. In diese Zeit fiel mein dritter und ernsthaftester Selbstmordversuch, und nur dank der in Krisenzeiten äußerst zuverlässigen Einsatzbereitschaft meines Mannes blieb es bei dem Versuch. Ich brauchte Monate, um mich davon zu erholen, und meine Tochter Jana brauchte Jahre, um nach diesem Schockerlebnis wieder Vertrauen zu mir fassen zu können. Sie erlebte meinen versuchten Abschied als einen aggressiven und verantwortungslosen Akt ihr gegenüber, und glücklicherweise reagierte sie darauf nicht depressiv, sondern eher trotzig-vorwurfsvoll. Die Wut hat ihr später sicher geholfen, weitere Krisen unbeschadet zu durchleben.

Anfang Oktober 1980 bestand ich die Therapeutenprüfung. Im Mai 1981 ging ich erstmals zu einer Gruppe der Anonymen Alkoholiker. Die dazwischen liegenden sieben Monate waren ein zunehmend verzweifelter Kampf zwischen meiner altvertrauten Sehnsucht nach immerwährender Ruhe, meinem Wunsch, aufzugeben und mich der Übermacht der Sucht durch einen endgültigen Schlußstrich zu entziehen einerseits und meinem erstaunlich zähen Lebenswillen andererseits, der mich auch in den dunkelsten Momenten dieses Lebensabschnitts nie ganz verließ. Von dieser Zeit soll im folgenden die Rede sein. Damals stellte ich die Weichen für mein trockenes Leben.

Fünf vor zwölf

Die Prüfung lag nun hinter mir. Ich war unendlich erleichtert. Dieses Datum war für mich im Laufe der Zeit zu einem magischen Fixpunkt geworden: Nun würde sich alles wenden! Endlich würde ich frei sein von den inneren und äußeren Zwängen, die mich in den vergangenen fünf Jahren zunehmend eingeengt und bedroht hatten und die zweifellos der Grund für meinen übermäßigen Alkohol- und Tablettenkonsum waren, so dachte ich. Jetzt würde all dies Elend von mir abfallen. Ich würde offen sein für die Schönheiten des Lebens, würde sie genießen können und wäre nicht mehr angewiesen auf die elenden Krücken der Vergangenheit, den »Stoff«, der mein Dasein zu vergiften drohte.

So hoffte ich. Doch ich hoffte vergeblich. Das Gegenteil geschah. Hilflos und zunehmend verzweifelt glitt ich ab in den dunklen Strudel der Sucht, schlimmer als je zuvor, denn nun gab es kein Nahziel mehr, auf das ich in blinder Vertrauensseligkeit zusteuern konnte. Es war wohl diese erbärmliche Hoffnungs- und Auswegslosigkeit meiner damaligen Situation, die erst die Umkehr möglich machte und den Weg in die Trockenheit vorbereitete. Denn solange da noch ein Fünkchen Hoffnung schimmerte, solange war ich nicht bereit, auf meine Illusion zu verzichten, daß ich mich – irgendwie und irgendwann, möglichst nicht gleich heute – auf elegante Art und Weise aus dem Gefängnis meiner Sucht herausschleichen und damit peinliche oder allzu belastende Erlebnisse umgehen könnte.

Aus jener Zeit habe ich Tagebuchaufzeichnungen gefunden, die mit beklemmender Deutlichkeit den ungleichen Kampf zwischen meinem beschädigten, schwachen Ich und dem Dämon Sucht dokumentieren. Es ist zugleich die Phase der Ablösung von meiner Lehranalytikerin, die meine fünfjährige Ausbildungszeit mit einfühlsamem Engagement begleitet hat. Sie wußte von meinem übermäßigen Alkoholkonsum, doch ich bezweifle, ob sie das Ausmaß meiner Abhängigkeit kannte, ob sie den Stellenwert, den die Sucht in meinem Leben einnahm, einzuschätzen wußte. So war ich denn auf zweifache Art mit dem Thema Abschied beschäftigt: Zum einen mit der längst überfälligen und immer wieder hinausgezögerten Trennung von einem Menschen, dem ich im Laufe der Jahre einen stetig wachsenden Einfluß in meinem Leben eingeräumt hatte und auf den zu verzichten mir schwer wurde. Zum anderen mit dem qualvollen Abschied vom »Stoff«, und es ist sicher kein Zufall, daß der Beginn meiner Trockenheit erst möglich wurde, nachdem ich die Analyse definitiv beendet hatte und nun ganz auf mich allein gestellt war, wohl wissend, daß niemand mir bei diesem letzten und schwersten Schritt in die Unabhängigkeit helfen konnte.

Beim neuerlichen Durchlesen meines Tagebuchs erstaunt mich die Hellsichtigkeit, mit der ich meine damalige Situation in halbwegs klaren Momenten überblicke. Sicher liegt das auch daran, daß ich mein Trinken und meinen Tablettenkonsum von Anfang an als meine dunkle, gefahrvolle Seite begriffen habe. Nie habe ich so richtig genußvoll trinken können, nie habe ich beiläufig eine Tablette genommen, um zur wohlverdienten Ruhe zu finden. Immer war da das geheime Wissen, daß ich letztendlich nur zum Glas greife, um mich zu betäuben oder meine Hemmungen wegzuschwemmen, und immer beschlich mich das schlechte Gewissen, wenn ich meine innere Unruhe mit einer Tablette zu besänftigen suchte.

So war ich denn – selbst in meinen schlimmsten Phasen – stets darauf bedacht, meinen Alkohol- und Tablettenkonsum in subjektiv erträglichen Grenzen zu halten, und die Mengen, die ich zu mir nahm, mögen manchen anderen Alkoholiker lächerlich anmuten. Doch für mich überstiegen sie das Maß, *mein Maß*. Die Menge des »Giftes«, das ich mir täglich einflößte, hätte bei mir sicher in absehbarer Zeit nicht zum Tod geführt. Doch die Verzweiflung angesichts meiner elenden Schwäche, meiner Selbstverstümmelung und -entmündigung war so überwältigend, daß ich früher oder später auch die unbedeutendste Krise zum Anlaß genommen hätte, mich umzubringen. Irgendwann hätten dann die vorausgegangenen Versuche zum »Erfolg« geführt.

Und noch ein Gedanke kommt mir bei der Durchsicht der Tagebuchnotizen: Möglicherweise hat das schriftliche Niederlegen meiner Ängste, Wünsche, Hoffnungen und Befürchtungen den Entscheidungsprozeß beschleunigt, der dann schließlich Mitte Mai 1981 zum glücklichen Ende führte. Wenn es ihn nicht sogar erst ermöglicht hat, denn ich habe damals die Aufzeichnungen vom Vortag oft noch einmal durchgelesen, und das Hin und Her meiner Entscheidungen, die Widersprüchlichkeit meiner Aussagen zum Thema Sucht blieben mir nicht verborgen, entsetzten mich und machten mir bis zum Überdruß das Ausmaß meiner Schwäche und Inkonsequenz deutlich. In jedem Fall diente mir das Tagebuch zu jener Zeit als sensibler Begleiter und Wegweiser aus meinem inneren Chaos. Heute, im nachhinein, gibt es Einblick in das Endstadium meiner »nassen« Zeit und macht die spätere Kapitulation als Ergebnis meiner selbstquälerischen Bemühungen nachvollziehbar. So will ich meine Tagebuchnotizen auszugsweise wiedergeben:

9. 12. 80, nachmittags
Es reicht mir. Ich bin mir so zuwider, daß ich einen definitiven Entschluß fassen muß, wenn ich nicht noch weiter abrutschen will: Ich habe vorhin den Rest der Weinflasche getrunken, dann alles wieder ausgekotzt, es war widerlich. Ich war, ich bin widerlich. Ich kann nur mit ei-

nem inneren Polizisten wieder Ordnung schaffen, der dafür sorgt, daß ich meinen heutigen Entschluß auch durchführe: ICH WERDE NICHT MEHR TRINKEN! Ich mache es schriftlich, weil ich das für sicherer halte. Das Trinken macht mich dumm und unempfindlich für die eigentlichen Gefühle, indem es den Widerwillen, den Ekel vor mir selber ins Unermeßliche anwachsen läßt und das psychische Unwohlsein mit zusätzlichen physischen Unannehmlichkeiten überdeckt und verstärkt zugleich.

Dabei waren die beiden Stunden mit Nina und Sven (meine Patienten) recht erfreulich. Sven hat mich so richtig bestätigt. Er schläft wieder besser, hat jetzt viele Freunde und will sogar an seinem Geburtstag zu mir kommen. Das tat gut. Und trotzdem geisterte schon während dieser Stunde der Alkohol durch meinen Kopf, so als dürfte das gar nicht sein, als dürfte ich keine Erfolge haben. Jetzt – nur wenig später – ist mir das alles so fremd, ich erinnere mich daran wie an etwas weit Zurückliegendes.

Ich nehme mir vor: Immer, wenn ich trinken will, werde ich hier weiterschreiben, werde diesen zerstörerischen Wunsch einfach festnageln, von allen Seiten besehen, ihn dingfest machen. Rundum will ich sehen, was da in mir ist, was mich zu einem solchen Scheusal werden läßt. Vielleicht ist da Hoffnung. Vielleicht grabe ich mich ja aus dieser tiefen Höhle heraus, finde einen Weg, später ein Ziel. Der Alkohol macht aus diesem Tal, dieser Dunkelheit eine schlammige Grube, in der ich absacke, in der ich keinen eigenen Willen mehr habe und in der ich jämmerlich irgendwelchen fremden Kräften ausgeliefert bin, die meinen letzten Rest von Selbstachtung abtöten.

Offenbar sind da noch Reste. Ich will so nicht sein, will einen Weg finden. Ich will an meine Quellen. Und diese Quellen sollen nicht vergiftet sein. Ich hoffe, daß es sie gibt. Ich hoffe, daß ich sie finde. So ganz ohne Ziel bin ich immerhin nicht. Und das ist schon etwas, jedenfalls mehr, als in all den vergangenen Wochen zusammen. Im Moment habe ich das Gefühl, daß ein Rest von Stärke in mir ist, daß ich es schaffen kann.

2. 1. 81, vier Uhr morgens
Wie so oft in letzter Zeit bin ich schweißgebadet aufgewacht. Ich will versuchen, ein Resümee der letzten Zeit zu geben, obwohl ich nicht in bester Verfassung bin:

Zunächst einmal: Ich habe das blöde Gefühl, Frau Hoffmann, meiner Analytikerin, beichten zu müssen, meine »Schandtaten« zu veröffentlichen, und ich täte nichts lieber, als gewisse Dinge für mich zu behalten, alleine mit ihnen fertigzuwerden. Immer, wenn ich etwas Verpöntes mache, sitzt auf meiner Schulter ein Hexenkater, Frau Hoffmann, und schaut mir mißbilligend zu. Und ich tue viele Dinge, die ich lieber lassen sollte: Täglich habe ich getrunken, meist nicht allzuviel, aber für mich zu viel. Oder ich nehme Tabletten, zum Schlafen, zur Beruhigung, überhaupt. Von meinem Pensum, Weihnachten halbwegs ohne auszukommen, war ich weit entfernt.

In mir wächst das Gefühl, daß auch die längste und beste Analyse nichts ändern kann, daß ich es ganz allein schaffen muß, daß dieser Hexenkater eher hinderlich ist. Ich bin immer wieder verlockt, ihn zu reizen mit meinen »Schandtaten«, und habe dabei nicht einmal ein schlechtes Gewissen, nur Ärger auf Frau Hoffmann ist in mir. Dabei hat sie den weiß Gott nicht verdient.

Zwischendurch dann so lichte Stunden wie neulich, als ich ohne Tabletten tief geschlafen hatte, voller Tatendrang aufstand, das Nötigste schnell erledigte und dann in euphorischer Stimmung ins Museum ging. Immer wieder sagte ich mir: So könnte es immer sein. Und sofort mußte ich ergänzen, daß es nicht immer so sein wird, wenn ich nichts ändere. Aber es ist möglich.

Irgendwie scheint sich alles zu lockern. Ich nehme die Analyse nicht mehr so ernst, leiste mir – zur Zeit zu viele – »Fehltritte«, ohne gleich alles in Frage gestellt zu sehen. Zwar ist der Alkohol eine dunkle, gefährliche Seite in mir, doch habe ich das Gefühl, daß die Analyse das Problem nur verschärft. Ich fühle mich kindlich-abhängig, wie ein reuiges Lamm der Kirche, das beichten muß. Wenn ich klein und häßlich bin, will ich kein Publikum haben. Vor allem will ich mir meine Dürftigkeit gestatten können und selber entscheiden lernen, wann ich es mir notfalls leisten kann, klein und mickrig zu sein.

Ich weiß nicht, ob ich mich überschätze, doch ist dieser Wunsch nach Unabhängigkeit, Eigenverantwortlichkeit langsam gewachsen. Er hat sich verfestigt, nachdem ich Claudia (eine jugendliche drogenabhängige Patientin) definitiv abgesagt habe, weil die Arbeit mit ihr meine Kräfte übersteigen würde. Das war nicht leicht. Sie hatte Vertrauen zu mir gefaßt in den wenigen Vorgesprächen. Aber irgendwie schaffte ich es, konsequent zu bleiben. Ich, die ich selber zu kämpfen habe, wollte eine manifest Drogenabhängige auf den rechten Weg führen!? Das grenzt an Größenwahn, denn die Gefahr der Sucht steckt in mir. Ich spüre sie täglich, stündlich. Sie in Schach zu halten kostet viel Energie. Ich spüre zugleich aber auch den Wunsch, diese Gefahr in eigener Regie unter Kontrolle zu bekommen, und das Gefühl, daß Fremdkontrolle den Schaden vergrößert.

Möglicherweise stellt sich dieser Freiheitsdrang nur ein, weil ich ungehindert meine dunkle Seite ausleben will. Es könnte sein. Das muß ich noch genauer untersuchen. Aber irgendwie ist das Gefühl so sicher, daß Frau Hoffmann mir dabei nicht helfen kann, daß ich den Mut zum Schandfleck nur zulassen kann, wenn ich nicht mehr wie ein kleines Kind zur Mutter beichten gehen muß, und daß die »Schandtaten« nur dann wirklich in den Griff zu bekommen sind, wenn ich für sie allein verantwortlich bin. Eine bloße Abkehr vom Alkohol würde ich wohl nicht als eigenen Verdienst empfinden können, wenn nur das schlechte Gewissen, der Gehorsam gegenüber Frau Hoffmann die Ursache für einen Verzicht wäre.

Nur: Bin ich stark genug?

3. 1. 81, gegen Morgen

Ich muß es festhalten: Ich trinke keinen Tropfen mehr. Die Aussicht auf mein weiteres Leben ist sonst düster. Ich brauche meine Energie für Schöpferisches, sonst lohnt es sich nicht zu leben. Ich habe lange überlegt, ob ich Michael davon erzählen soll. Bin zu dem Schluß gekommen, daß ich es vorerst für mich behalte, sehe, ob ich es allein schaffe. Es würde ihn sehr beunruhigen. Und es ist völlig unsicher, wieviel Kraft ich dafür brauche. Lieber nehme ich zur Zeit mehr Tabletten, bis die Versuchung vorüber ist und ich mich an eine neue Aufgabe machen kann.

4. 1. 81

Ich bin völlig durcheinander mit dem Schlafrhythmus, schlafe sehr spät ein und wache erst gegen elf Uhr vormittags auf. So habe ich – leider wieder mit Schlaftabletten (zwei Stück) – völlig ausreichende Ruhe, doch komme ich nicht so recht zum Arbeiten und zum Leben schon gar nicht.

Gegen Mittag wurde ich unruhig. Besser Tabletten nehmen als Alkohol, dachte ich. Und da ich zur Zeit kein Valium hatte, nahm ich eine Schlaftablette (es fällt mir schwer, das alles aufzuschreiben, zumal es noch schlimmer kommt). Langes Gespräch mit Maria. Derweil wirkte die Tablette. Ich fühlte mich zunehmend vergammelt, obwohl ich noch einen klaren Kopf hatte. Seltsam, immer wenn ich Tabletten genommen habe, wächst in mir der drängende Wunsch, Kontakt aufzunehmen, zu reden.

So, und dann der Kurzschluß: Das dumpfe Tablettengefühl, der trockene, kratzige Hals und die pelzige Zunge schienen mir nur mit Alkohol zu beheben zu sein, was auch stimmte (wer weiß, wie lange. Schon scheint es wieder bergab zu gehen. Ich habe Angst!). Ein Glas Rotwein, dann eine Flasche Bier. Nicht einmal ein schlechtes Gewissen, eher Trotz. Ich bin irgendwie sicher, daß ich das Problem einigermaßen in den Griff bekomme. Das Schuldgefühl ist weg, ich fühle vielmehr Wut, daß ich wieder beichten muß. Weiß allerdings, daß es notwendig ist, dies Problem von allen Seiten zu beleuchten, alle Tiefen auszuloten, mir nichts vorzumachen ...

Warum muß ich Tabletten nehmen, obwohl es mir einigermaßen gut geht? Warum vor allem lege ich mich dann nicht hin, sondern suche Kontakt zu anderen, am Telefon (habe auch noch andere angerufen)? Ist es, weil ich ohne diese Droge zu gehemmt bin? Ist es ein unbewußter Zwang, mich lächerlich zu machen? Ein Wunder, daß es Leute gibt, die mich mögen! Mache ich mich kaputt, weil ich dann für die anderen interessanter bin?

23 Uhr 30: Ich habe mich nachmittags hingelegt und tief und traumlos geschlafen. Nun ein neuer Vorsatz: Auf keinen Fall Schlaftabletten am Mittag! Die Folge ist Alkohol. Ich muß die Unruhe aushalten, auch die Angst, die Angst vor der Leere, dem Versagen, dem Leben. Ich bin mir jetzt nicht mehr so sicher, daß ich es schaffe. Paradox: Ich denke über das Ende der Analyse nach, und gerade jetzt sammelt sich das innere Chaos. Fehlt nur noch die Migräne! Dennoch: Ich sehe keinen Sinn mehr in der analytischen Arbeit, will versuchen, ob ich allein zurechtkomme oder nicht. Eigenartigerweise kommt bei diesem Gedanken keine Depression, keine Trauer hoch. Aber wahrscheinlich schlucke ich sie mit Alkohol runter, dämpfe sie mit Tabletten. Ich weiß nicht, was schlimmer ist von beidem.

8. 1. 81, früher Nachmittag
Ich heule, heule. Seit langem wieder einmal. Habe Rotwein getrunken vorhin. Ich weiß den Grund nicht, außer daß ich eine Leere ausfüllen mußte, mich anfüllen, zudecken, aufsaugen. Ich schäme mich, ich schäme mich! Wozu soll ich leben? Nur um für Jana und Michael dazusein? Jetzt heule ich wieder! Zum Kotzen! Wäre ich allein, ich wüßte, was zu tun ist. Schlußstrich unter die Leere!

11. 1. 81, nachts
Ich muß mich kurz fassen, bin ziemlich behindert. (Ich schäme mich zu sagen, wieviele Tabletten und wieviel Alkohol es waren, es muß auch nicht sein. In jedem Fall zu viel!) Diese beiden letzten Tage und Nächte waren schlimm. Jetzt *muß* ein Schlußstrich unter dieses Kapitel gezogen werden. Ich will mit allen Sinnen, notfalls auch mit Angst auf die Welt zugehen, will meine Selbstachtung zurückhaben ...

20. 1. 81, nachts
Es ist ekelhaft! Und ich muß es einmal in aller Deutlichkeit zu Papier bringen: Ich trinke. Trinke Bier, um müde zu werden, mich zu betäuben, lasse es in mich reinlaufen, bin voll bis obenhin, und dann kotze ich es wieder aus, kotze die warme Soße ins Klo! Da ist nichts mehr mit Selbstachtung. Das ist nur noch dürftig. Es ist wohl meine spezielle Art der Selbstkontrolle und -beschränkung! Widerlich. Das muß anders werden. Aber wie?

2. 2. 81, abends
Seit einigen Tagen geht es wieder besser, wohl seitdem ich weiß, daß übermorgen die letzte Stunde bei Frau Hoffmann sein wird. Es ist wie eine Befreiung. Ich spüre wieder Hoffnung in mir, die schon so ganz verschüttet schien. Jetzt, da ich die alleinige Verantwortung für mein Tun übernehme, werde ich – notgedrungen – auf den Alkohol verzichten müssen. Mir bleibt gar nichts anderes übrig, wenn ich leben will ...

5. 2. 81
Gestern war die letzte Stunde bei Frau Hoffmann. In mir ist so etwas wie Erleichterung, vor allem aber eine große Leere. Vielleicht ist das normal. Ich fürchte, nicht ...
    Dieser Tage habe ich nur wenig getrunken. Das macht Hoffnung. Habe mir vorhin die Tagebuchnotizen der letzten Wochen durchgelesen. Unglaublich, wie ich mich

selbst hinters Licht führe. Lauter gute Vorsätze, die ich wie selbstverständlich mit der nächsten Flasche runterspüle, lauter Ankündigungen, die nie in die Tat umgesetzt werden! Das wird nun anders werden, seit ich den Beichtzwang los bin ...

15. 2. 81, nachts

Mir ist hundeelend. Habe im Laufe des Abends fast eine ganze Flasche Wein ausgetrunken. Dazu Bier und – natürlich – Tabletten. Das Schreiben fällt schwer. Seit Tagen geht das so. Eine Szene mit Michael, die mich völlig durcheinander brachte, zumal Jana wohl einiges mitbekam. Was bin ich für eine Mutter!

Nebenher die Patienten, deren Eltern. Erstaunlich, wie ich diese Stunden immer noch mit einigem Anstand über die Bühne bringe. Und sie scheinen nichts zu merken, so hoffe ich jedenfalls. So kann das nicht weitergehn! Und ich war so zuversichtlich nach Frau Hoffmann!

17. 2. 81

Gestern auf einer Geburtstagsfeier bei Margret. Hatte schon vorher so viel getrunken, daß mir immer wieder die Augen zufielen. Ich weiß nicht, ob es jemand gemerkt hat, jedenfalls legte ich mich in Margrets Schlafzimmer aufs Bett und schlief. Irgendwann wachte ich auf, ging runter. Es war wie Spießrutenlaufen. Die Angst, daß jemand mein Elend mitbekommen hat! Ich muß eine Lösung finden!

25. 2. 81, nachts

Vor lauter Tränen kann ich das Blatt nur mühsam erkennen. Habe getrunken, Tabletten genommen und wieder telefoniert. Wie ich mich verabscheue ...!

26. 2. 81

Ich kann nicht mehr. Auch ohne Frau Hoffmann geht es nicht. Es ist schlimmer als je zuvor, und das Schlimmste ist, daß ich inzwischen nicht mehr wage, mir irgendeinen Vorsatz für den nächsten Tag vorzunehmen. Es funktioniert ja doch nicht. Da ist keine Hoffnung mehr in mir... Aber ich schreibe weiter!

29. 2. 81

Bin nicht mehr ganz klar im Kopf. Der Streit mit Michael war zu viel! Mußte trinken. Und die Angst, die furchtbare Angst vor den Konsequenzen! Habe zwei Valium zusätzlich genommen. Die Schrift verschwimmt vor meinen Augen, habe Mühe zu schreiben (die Schrift wird unleserlich).

2. 3. 81

Endgültig: ICH TRINKE NICHT MEHR! Es ist fünf vor Zwölf. Ich fühle mich jämmerlich. Mein Magen revoltiert. Mein Verstand ist auf dem Nullpunkt angelangt. Vor allem: Ich habe an nichts mehr Freude, muß mich ständig kontrollieren, darüber nachdenken, ob ich etwas trinken darf oder nicht. Und dann funktioniert nicht einmal mehr die Kontrolle. Das ist entsetzlich, ich will das nicht mehr...!

Gestern noch ging mir der verführerische Gedanke durch den Kopf, daß ich es – ohne Frau Hoffmanns Kontrolle – vielleicht doch schaffe, so zu trinken wie die anderen, glaubte, daß ich es schon lernen würde zu wissen, wann es genug ist. Das ist Quatsch! Ich schaffe es nicht...

Noch einmal: ICH TRINKE AB HEUTE NICHT MEHR, heute, den 2. 3. 81. Jeder Rückfall – sollte es einen geben – wird genau notiert, ergründet...

6. 3. 81, gegen 24 Uhr

Am 2. 3. habe ich geschrieben: Endgültig. Ich trinke nicht mehr! Einen oder zwei Tage später sah ich, als ich den hinteren Wagenschlag des Autos öffnete, eine leere Bierflasche liegen. Wie magnetisiert zog es mich in den nächsten Laden. Ich kaufte gleich eine ganze Packung. Und das seitdem regelmäßig...!

Also ein neuer Anlauf. Der wievielte? Seltsamerweise erlebe ich dies Hin und Her nicht nur als zerstörerisch, sondern auch als ein Stück Autonomie, Chaos, das irgendwann seinen Ausweg finden wird ins Kreative. – Vielleicht mache ich mir da was vor. Jedenfalls ist der moralische Druck weitgehend weg. Ich glaube, das ist gut. ICH bin es, die alles zu verantworten hat, die die Grenzen abtastet. Etwas rabiat zwar, aber in eigener Regie.

Und dann gibt es so befreiende Tage, wo ich sicher bin, daß diese Nachtwanderung ein Ziel hat. Zur Zeit allerdings weniger. Ich habe noch eine angebrochene Bierflasche, die werde ich austrinken. – Morgen werde ich sehen...

7. 3. 81

... Michael zum Flughafen gebracht. Heimlich eine Flasche Bier getrunken. Auf dem Rückweg wollte ich noch mehr, dachte: Ist ja doch alles egal! An der Tankstelle gab es nur billigen Rotwein, eine Literflasche. Trank davon. Fühlte mich elend und eklig. Kotzte alles aus...

20. 3. 81

Das Trinken erhält seine Eigendynamik. Kein Tag ohne. Heute x Flaschen Bier getrunken, früh eingeschlafen. Gegen 24 Uhr aufgewacht. Jetzt Kopfschmerzen und Katzenjammer...

21. 3. 81

Abends. Erschlagen. Mit Peter spazierengegangen. Den letzten Rest Rotwein ausgetrunken. Immer im Kreis: Ab morgen nicht mehr, für immer... Ich werde es schaffen. Notfalls mit Ute (eine Freundin) reden, vielleicht kann sie mir helfen, irgendwie. – Die Tabletten wirken (die Schrift wird unleserlich).

23. 3. 81
Ein Tag ohne Alkohol. Habe alle Vorräte weggeschafft. Es geht mir gut. Ich hoffe weiter ...

Ostermontag (bei Freunden im Ferienhaus)
Krauses kommen. Schöner sonniger Tag. Spaziergang, angeregtes Gespräch mit Thomas. Dann der plötzliche Wunsch nach Alkohol. Eine Flasche Rotwein auf einmal ausgetrunken. Anschließend mußte ich mich zurückziehen, da richtig betrunken, sollte keiner merken. Schlimme Stimmung danach. Spaziergang allein. Heulen, heulen, heulen! Wozu leben? Michael und Jana haben offenbar genug von meiner depressiven Stimmung, wollen mit dem Auto nach Höxter.
Schreibe einen kurzen Abschiedsbrief, packe die restlichen Tabletten ein, dazu eine Flasche Rum, etwas anderes ist bei den Vorräten dieses Hauses nicht zu finden. Ist ja nun auch egal. Immer wieder der zwanghafte Sog: runter an die Weser. Ruhe für mich und die anderen. Für immer. Als ich die Tür öffne, um loszugehen, stehen Michael und Jana davor. Das Auto ist nicht angesprungen. Michael reißt mir den Rum und die Tasche mit den Tabletten aus der Hand, ist wütend. Bin verzweifelt. Also wieder nichts!

2. 5. 81
... Nun muß ich wohl doch zum Psychiater. Tiefe Depressionen, habe zu nichts Lust, fühle mich trostlos, zerschlagen, leer als hätte mich jemand umgestülpt und alles, was in mir war, ausgekippt. Auch gestern (großer Familienausflug) war mir zum Heulen.

7. 5. 81, nachts
Trotz Tabletten kein Schlaf. Große Unruhe, Herzklopfen, Angst vor morgen, vor dem Berg, über den ich muß. Wieder leichte Temperatur und – sehr störend – zunehmende Schluckbeschwerden am unteren Ende der Spei-

seröhre. – Nie gehabt. – Der erlösende Gedanke an Krebs...

9. 5. 81, 0.30 Uhr

Schlaflos. 70. Geburtstag meiner Schwiegermutter. Alle sind fröhlich, nur ich nicht. Einige sprechen mich freundlich und teilnahmsvoll an. Was hilft's? Jetzt sitze ich mit den üblichen zwanghaften Gedanken an Alkohol und Tabletten und weiß nicht weiter. Vor allem tiefe Depression. Wozu das alles? Ich bin so steinern...

Der Tag meiner Kapitulation

Vierzehnter Mai 1981. Nur drei Stunden Unterricht lagen hinter mir, und ich war am Ende meiner Kräfte. Achtlos warf ich meine Mappe in den Flur und steuerte auf die Küche zu. Routinemäßig öffnete ich den Kühlschrank, griff in die Innenseite der Tür, fühlte die vertraute Rundung der Flasche und hob den Deckel mit dem Öffner. Scheppernd fiel er auf die roten Fliesen. Ich setzte die Flasche an den Mund und nahm einen tiefen Zug.

Mein Gott, was tat ich da? Entsetzen stieg in mir hoch. Es war doch erst elf Uhr. War ich denn so tief gesunken, daß ich schon am Vormittag zur Flasche greifen mußte? Noch war nicht die Zeit für meine »Mittagsangst« – so nannte ich sie, diese diffuse Unruhe, diese Angst vor den Forderungen des restlichen Tages, den dunklen Löchern und Abgründen, die sich auftaten, wenn kein fester Stundenplan mir Boden unter den Füßen bot. Sie erst legitimierte bisher den Griff zum Stoff. Und sie überfiel mich erfahrungsgemäß erst so um die Mittagszeit. Das war kein Geheimnis. Auch mein Mann wußte davon, und irgendwie hatte er sich damit abgefunden. Er respektierte diese Schwäche wie eine Art Haustier. Sie war vertraut, ich wußte damit umzugehen. Sie war so etwas wie eine persönliche Note, fast so etwas wie eine Auszeichnung, denn immerhin konnte man sie – wenn man gutwillig war – als Ausdruck meiner außerordentlichen Sensibilität verstehen. Und wer ist nicht gern sensibel, jedenfalls in den Kreisen, in denen ich mich damals bewegte?

Ich brauchte mich bloß an den Mittagstisch zu setzen, und schon kroch sie in mir hoch, diese unerklärliche und doch so vertraute Angst, die mir den Appetit nahm, die mich einschnürte, meinen Atem schneller werden ließ und den Puls zum Rasen brachte. Doch so weit ließ ich es zum Schluß meist gar nicht erst kommen. Noch bevor sich meine Tochter und mein Mann an den Tisch setzten, zog es mich in den ersten Stock, ins Badezimmer. Da stand das vertraute kleine Röhrchen mit den vielen himmelblauen Tabletten. Allein ihr Anblick verschaffte mir Beruhigung. Hastig schüttete ich mir ein bis zwei in die Hand und schob sie mir in den Mund.

Manchmal, wenn ich es besonders gut mit mir meinte oder wenn die Angst das normale Maß überstieg, gestattete ich mir auch drei davon. Aber es kam auch vor, daß ich sie in einem Anflug von Vernunft halbierte. Das gab mir dann die Illusion von Augenmaß und einsichtsvoller Beschränkung. Und wenn es das Unglück wollte, daß ich die kleine Rille in der Mitte in meiner Hast nicht richtig getroffen hatte, so daß ich zwei ungleiche himmelblaue Halbmonde zwischen meinen Fingern hielt, dann kam es kurz aber heftig zu einem inneren Kampf: Welche dieser beiden Hälften nimmst du heute? Reicht die kleine Sichel, um das Maß voll zu machen, das du brauchst, um in der Mitte des Tages zur Ruhe zu kommen? Oder ist es gerade diese minimale Differenz, die dir dann zum erlösenden Schlaf fehlen wird? Eigentlich wußte ich im voraus, wie ich mich entscheiden würde. Warum sollte ich auch meine wohlverdiente Mittagsruhe wegen des Bruchteils einer kleinen, himmelblauen Pille aufs Spiel setzen? Und für die vielen übrig gebliebenen kleineren Hälften fand sich dann später schon Verwendung; zum Beispiel als Zugabe, wenn zu vermuten stand, daß auch drei Tabletten nicht mit Sicherheit die erwünschte Wirkung bringen würden. In jedem Fall würde das Bier dann ein übriges tun, damit sich die ersehnte innere Ruhe möglichst schnell in mir breitmachte und ich für die Forderungen dieser Welt für eine kurze Zeit nicht mehr erreichbar war.

Aber, wie gesagt: Es war gerade erst elf Uhr. Zu früh am Tag also, um ohne Gesichtsverlust in den – irgendwie legitimierten – Genuß des mittäglichen Dämmerzustands zu gelangen. Das war gegen die innere Abmachung. Das fühlte sich bedrohlich nach Sich-Gehenlassen an. Ein Gefühl von abgrundtiefem Ekel machte sich in mir breit. Ekel vor mir selber, Ekel vor meiner Gier, meiner Zügellosigkeit. In Bruchteilen von Sekunden zerfloß mein so mühsam immer wieder neu erkämpftes Selbstwertgefühl, löste sich in Nichts auf. Abscheu durchflutete mich, stieg in mir hoch und wollte aus mir herausbrechen. Zitternd stellte ich die angebrochene Flasche auf den Küchentisch. Automatisch bewegte ich mich in Richtung Telefon, schlug das Telefonbuch auf, suchte unter A. Da standen sie, die Anonymen Alkoholiker. Ich nahm den Hörer ab und wählte.

Jürgen war am Apparat. Geduldig hörte er sich meine gestammelten Worte an: Es sei mir alles sehr peinlich. Irgendwie käme ich mit dem Alkohol nicht klar. Und da sei auch noch ein ganz besonderes Problem. Ich sei nämlich selber Therapeutin. Ob ich denn da bei ihnen richtig sei? Ich hätte auch schon insgesamt zehn Jahre Analyse hinter mir. Und überhaupt könne ich mir nicht mehr vorstellen, daß mir noch irgend jemand helfen könne.

Das sei ihm alles sehr vertraut, meinte Jürgen in aller Seelenruhe. Ich sei da nichts Besonderes. Auch ihm sei es nicht besser gegangen. Ich solle man einfach abends zur Gruppe kommen, da würde ich dann weitersehen. Im übrigen habe vor kurzem ein Psychiater bei ihnen angefangen, ein Betroffener wie ich. Und was der könne, könne ich auch.

Das saß. Das leuchtete mir ein, war vertrauenerweckend und beruhigend. Allzu schlecht konnte die Gesellschaft ja nicht sein, wenn auch ein Psychiater, ein Akademiker, zu ihnen gefunden hatte. Ich würde also hingehen.

Den Rest des Tages verbrachte ich mit Warten. Eigenartigerweise war der unbändige Wunsch nach Alkohol wie verflogen. Ich hatte ja noch die Tabletten. Die hatte mir der Arzt verordnet. Depressiv sei ich. Dagegen müsse ich unbedingt etwas tun. Gerade in der vergangenen Woche war ich zu einem neuen Nervenarzt gegangen in der Hoffnung, daß der mir endlich etwas Wirksames gegen meine Ängste und Depressionen verschreiben würde. Außerdem hatte ich ja noch ein paar Schlaf- und Beruhigungspillen von meinem Hausarzt. Der war immer sehr großzügig, verschrieb mir anstandslos größere Mengen davon. Es war noch gar nicht lange her, daß ich mir wieder ein Rezept von ihm geholt hatte. Doch groß war die Reserve nicht mehr, und so schnell konnte ich nicht wieder bei ihm vorstellig werden. Das würde auffallen. Und auch meinen Reservearzt, den ich immer dann besuchte, wenn Not am Mann war, hatte ich erst kürzlich um zwanzig Valium und zwanzig Schlaftabletten gebeten. Mehr war von dem in absehbarer Zeit nicht zu erwarten. Der war kleinlicher, verschrieb nur geringe Mengen, die schnell verbraucht waren. So beruhigte mich der Gedanke, mit den zwei zusätzlichen Großpackungen vom Nervenarzt für die nächste Zeit eingedeckt zu sein. Später könnte ich dann ja bei Bedarf wieder bei meinem Hausarzt vorbeischauen.

Nachmittags fand mich mein Mann auf der Liege draußen auf der Terrasse. Es war ein warmer, sonniger Tag. Ich zerfloß in Selbstmitleid und Tränen. Stammelnd und fast ein wenig erstaunt angesichts der Tragweite meines Entschlusses teilte ich ihm mit, daß ich am Abend in eine Gruppe der AA's gehen würde. »So schlimm ist es mit dir?« sagte er nachdenklich. Das war alles, was ihm im Moment einfiel. Viel Glauben schenkte er meinen Worten sicher nicht, nach all dem, was ich ihm in den Jahren zuvor an innerem und äußerem Chaos geboten hatte. »Wieder mal so eine ihrer Ideen!« wird er sich gedacht haben.

Und dann der erste Gruppenabend. Es war auch jetzt noch so warm, daß wir uns nach draußen in den Garten setzten. Fünfzehn bis zwanzig Menschen saßen da im Kreis. Ich wußte nicht, was mich erwartete, spürte nur vage, daß ich willkommen war und daß ich nichts zu verlieren hatte.

So redete ich oft und viel, sicherlich sehr chaotisch. Ich weinte, stolperte über meine Worte und Gefühle, die völlig ungeordnet aus mir heraussprudelten. Ich erzählte von meinen Ängsten, meiner Schlaflosigkeit, meinem Beruf als Lehrerin, von den fünf Jahren der Ausbildung, von meinen Selbstmordversuchen, meiner Migräne, meiner Leere.

Man hörte mir zu, ließ mich ausreden, ohne mich zu unterbrechen oder gar in Frage zu stellen, und ich fühlte mich geborgen und angenommen. Ich habe nicht viel verstanden von dem, was man zu mir sagte. Aber als ich die Gruppe an diesem Abend verließ, da war in mir ein Fünkchen Hoffnung, daß dies ein Neuanfang sein könnte.

Die ersten sechs Wochen

Erste Eindrücke in der Gruppe

Wie gesagt, es war nur ein winziger Hoffnungsschimmer zu Beginn meiner Trockenheit. Inzwischen ist aus diesem Fünkchen ein Licht geworden, das mein Leben erleuchtet, ihm Konturen, Sinn und Richtung gibt.

Vieles habe ich in den vergangenen Jahren verändert. Ich habe neue Wege eingeschlagen, bin immer wieder gestolpert; auf vieles habe ich verzichtet. Und niemand hat mir mehr all diese konkreten, angstmachenden Entscheidungen abgenommen, die nötig waren, um zu überleben und Neues zu gestalten. Kein Vater, keine Mutter, kein Ehemann, kein Analytiker, kein Arzt oder Freund. Ich mußte für alles, was ich tat, geradestehen. Zum ersten Mal in meinem Leben. Ich allein war verantwortlich und niemand sonst.

Es waren nicht primär die großen Einsichten über irgendwelche psychischen Zusammenhänge, nicht die beglückenden oder auch betroffen machenden Aha-Erlebnisse – wie ich sie in meiner Analyse immer wieder erlebt habe –, die meinem Leben eine neue Richtung gaben. Sie allein bewirkten nichts, solange ich ihre Zeichen und Symbole nicht als Handlungsaufforderungen verstand und meine Verhaltensweisen nach ihrer Vorgabe änderte. Sie verführten mich nur, wiegten mich in der gefährlichen Illusion, Neues erfahren und bewirkt zu haben, lähmten meine ohnehin verkümmerte Bereitschaft, mein Leben aktiv und eigenverantwortlich in meine Hände zu nehmen und zu gestalten.

Damals verhielt ich mich angesichts der bewegenden Erkenntnisse über das Wie und Warum meines inneren Dramas wie das Kaninchen vor der Schlange, verharrte in angespannter Passivität und hielt meine innere Bewegung für äußeres Tun. Daß es erst das Handeln ist – das konkrete und meist recht banale Umsetzen inneren Erlebens und Erkennens in zielgerichtete neue Verhaltensweisen –, das nach den äußeren Veränderungen dann zu tiefgreifenden inneren Wandlungen und grundlegend neuen Einstellungen dem Leben gegenüber führt, habe ich im Laufe meiner Trockenheit in vielen schmerzlichen Prozessen erfahren müssen, Entwicklungen, die oft erst Jahre später Früchte trugen.

Diese Vorgänge waren sehr leidvoll und schmerzhaft. Und doch waren sie es auf eine ganz andere Art als in den Jahren zuvor. Es war ein produktives Leiden, ein Leiden, das getragen wurde von einer zutiefst positiven Einstellung zum Leben und das immer – wenn auch bisweilen quälend spät – in konstruktives Handeln mündete. Wenn ich früher trotz schlimmer Verzweiflung, trotz mehrerer Selbstmordversuche weiterlebte, so waren dies niemals bewußte Entscheidungen für das Leben. Es waren Krisen, in denen ich mich passiv dem Leid hingab, es als eine Art Schicksal hinnahm, als Folge irgendwelcher frühkindlicher Defizite, die ich nicht rückgängig machen konnte, für die ich nicht verantwortlich war und die auch in der analytischen Durcharbeitung und Wiederbelebung nicht wirklich zu beheben waren.

Hinzu kam eine verhängnisvolle Glorifizierung des Leidens als einer Art Auszeichnung, die den besonderen Menschen – und zu denen wollte ich immer gehören – von den gewöhnlichen Sterblichen unterschied. Ich erinnere mich an stundenlange Gespräche mit meinem Mann – wir waren beide noch jung –, in denen wir uns gegenseitig emphatisch bestätigten, daß erst das Leiden, und zwar das passiv hinnehmende Leiden, dem Menschen Wert und Sinn gibt.

In dieser Zeit verschlang ich Dostojewskis Romane wie eine Heilsbotschaft. Erst sehr viel später, als ich schon trocken war, wurde mir bewußt, in welchem Ausmaß dieser von mir so geliebte Autor selbst süchtig war, und ich verstand meine Faszination. Die tiefe, todbringende Verzweiflung eines Dimitrij Karamasoff, die stille, aufopferungsvolle Hinnahme des Leidens eines Aljoscha, das kindlich-naive, dabei zwanghaft zerstörerische Angezogensein eines Fürsten Myschkin von den Dunkelheiten, Abgründen und Absurditäten des Lebens und nicht zuletzt das selbstmitleidige bis lächerliche Gehabe vieler zweit- und drittrangiger Figuren seiner Romane –, all dies sind Variationen eines Themas, Erscheinungsformen süchtigen Verhaltens und Erlebens. Ich verlor mich in derart schwärmerisch-masochistischen Überzeugungen. Sie waren gewachsen auf dem für mich gefährlich fruchtbaren Boden protestantisch-moralisierender Erziehung, für die das Leiden zum Selbstzweck geworden ist. Sie waren sehr zäh und außerordentlich zerstörerisch.

Als ich mich damals gut drei Monate nach Beendigung meiner Lehranalyse und sechs Monate nach meiner Therapeutenprüfung auf das Abenteuer eines Lebens ohne Drogen einließ, ahnte ich noch nicht, welche Möglichkeiten sich mir eröffnen würden, welche Berge von Lebenslügen, Halbwahrheiten und Illusionen ich würde abtragen müssen, um an den Kern meines Selbst zu gelangen, jenen ursprünglichen Keim meiner Persönlichkeit, dem auch die schlimmsten Exzesse meiner Sucht nichts hatten anhaben können und den es zu entfalten galt. Zwar hatte ich als Süchtige alles getan, um ihn am Wachsen zu hindern, denn instinktiv hatte ich wohl gespürt, daß jeder Wachstumsprozeß mit Schmerzen verbunden ist. Doch all meine Verdrängungsmanöver, meine Verschleierungs- und Ablenkungstaktiken hatten es nicht vermocht, ihn zu zerstören. Daß ich mir dabei auf dem Umweg über die Sucht ein Vielfaches an psychischem und physischem

Schmerz zufügte, ist wohl der Preis, den ich wie jeder Süchtige zu zahlen hatte, solange ich mich weigerte, erwachsen zu werden.

Ebensowenig ahnte ich, welch großen Raum die Gruppe von nun an in meinem Leben einnehmen würde. Noch wirkten in mir meine langjährigen Erfahrungen mit Therapeuten und Ärzten nach, deren professionelle Überlegenheit ihr Unvermögen angesichts meiner Sucht bis dahin überdeckt hatte. Doch hier in der Gruppe gab es niemanden, der durch Titel oder sonstwie verbriefte Fachkompetenz aus der Menge der anderen hervorgehoben war. Hier gab es nur Betroffene, Menschen, die von sich selbst sprachen und die nicht mehr – aber auch nicht weniger – wußten als das, was sie in leidvoller Erfahrung durchgemacht hatten. Und dieses Wissen zeichnete sie aus, machte sie zu kompetenten, scharfsichtigen und sachkundigen Beobachtern und Analytikern meiner Misere. *Sie* ließen sich nicht hinters Licht führen. Ihnen konnte ich keine meiner Lebenslügen auftischen, ohne daß sie früher oder später entlarvt wurde. Ihr Wissen war dem scharfen Verstand der sogenannten Sachverständigen – sprich Psychologen, Ärzte, Therapeuten – um ein Vielfaches überlegen. Diese Menschen standen nicht über den Dingen, sondern mittendrin.

Natürlich bin ich auch in den Alkoholikergruppen Menschen begegnet, die gerne das Sagen hatten, die sich produzierten, ihre eigenen Erfahrungen zum Maßstab für andere setzten, die Abhängigkeiten schufen und sich auf Kosten anderer profilierten. Und es gab auch die großen Schweiger, die nie etwas von sich selber hergaben, dafür aber um so arroganter kluge Ratschläge erteilten. Das gibt es überall, wo Menschen zusammenkommen. Doch in solchen Fällen trat dann die heilsame Wirkung der Gruppe in Kraft, der Gruppe als einer Ansammlung unterschiedlichster, immer auch gegensätzlicher Temperamente und Eigenarten.

Diese Fähigkeit, Gegensätzliches zu vereinen und daraus Neues entstehen zu lassen, ist Grundlage der therapeutischen Wirksamkeit einer Gruppe. In ihrem bergenden Raum konnte ich wie ein kleines Kind erste Gehversuche unternehmen, mich selbst erproben und eigene Grenzen abstecken, ohne Gefahr zu laufen, mich in neue Abhängigkeiten zu begeben und damit der gefährlichen Faszination einer allumfassenden Sicherheit zu erliegen, einer Illusion, der ich als Süchtige nur allzu bereitwillig immer wieder nachgejagt bin, sei es in der Ehe, in Freundschaften, in der Therapie oder im Rausch.

Doch anders als in der Zweiergruppe des Arzt-Patientenverhältnisses war – und bin – ich hier in der Selbsterfahrungsgruppe einer Vielzahl divergierender Einflüsse ausgesetzt, die eine Abhängigkeit unmöglich machten und mir die Chance gaben, früher oder später eigene Wertungen zu setzen. Denn da war keine übergeordnete elterliche Instanz, die meine Äußerungen filterte, verurteilte, interpretierte oder auch nur mit väterlich-freundlichen Blicken guthieß und mich damit ungewollt festlegte. Was ich als Sprechende in die Gruppe einbrachte, gab sie mir wie in einem Spiegel durch die Äußerungen der anderen über sich selber zurück, so daß ich meinen eigenen Standpunkt immer wieder neu überprüfen konnte. Und in dem Maße, wie ich meine kindliche Verantwortungslosigkeit nach und nach aufgeben konnte, wie ich lernte, die Folgen meines Tuns vorausschauend zu bedenken, da nunmehr ich allein sie zu tragen hatte, wurde ich erwachsen. Insofern verstehe ich die Gruppe – auch – als eine Art Übungsfeld, auf dem ich gefahrlos Probehandlungen vornehmen kann, so wie ein Kind im Kindergarten seine ersten Schritte in die Welt der Erwachsenen spielerisch übend vorwegnimmt.

Damals, in den ersten Tagen und Wochen meiner Trockenheit, war mir von all dem herzlich wenig bewußt. Damals bedrängten mich ganz konkrete und sehr alltägliche Probleme hautnah, und in der Gruppe wurde mir schnell und oft sehr drastisch deutlich gemacht, daß Trockenwerden zunächst etwas ganz Banales ist.

Als erstes hieß es schlicht und einfach: »Schaffe alle Alkohol- und Tablettenvorräte aus dem Haus!« Ansonsten riet man mir, jeden Abend erst einmal in die Gruppe zu gehen, zuzuhören und von mir zu erzählen. Das Argument, das meine neuen Freunde gebrauchten, war von entwaffnender Logik: »Du hast jahrelang jeden Tag gesoffen, also solltest du für eine gewisse Zeit – mindestens sechs Wochen lang – jeden Abend die Energie aufbringen, dich hier zwei Stunden lang hinzusetzen.«

Das war sehr konkret und sehr einfach. Zu einfach für jemanden wie mich, der daran gewöhnt war, jede kleinste Regung zu analysieren, verstehen zu wollen und jedem Vorschlag mit einem »Wenn« und »Aber« zu begegnen. Das tat ich dann auch, und zwar mit der Arroganz und Besserwisserei, wie nur derjenige sie nötig hat, der sich wie ein Ertrinkender an Altbewährtes und Vertrautes klammert, das zu anderen Zeiten, unter anderen Vorzeichen sicherlich einmal seine Berechtigung gehabt hatte.

»Jeden Abend! Ihr seid gut! Wie soll ich denn das machen? Die Verpflichtungen, die Einladungen, mein Mann, meine Tochter, die Leute ... Und überhaupt: Zur Analyse bin ich höchstens dreimal die Woche gegangen. Das reicht bei weitem! Und was soll das bringen? Ich kann doch meinen normalen Alltag nicht schleifen lassen! Dann ziehe ich mir ja noch mehr Probleme an Land, als ich ohnehin schon habe.« – Und ganz im Geheimen dachte ich: Die haben das vielleicht nötig, *ICH* nicht! Laß sie nur reden, ich mach das schon! – Doch das behielt ich wohlweislich für mich.

Aber sie blieben hartnäckig. Wieder und wieder insistierten sie – und in der Wortwahl war man dabei nicht zimperlich: »Laß das Kopfkino sein! Was hat es dir gebracht? Nichts! Du bist am Ende. Alle deine klugen Sprüche haben versagt. Vergiß alles, was du bisher gelernt hast, und fang bei Null an! Du grübelst zu viel. Hör einfach zu und hab' Vertrauen!«

Das war einfacher gesagt als getan. Worauf sollte sich mein Vertrauen gründen? Mit welchem Recht maßten sich diese Typen – und das war weiß Gott keine feine Gesellschaft! – ein solches Urteil über mich und meine diffizilen Probleme an? Und warum sollten sie mehr wissen als meine Analytikerinnen, die sich doch so viel besser auskannten? Seitdem ich nicht mehr trank und ohne Tabletten lebte, waren ja meine psychischen Probleme keineswegs geringfügiger geworden. Im Gegenteil! Jetzt, nachdem ich ihnen mit klarem Kopf gegenübertrat, wurde mir das ganze Ausmaß meiner Misere überdeutlich. Ich sah alles wie unter einem Vergrößerungsglas. Immerhin – und damit hatten meine neuen Freunde recht –, ich war gescheitert. Daran war nicht zu zweifeln. Und alle meine bisherigen Krücken: die Analyse, die Ausbildung, mein Denkvermögen, meine gutbürgerliche Ehe, sie alle hatten versagt. Mir blieb keine Wahl, wenn ich leben wollte.

Und dann war da noch die Neugierde, ein ganz eigenartiges Phänomen, das ich früher nicht kannte. Aber es war da, zweifellos. Drängend und eindeutig. Auch in den dunkelsten Zeiten meines Trockenwerdens spürte ich tief in mir eine Stimme, die sagte: »Laß es geschehen und warte ab, was zu tun ist! Es könnte gelingen.« Diese Neugierde auf das noch Unbekannte, noch zu Gestaltende, die im Tiefsten meinem Wunsch zu leben entsprang, erlebte ich selber mit Erstaunen und geheimer Freude. Sie war eine machtvolle Begleiterin und ein starker Motor meines Individuationsprozesses bis heute. Sie wuchs mir zu in einem Moment, in dem ich zutiefst verzweifelt war, zugleich aber auch bereit, auf meine vertrautesten Stützen: den Alkohol und die Tabletten zu verzichten. Nie zuvor hatte ich einen so unbändigen Wunsch zu leben in mir verspürt. Und nie zuvor auch hat eine Entscheidung wie die, in die Gruppe zu gehen, so einschneidende Konsequenzen für mich gehabt. Und es war *MEINE* Entscheidung.

Wie ich es auch drehte und wendete, mir blieb keine Wahl, kaputt, wie ich war. Ich akzeptierte die Empfehlungen der Gruppe schließlich. Es war, als hätte ich mich auf eine gefahrvolle Reise begeben, deren Ausgang ungewiß war. Das machte Angst. Aber irgendwo in mir erlebte ich es auch als eine Art Auszeichnung, die nur demjenigen zuteil wird, der, wie im Märchen, eine Aufgabe zu lösen hat. Ich stellte mich der Herausforderung mit all ihren Unwägbarkeiten. Und es war auch dieses flüchtige, kaum in Worte zu fassende beunruhigende und zugleich erhebende Gefühl des Erwähltseins, das mich über alle Hindernisse hinwegtrug und immer wieder neu die Angst besiegte.

Die Gruppenfreunde hatten gewonnen. Jeden Abend pünktlich kurz vor neunzehn Uhr setzte ich mich an den Tisch. Und so seltsam es auch war, ich tat es aus freien Stücken. Sobald die Zeit kam, ließ ich alles andere stehen und liegen. Es zog mich richtig dorthin. Zugegeben hätte ich das nie, damals am Anfang, als ich glaubte, noch meinen Stolz und meine Unabhängigkeit demonstrieren zu müssen. Ich ging eben hin, täglich, tat meine Pflicht und gehörte bald zum Inventar.

Es muß irgendwann in den ersten zwei Wochen gewesen sein, als mir dämmerte, daß ich gar nicht bei den eigentlichen Anonymen Alkoholikern gelandet war, sondern bei einem Verein, der zwar daraus hervorgegangen war, also auch nach dem Programm der zwölf Schritte arbeitete, der sich jedoch in Nuancen von diesen unterschied. Ich hatte mich beim Telefonieren vertan, hatte die Nummer der Alkoholkrankenhilfe Berlin (AKB) statt die der Anonymen Alkoholiker (AA) gewählt, da der Name des Vereins im Telefonbuch fett gedruckt war. Anderen war es ähnlich gegangen, wie ich später noch oft feststellte. Ich nahm das zur Kenntnis und blieb. Irgendwie fühlte ich mich nach der kurzen Zeit dort schon heimisch, denn gerade am Anfang wiegt jeder Tag schwer. Ich kannte inzwischen viele, und man kannte mich. Einige freuten sich, wenn ich kam, und auch mir hatten sich manche Gesichter schon fest eingeprägt.

Sicher, das war manchmal schon eine recht eigenartige Gesellschaft, eine Ansammlung zum Teil dubioser Gestalten, so empfand ich das damals. Da ging es anders zu als bei mir zu Hause oder in meinem Freundeskreis. Da sprach man oft laut und derb, und mit der Grammatik nahmen es manche auch nicht so genau. Und diese Ausdrücke! Das stieß mich ab. Nicht selten bin ich aus der Haut gefahren, wenn es mir gar zu ordinär wurde. Dazu diese Gesichter: verfallen, grau und zerfurcht, einmalig in ihren vom Leben gezeichneten Linien oder aber die verlebten Züge durch billige Schminke grob übermalt. Und wie sich manche kleideten! Grell, bar jeden Geschmacks und lächerlich aufreizend.

Anfangs fiel es mir schwer, Unterschiede zwischen ihnen wahrzunehmen, den Grad ihrer Trockenheit einzuschätzen, zu sehr beherrschte mich der allgemeine Eindruck von etwas sehr Befremdlichem, Unbekanntem, das in meinem bisherigen Leben keinen Platz gehabt hatte. Doch bald lernte ich zu differenzieren. Ich begriff, daß zum Beispiel ein Mund, in dem nur noch graugelbe Zahnruinen übrig geblieben sind, ein untrügliches Zeichen für einen Alkoholiker ist, der die Flasche erst vor kurzem stehengelassen hat, wenn überhaupt.

Und ich lernte meine Nase gebrauchen: Wer erkennbar nach Seife oder – wenn auch billigem – Deodorant roch, hatte sich im Verein schon einige Sporen verdient. Auch im Tonfall gab es feine, kaum wahrnehmbare Nuancen. Willi zum Beispiel hatte etwas Herausforderndes, Kindlich-Trotziges und Aggressives in seiner Stimme. Das war ein deutlicher Hinweis darauf, daß er noch nicht Abschied genommen hatte von altem Imponiergehabe, mit dem er auf der Parkbank sicher sein dankbares Publikum gefunden hatte, hier aber keinen mehr hinter dem Ofen hervorlocken konnte, während Peter sich zwar weiterhin einer äußerst deftigen Sprache bediente, seine Stimme jedoch irgendwie abgeklärt wirkte, so als wäre er schon jahrelang in den Gruppen der AA's beheimatet.

Oft ertappte ich mich bei dem Gedanken: Was würde mein Mann, was würden meine Kollegen, vor allem aber meine Eltern sagen, wenn sie wüßten, in welche Räuberhöhle ich da geraten war? Schwer vorstellbar. Aber irgend etwas faszinierte mich an diesen Menschen. War es nur der Kontrast, nur der Reiz des Fremden, auch Ordinären? Da war wohl noch etwas anderes: Ihre Direktheit, auch die Schranken- und Hemmungslosigkeit und ihre Ehrlichkeit berührten etwas in mir, deuteten eine Möglichkeit an, alte, starre und einengende Normen über den Haufen zu werfen und den Zugang zur eigenen Gewöhnlichkeit und Primitivität freizuschaufeln.

Es war gut, daß ich nicht von Anfang an wußte, wer da neben mir am Gruppentisch saß, denn möglicherweise hätte ich dicht gemacht, wenn ich gewußt hätte, daß Karl, der eben so eine prägnante Aussage gemacht hatte, noch vor einem halben Jahr im Pennerheim gehaust hatte. Oder Erich, der ehemalige Zuhälter, der mir neulich mit seinen Worten so treffend den Spiegel vor die Nase gehalten hatte. Und auch Erika – sie ist früher auf den Strich gegangen – fand wiederholt sehr ehrliche und harte Worte für mich, die zwar verletzten und immer auch meine Abwehr mobilisierten, die sich mir aber unauslöschbar einprägten:

»Laß dein schlaues Gequatsche! Willste uns demonstrieren, daß du was Besseres bist? Was biste denn in Wirklichkeit? Eine Säuferin, wie wir! Alles andere ist Theater, kannste vergessen! Was hat das ganze schöne Getue dir gebracht? Hier biste gelandet, bei uns Pennern und Säufern. Dein Gerede kenn ich. Spielst die moralisch Unantastbare, und was haste dein Leben lang getan? Dich und die anderen belogen! Und auch jetzt machste dir was vor, aber uns nicht! Lern erst mal zuhören!«

Das war die eine Seite der Medaille. Sie allein hätte mich damals nicht dazu bewegen können, auszuharren und darauf zu vertrauen, daß auch ich einmal eine Chance haben würde. Zu wenig fand ich mich mit all meinen Ansprüchen, meinen bewußten Vorstellungen vom Leben in ihren Aussagen wieder, zu bedrohlich wirkten sie gerade anfangs auf mich in ihrer Ungeschminktheit und Härte.

Doch da gab es auch Menschen, denen ich vom ersten Augenblick an mit naivem Vertrauen begegnete. Sie waren spärlicher gesät, aber es gab sie. So etwa Hannelore und Marion, die mich gleich am ersten Abend in ihre Gespräche verwickelten, so als sei ich eine langjährige Freundin. Ich fühlte mich ernst genommen und heimisch in ihrer Gegenwart.

Und dann vor allem Jens. Er saß mir am ersten Abend im Garten gegenüber, schmal, übernervös, als sei er ständig auf dem Sprung, mit intensiven, dunklen Augen und einem sonnengebräunten Gesicht, in dem scharfgezogene Linien vergangenes Leid ahnen ließen, lässig – eine Idee zu jugendlich – gekleidet, einen schmalen, goldenen Ring im Ohr, gewandt in seiner Ausdrucksweise. Und ich wußte aus der Art, wie er das Gespräch dominierte, daß er der Arzt war, den Jürgen im Telefonat erwähnt hatte und der den letzten Ausschlag gegeben hatte, daß ich hier gelandet war. Das war meine Sprache, meine Welt, so empfand ich das damals. Ich spürte erleichtert, daß ich nicht auf ganz einsamem Posten stand. Ich würde Verständnis finden, vertraute Denkweisen – und vielleicht auch Freundschaft. Ein wirres Durcheinander von Hoffnungen, Wünschen, Ängsten breitete sich in mir aus und raubte mir den Schlaf in dieser Nacht.

Und an noch ein Bild erinnere ich mich aus diesen ersten Tagen. Es war Sonntag. Da traf man sich vormittags von zehn bis zwölf Uhr. Wieder einer dieser sonnig warmen Maitage in jenem Frühling. Das erste, was mir an Heike auffiel, war ihr Kleid. Es war aus grobem Leinengewebe. Auf kräftigem Azurblau leuchteten bunt verstreut orange-rote und gelb-grüne Farbtupfer. Unwillkürlich tauchten vor meinem inneren Auge Erinnerungen an Bornholm auf. Wie oft hatten wir dort unsere Ferien verbracht, als Jana noch klein war. Dort konnte man solche Kleider kaufen. Dort hingen sie in allen Farbvariationen in den vielen kleinen Boutiquen, in denen ich so gerne herumgestöbert hatte. Dort traf man auch Frauen mit Kindern, die so aussahen, so sprachen, so dachten wie Heike. Ein warmes Gefühl stieg in mir hoch. Hier gehörte ich her. Hier war ich richtig.

Das waren Momentaufnahmen, Lichtblicke im Dunkel der ersten Tage und Wochen. Sie waren wichtig. Ohne sie hätte ich wohl aufgegeben. Sie standen für einen Rest gutbürgerlicher Wohlanständigkeit, für altvertraute Normen und Gewißheiten, an die ich mich klammerte, um in dem reißenden Strom des allzu Neuen und Fremden nicht weggespült zu werden. Eine ganze Weile noch brauchte ich den warmen Mief ihrer bergenden Umarmung, die mich früher fast erdrückt hätte, ihre Sicherheit, die für mich so trügerisch zu werden begann, und ihre Gediegenheit und gesellschaftliche Relevanz, die in ihrer Fadenscheinigkeit nur langsam an Bedeutung für mich verlor.

Wirklich nachhaltig geprägt haben mich die Begegnungen mit den Menschen aus dem gesellschaftlich-sozialen Abseits. Nicht, daß ich im Verlauf meiner Trockenheit meine soziale Ader entdeckt hätte, ihnen mit offenen Armen entgegeninge. Nein, ich kann und muß wohl auch nicht über meinen eigenen Schatten springen. Aber heute begegne ich diesen Menschen mit Achtung und in vielen Fällen auch mit Sympathie.

Das ist keineswegs selbstverständlich, wenn ich mir in Erinnerung rufe, mit welcher Gedanken- und Lieblosigkeit meine Mutter sich einmal über eine Frau beschwerte, die sie über die protestantische Kirche eine Zeitlang ehrenamtlich im Gefängnis betreute. Diese Frau hatte sie wohl irgendwann enttäuscht, vielleicht auch belogen. In jedem Fall hatte sie sich als unwürdig und undankbar erwiesen. Meine Mutter stellte die Besuche im Gefängnis bald darauf ein.

Es waren solche Menschen wie diese straffällig gewordene Frau, die mir nun meine eigenen Grenzen am unerbittlichsten zeigten. Sie waren es vor allem, die mir den Spiegel vorhielten und mich meine dunklen Seiten, meine Schattenseiten kennenlernen ließen: meine Arroganz, meine Selbstgerechtigkeit, meine Härte und meine Unwahrhaftigkeit mir selbst gegenüber. Insofern bin ich im nachhinein dankbar, daß mich der Zufall – wenn es ihn denn gibt – in diesen »Säuferverein« geführt hat und nicht zu den normalen AA-Gruppen, bei denen dieser Teil unserer Gesellschaft nicht ganz so zahlreich vertreten ist und es dementsprechend gesitteter zugeht.

Es war Donnerstag, der vierzehnte Mai 1981, an dem ich zum ersten Mal in die Gruppe ging. Wie ich den Freitag- und Samstagvormittag in der Schule durchstand, weiß ich nicht mehr. Ich erinnere mich aber deutlich an meinen heftigen Widerspruch, als man mir dringend riet, eine Weile nicht zu arbeiten und mich auf mein Suchtproblem zu konzentrieren. Ich wiegelte ab: Das könne ich den Kollegen nicht zumuten, den Kindern schon gar nicht. Ich würde gebraucht, und im übrigen würde ich das schon irgendwie bewältigen. Aber da hatte ich – wie so oft noch im Laufe der Zeit – den Mund zu voll genommen. Es kam ganz anders.

Am Samstagabend war eine Party bei Jochen angesagt. »Geh' nicht hin, setz' dich nicht einer solchen Versuchung aus!« hatte man mir in der Gruppe geraten. »Wenn du wirklich einen Neuanfang machen willst, dann fang an dieser Stelle an. Was willst du als gerade erst abstinente Alkoholikerin auf einer solchen Feier? Willst du wieder trinken oder willst du aufschneiden?« Ja, was wollte ich eigentlich? Trinken sicher nicht, das stand fest. Aber die Sache mit dem »Aufschneiden« ging mir nicht aus dem

Kopf. Sollten sie recht haben? Womit sollte ich aufschneiden, und was wäre daran so gefährlich? Einerlei, die Frage würde ich jetzt nicht klären können, und da ich ohnehin – einem natürlichen Impuls und dem Gesetz der Trägheit folgend – im stillen beschlossen hatte, daß ich die Einladung nicht ausschlagen würde, verschob ich deren Beantwortung ziemlich unbekümmert auf morgen.

Es waren sicher fünfzig bis siebzig Leute, die sich in Jochens geräumiger Berliner Altbauwohnung versammelt hatten. Der lang ausgezogene, weiß gedeckte Eichentisch in der Mitte des Zimmers trug schwer an der Last der mit allerlei Leckereien gefüllten Schalen, Tellern und Schüsseln, und die großen Rotweinflaschen auf der Kommode gegenüber ergänzten das üppige, einladende, nur allzu vertraute Bild.

Ich füllte mir einen Teller mit Köstlichkeiten, nahm mir ein Glas Selter und setzte mich zu Michael. Doch seltsam, diesmal wollte es mir nicht recht schmecken. Irgend etwas fehlte. Ja, natürlich, der Wein war es; ohne den schmeckte alles fade. Lustlos schob ich den noch halbvollen Teller beiseite.

»Soll ich dir ein Glas Wein holen?« erkundigte sich Jochen als aufmerksamer Gastgeber irgendwann. »Nein, ich trinke nicht!« entfuhr es mir eine Spur zu abrupt und heftig. Michael schaute kurz und prüfend zu mir hin. Würde sie standhalten? sagte sein eher interessierter als besorgter Blick. »Das ist ja ganz was Neues!« rief Jochen in einer Mischung aus Erstaunen und Heiterkeit. »Na, wenn du meinst...« »Ja, ich meine!« entgegnete ich trotzig, »ich habe beschlossen, nicht mehr zu trinken. Ihr könnt ja weitermachen wie gehabt. Ich nicht!« »Ist ja interessant«, meinte Jochen noch nachdenklich, »das könnte ich nicht. Da würde mir was Wichtiges fehlen.«

Eben! dachte ich triumphierend, ihr alle hier könnt das nicht, aber ich werde euch beweisen, daß ich es kann! Stolz blickte ich in die unwissend-fröhlich trinkende Runde. *ICH* hatte das nicht mehr nötig! Mein Herz hämmerte wild und stürmisch. Ein nie gekanntes Gefühl der Überlegenheit erfüllte mich, und mit einer gewissen Verachtung sah ich auf all die herab, die zu solch eiserner Konsequenz nicht fähig waren.

Wir verabschiedeten uns früher als gewöhnlich. In der Nacht schlief ich kaum. Ich war wie berauscht von dem Gefühl meiner neuen Erhabenheit, und am Sonntagvormittag berichtete ich stolz in der Gruppe, wie gut ich das Problem im Griff hatte. »Mach nur weiter so«, bemerkte Jutta ungerührt, »früher oder später wirst du entweder wieder trinken oder begreifen, daß es so nicht geht.« Ihre leicht hingeworfene Antwort verletzte mich. War das denn nichts, wenn ich es unter so widrigen Umständen geschafft hatte, nicht zuzulangen? Oder war gerade meine Sturheit für die Gruppe ein Stein des Anstoßes? War es das, was sie mit »Aufschneiderei« meinten? Was aber in aller Welt war daran anstößig? Sollte ich nicht gerade lernen, unnachgiebig und hart mir selbst gegenüber zu sein, wenn es um meinen Alkoholismus ging?

Es dauerte noch ein paar Tage und Nächte, bis ich verstand, was Jutta gemeint hatte. Nicht der konkrete, drängende und offensichtliche Trinkwunsch war es, der mich zu Fall bringen würde, sondern meine Arroganz und Überheblichkeit, die mir die innere Ruhe raubten, mich vom eigentlichen Thema abbrachten und mich auf verschlungenen Umwegen irgendwann wieder zum »Stoff« zurückführen würden. Diese frühe Lehre war deutlich und sehr heilsam. Für lange Zeit mied ich von nun an derlei Festivitäten.

Am darauffolgenden Montag fuhr ich mit dem Bus zur Gruppe, da mein Mann das Auto brauchte. Schon der Hinweg gestaltete sich abenteuerlich. Ungeübt im Umgang mit öffentlichen Verkehrsmitteln und verwirrt, wie ich damals war, war ich versehentlich in den falschen Bus geraten. Als ich es merkte, war es zu spät. Ich stieg also einfach irgendwo aus, und da keine anderen Verkehrsmittel in Sicht waren, schlug ich mich zu Fuß durch. Es goß inzwischen in Strömen. Einen Schirm hatte ich nicht mit, und zu allem Überfluß hatte ich mich noch verlaufen.

Irgendwann war ich am Ziel, zu spät natürlich, abgehetzt und völlig durchnäßt. Es fiel mir nicht leicht, den Klingelknopf zu drücken, denn Pünktlichkeit war oberstes Gebot. Wer als trockener Alkoholiker zu spät kommt – so sagte man –, hat etwas falsch gemacht. Disziplin war gefragt, und ich hatte versagt, so offenkundig, daß es jeder sehen konnte. Ich würde störend auffallen. Einen Moment lang war ich versucht, wieder umzukehren. Aber die Vernunft siegte. Ich klingelte. Mein endloser Schwall von Erklärungen und Rechtfertigungen muß ermüdend für die Zuhörer gewesen sein.

An den Rückweg erinnere ich mich nur unvollständig. Ich sehe noch den Bus, die regennasse Straße, die Lichtreflexe. Dann muß ich das Bewußtsein verloren haben. Irgendwann fand mich ein Mann auf dem Bürgersteig liegend. Ich weiß noch, wie peinlich mir das war. Der muß denken, ich bin Alkoholikerin, schoß es mir durch den Kopf, und im Krankenhaus gab ich mir alle Mühe, lauter vernünftig klingende Erklärungen für meine Ohnmacht zu finden. Ich muß ein Bild des Jammers abgegeben haben, schmutzig und blutverschmiert, wie ich dalag, und ich hatte vollstes Verständnis für die spürbare Reserviertheit der Ärzte und Schwestern.

Es war eine Entzugserscheinung, denke ich, und ich nahm diesen Sturz als ein Zeichen, daß ich mich wohl überschätzt hatte. Ich ließ mich bis zu den großen Ferien krankschreiben, so daß ich insgesamt dreieinhalb Monate aus dem Verkehr gezogen war. Und das war gut so, wenn ich bedenke, welche Probleme ich in dieser Zeit zu bewältigen hatte. Und das alles ohne »Stoff« und in einem körperlich sehr labilen Zustand. Ich wog damals nur achtundvierzig Kilo und litt unter Bluthochdruck, Migräne und Schlafstörungen.

Befreiung vom »Stoff«

Wenn ich mich in der Gruppe mit den Worten vorstellte: »Mein Name ist Christa. Ich bin Alkoholikerin«, so war das kein Lippenbekenntnis. Von Anfang an war ich mir meiner Sucht bewußt, denn – anders als viele andere – war ich aus eigenem Antrieb gekommen. Niemand hatte mich gedrängt. Und niemand hatte wirklich gewußt, wie es um mich stand. Ja, ich war eine Alkoholikerin, eine, die nach dem ersten Glas nicht mehr aufhören konnte. Ich wußte, als ich mich an den Gruppentisch setzte, daß ich nie wieder trinken durfte.

Einige Trinkpausen hatte ich schon hinter mir. Einmal hatte ich es sogar drei Jahre lang geschafft. Das war während der ersten Analyse. Abstinenz nennt man eine solche Phase. Es geschah nichts weiter, als daß ich statt Bier Mineralwasser trank. Nicht auf Dauer allerdings. Irgendwann ging ich zu alkoholfreiem Bier über. Das schmeckte gefälliger, erinnerte auf harmlose Weise an alte Zeiten, weckte den Wunsch nach mehr, die – uneingestandene – Hoffnung, daß die minimalen Alkoholprozente, die darin enthalten waren, ihre Wirkung zeigen würden, und da sie mir diesen Gefallen nicht taten, jedenfalls nicht, wenn ich nur die übliche Menge zu mir nahm, goß ich das Zeug nach und nach literweise in mich hinein, bis eines schönen Tages dann eine richtige Flasche Bier auf dem Tisch stand. Ganz offen, ganz selbstverständlich und ganz selbstbewußt. Ich konnte mir das nun wieder leisten. Ich hatte gelernt, mit dem »Stoff« umzugehen. Ich war geläutert.

So jedenfalls sah ich das damals. Und es dauerte eine ganze Weile, bis dieser ersten Flasche eine zweite folgte. Auch die dritte ließ sich Zeit. Ich war ja keine Alkoholikerin! Gier und Maßlosigkeit gehörten der Vergangenheit an. Doch irgendwann begann es in mir zu rumoren, Unruhe machte sich breit. Die vierte Flasche trank ich schon hastiger, und nach der fünften war der Bann gebrochen.

Heute verstehe ich, warum ich mir mit dem erneuten Abgleiten in die manifeste Sucht so viel Zeit lassen konnte, warum ich nicht wie alle anderen nach dem Rückfall sofort wieder auf meinem alten Trinkniveau landete. Die ganze Zeit über hatte ich Tabletten geschluckt. Von Trockenheit konnte also nicht die Rede sein. Das wäre mir damals nicht im Traum eingefallen, denn Tabletten hatten für mich nichts – fast nichts – gemein mit der Droge Alkohol. Die waren ärztlicherseits sanktioniert. Sicher, ich machte etwas zu großzügig Gebrauch davon, dessen war ich mir durchaus bewußt, aber das war noch vertretbar, galt noch nicht als anrüchig.

Als ich nun zum zweiten Mal einen Anlauf nahm, abstinent zu werden – diesmal wohl wissend, daß es der letzte sein mußte –, hatte ich keineswegs die Absicht, auf meine Schlaf- und Beruhigungstabletten zu verzichten. Der Einfachheit halber hatte ich dieses Problem beiseite geschoben, um mich meinem vermeintlichen Hauptthema ungeteilt widmen zu können. Alles weitere würde sich schon finden. Verschweigen wollte ich es allerdings auch nicht. Also erzählte ich davon in der Gruppe, berichtete über meinen Besuch beim Arzt, seine Diagnose: Depressionen und vegetative Dystonie, und seinen Rat, die kleinen orange-roten Dragées regelmäßig einzunehmen. Mit diesem Geständnis fühlte ich mich von jeglicher Verantwortung oder gar Schuld freigesprochen und drängte darauf, zur Sache zu kommen, meinem Alkoholismus.

Aber damit kam ich nicht durch. Ob ich denn mein Leben lang anderen meine Entscheidungen überlassen wolle, ob ich nicht endlich mal anfangen wolle, selbst Verantwortung zu übernehmen? »Stoff ist Stoff, egal, ob es sich um Alkohol, Tabletten oder andere Drogen handelt.«

Sie brauchten nicht lange zu reden. Ich wußte, sie hatten recht. Zu lange hatte ich mir gerade in diesem Punkt etwas vorgemacht, und zu heftig drängte die Erkenntnis dicht unter der Bewußtseinsschwelle. Ja, ich würde auch in diesen sauren Apfel beißen. Ich würde meine Tablettenvorräte vernichten. – Nicht gleich heute, aber morgen! Ich schaffte es nicht morgen, auch nicht übermorgen. Eine Woche brauchte ich, bis ich meine mir allzu bekannten Spielchen beendete und die Kraft fand, meinen Entschluß in die Tat umzusetzen.

Das war gar nicht so einfach. Wo in aller Welt hatte ich sie versteckt, die Tabletten? Die diversen Schachteln im Badezimmer waren schnell zusammengesucht. Auch in den beiden Handtaschen hatte ich immer kleinere Vorräte, denn meine Ängste waren ja unberechenbar, suchten mich oft völlig unerwartet und unvorbereitet heim. So gewappnet fiel ich niemandem zur Last und konnte jederzeit mein Gleichgewicht wiederherstellen. Zwischen den Wäschestücken mußte ich eine Weile suchen, bis ich auch dort das Döschen gefunden hatte. Es brauchte ja nicht jeder zu wissen, wie groß mein Bedarf war, und manchmal neigte sich der offizielle Vorrat im Badezimmerschränkchen durch unvorhergesehene Ereignisse wider Erwarten und bedrohlich schnell dem Ende zu, so daß ich auf diese Reserven zurückgreifen konnte, ohne in Not zu geraten. Wochen später entdeckte ich im Sekretär eine weitere Reserve. Die hatte ich völlig vergessen.

Inzwischen hatte ich eine ganze Dose voll gesammelt. Es war einiges zusammengekommen, denn auch Schmerzmittel standen auf dem Index, ebenso solche harmlosen Tröster wie Baldrianperlen und Codeinpräparate. Das Problem war, daß auch mein Mann einige davon hin und wieder nahm. Er war beileibe nicht süchtig, aber er hatte so seine Schwierigkeiten, die er immer wieder auch mit Hilfe von Tabletten zu beheben suchte. Wer tut das nicht, wenn Not am Mann ist? Es sei denn, er ist trockener Alkoholiker.

Also setzte ich ihn von meiner Aktion in Kenntnis, überließ ihm seinen Anteil und schüttete den großen Rest in die Toilettenschüssel. Da schwammen sie nun, meine

Helfer in der Not, farblich abgestimmt in überwiegend sanften Pastelltönen, unaufdringlich, freundlich, dezent, so wie man sich Hilfe wünscht, wenn das innere Chaos lärmend und unappetitlich nach außen drängt. An Umweltgesichtspunkte dachte ich, als ich die Spülung zog, nicht im entferntesten. Zu sehr stand der symbolische Wert dieser Tat für mich im Vordergrund. Ich hatte mich befreit. Es gab kein Zurück mehr.

Es folgten schwere Wochen. Tagsüber schwankte meine Stimmung zwischen Euphorie und tiefer Niedergeschlagenheit. Mal lebte ich im Hochgefühl meiner neuen Freiheit und Unabhängigkeit, mal war ich meinen Ängsten hilflos ausgeliefert. Nie wieder würde ich diese extreme Spannung mit einem Griff zur Tablette oder zur Flasche beseitigen können. Ich mußte sie aushalten, einfach ertragen.

Oft war die Grenze des Erträglichen erreicht oder gar überschritten. Mein Kopf dröhnte, der Puls raste und der Blutdruck stieg in schwindelnde Höhen. In solchen Situationen lernte ich es dankbar zu schätzen, daß ich in diesem Verein gelandet war, der einen festen Sitz hatte und jedem, der in Schwierigkeiten war, tagsüber eine Zuflucht anbot. Immer wenn der Druck ins Unermeßliche stieg, die Angst überhand nahm, setzte ich mich aufs Fahrrad oder ins Auto und fuhr dorthin. Oft reichte das schon, um die Not zu lindern. Meist war da auch jemand, mit dem ich reden, bei dem ich Dampf ablassen konnte. Und Abend für Abend packte ich alle meine Probleme auf den Gruppentisch.

Das Schlimmste waren die Nächte. In der ersten Nacht nach der Tablettenaktion tat ich kein Auge zu. In der nächsten brachte ich es auf zwei bis drei Stunden. »Der Körper holt sich den Schlaf«, beruhigte man mich. Aber mein Körper war zu schwach, sich zu holen, was er brauchte.

Ich begann mich vor den Abenden zu fürchten, mein Bett zu hassen. Stunde um Stunde wälzte ich mich von einer auf die andere Seite, hörte den rhythmisch wiederkehrenden Schlag der Uhr, der die Nacht in Stücke teilte, sackte hin und wieder doch in einen unruhigen Schlaf, um nach kurzer Zeit wieder angstvoll hochzuschrecken, einen Blick auf die Uhr zu werfen und verzweifelt festzustellen, daß es bis zum Morgen noch qualvoll lang war.

Oft stand ich dann auf, lief durchs Zimmer, ging in die unteren Räume, holte mir ein Buch, um es schnell wieder beiseite zu legen. Lesen konnte ich in diesem Zustand nicht. Manchmal zog ich mich auch an und wanderte durch die nächtlichen Straßen, atmete die kühle Nachtluft, sog den Jasminduft aus den umliegenden Gärten ein und fühlte mich dann ein wenig besser. Erst gegen Morgen, wenn das dämmrige Licht über den Baumwipfeln und Dächern emporstieg und die ersten Vögel sich hören ließen, fiel ich in einen traumlosen Schlaf, aus dem ich nach zwei, drei Stunden wie gerädert auftauchte.

Ganz schlimm wurde es, wenn sich zur Schlaflosigkeit auch noch irgendeine meiner diversen Beschwerden und Schmerzen gesellten. Die Migräne zum Beispiel. Seit Jahren litt ich darunter, vorzugsweise an den Wochenenden. Das dauerte dann erfahrungsgemäß anderthalb bis zweieinhalb Tage. Es kam auch vor, daß sich kurz nach ihrem Abklingen gleich der nächste Schub ankündigte, so daß ich praktisch eine Woche lang mehr oder weniger blockiert war. Doch blieb ich in den ersten sechs Wochen von derlei extremen Torturen verschont. Der Mensch ist offenbar so eingerichtet, daß er sich nur das Maß an Qual zumutet, das zu ertragen er in der Lage ist.

Auszuhalten waren diese Nächte nur durch das Gegengewicht der Tage, die trotz aller Belastung, trotz aller Ängste immer wieder Momente der Euphorie, des Glücks brachten, wie ich sie so intensiv nur aus der Kindheit kannte, aus einer Zeit, in der die Welt für mich noch keine Risse hatte, und aus der ungezählte Erinnerungsfetzen dieses lichte, warme Gefühl bezeugen, das mich damals trug.

Oft taucht in diesen Bildern meine Großmutter mütterlicherseits auf, eine urwüchsige, starke und lebensfrohe Frau, deren breiter, derber ostpreußischer Dialekt allem, was sie sagte, eine besondere Farbigkeit und Prägnanz verlieh. Vor allem in den Jahren nach dem Krieg waren wir Kinder oft bei ihr draußen in Rangsdorf, einem Dorf bei Berlin, und genossen die Ungebundenheit in der Natur, die Üppigkeit des gedeckten Tisches, die uns ausgehungerten Stadtkindern so gut tat, und den warmen, anheimelnden Mief ihrer ländlichen Häuslichkeit. Eines dieser beglückenden Erlebnisse wiederholte sich viele Male. Ich sehe die Szene vor mir, als hätte sie sich eben erst zugetragen: Schwer trägt meine Oma an dem großen gußeisernen Topf, den sie ächzend und schwitzend auf dem Tisch abstellt. Kartoffelsuppe mit Milch! Herber Selleriegeruch erfüllt die dämmrige, fliegendurchsummte Küche. Für uns ist dieser Moment der Gipfel des Glücks. Sie weiß das, stemmt befriedigt die üppigen Arme in ihre weitausladenden Hüften, setzt ihr breites, gutmütiges Grinsen auf und verkündet mit ansteckender Munterkeit: »Nu laßt's euch man jut schmäcken, Kinderrchen! Äßt nur, äßt! Is man jenuch da«, und dabei rollt sie das R genüßlich.

In der Anfangszeit meiner Trockenheit war mir, als tat und erlebte ich viele Dinge des Alltags zum ersten Mal, und die Freude, die ich dabei empfand, war klar und ungetrübt. Wie oft hatte ich gerade in den vergangenen Jahren versucht, an meine frühen intensiven Erlebnisse in der Natur anzuknüpfen. Und wie schwer wurde es mir jedesmal, wenn ich feststellen mußte, daß ich gegen meine depressive Grundstimmung nicht ankam und meine innere Leere alles mit einem grauen Schleier zudeckte. So hatte ich mir zum Beispiel eine Jahreskarte für den nahe gelegenen Botanischen Garten besorgt, dessen jahreszeitlich wechselnde Farbigkeit mich früher einmal sehr angeregt hatte. Doch die nun bei jedem Besuch quälende emotionale Kargheit und Unberührbarkeit angesichts der sonst so innig wahrgenommenen Erscheinungen der Natur führte bald dazu, daß ich meine Ausflüge dorthin aufgab.

Nun aber war der lähmende Grauschleier verschwunden, und ich war erstaunt zu hören, daß es anderen Gruppenfreunden ähnlich erging. Einer geriet regelrecht ins Schwärmen, als er verwundert feststellte, daß er – nun, da er trocken war – das Grün des Grases viel grüner und das Rot der Blumen viel röter erlebte als zuvor. Richtig kitschig, wie der das so beschreibt, dachte ich mit einem Anflug von Geringschätzung. Doch wenig später ertappte ich mich bei einer ähnlichen Schilderung eines Erlebnisses, das sich mir besonders bildhaft eingeprägt hatte:

Es war einer jener sonnigen Spätnachmittage. Ich fuhr mit dem Fahrrad zur Gruppe. Für einen Moment schloß ich die Augen, und alles um mich herum verschmolz zu einem Bild voller Harmonie und Frieden: Die zartrosa Blüten der Zierkirschen, die die Straße säumten, die vom Asphalt aufsteigende Wärme, sein strenger Geruch und der sanfte Fahrtwind auf meiner sonnendurchglühten Haut.

Momente dieser Art erlebte ich sehr bewußt und mit einem neuen Gefühl von Dankbarkeit. Sie waren Lichtblicke in der Zeit des körperlichen und seelischen Entzugs, die ich als eine mühsame und oft schwer zu ertragende Aneinanderreihung von Krisensituationen erlebte. Doch anders als in der »nassen« Zeit konnte ich nun mit der Hilfe der Gruppe aus diesen inneren Kämpfen als Sieger hervorgehen, konnte die Krisen, die sich täglich neu vor mir auftürmten, bewältigen.

In jener schwierigen Phase wurde die Gruppe zu meinem Hilfs-Ich. Sie war es, die mir zur Seite stand, wenn es galt, mich in Geduld zu üben, abzuwarten, die Angst auszuhalten, zuversichtlich geschehen zu lassen, was nicht zu beeinflussen war, Neues vertrauensvoll anzunehmen; und sie war es auch, die mich ermunterte, aktiv und tatkräftig mein krisenerschüttertes und beschädigtes Leben wieder in die Hand zu nehmen, da, wo es nottat. Und jede Krise, die ich dank ihrer konstruktiven und klarsichtigen Unterstützung bewältigte, jede Versuchung, der ich widerstand, stärkte mein lädiertes Selbstvertrauen, gab mir Kraft und Zuversicht, neue Aufgaben anzugehen.

Diese intensive positive Verstärkung ist es wohl, die anfänglich bei fast allen Süchtigen so schnell zu ausgesprochen euphorischen Zuständen führt, die dann von der Gruppe jedesmal mit vorsichtiger Skepsis und Warnungen kommentiert werden. Zu Recht, denn das Ich ist zu diesem Zeitpunkt noch viel zu schwach, um mit solch heftigen Gefühlsaufwallungen allein fertigwerden zu können.

Damals war ich wohl keinen Moment lang in der Gefahr, mich in solchen Hochstimmungen zu verlieren und darüber meine Aufgabe zu vergessen oder den Ernst der Lage zu verdrängen, denn zu bedrohlich verfolgten mich die nächtlichen Qualen und ihre Ausläufer, meine diffusen Ängste bis in den Tag hinein. Diese Anfangseuphorie trug mich über viele Abgründe hinweg, schenkte mir Kraft und beflügelte mich, wenn es darum ging, Neues zu erproben. Sie verlieh mir auch ein Gefühl von Wichtigkeit, von Herausgehobensein, denn wem, wenn nicht einem wie im Märchen durch sein Schicksal besonders »Auserwählten« und Geprüften wurden solche »Weihen« zuteil?

Gedanken und Gefühle solcher Art blieben natürlich unter der Schwelle des Bewußtseins. Aber sie waren notwendig in der Anfangszeit. Sie wirkten mächtig und sehr zielgerichtet im Unbewußten und trugen sicher viel dazu bei, daß ich seit dem ersten Tag der Trockenheit nie wieder wirklich in Gefahr geriet, trinken oder Tabletten nehmen zu müssen. Ich hatte meine Energie frei, um mich auf meine eigentliche Aufgabe zu konzentrieren, die Gestaltung eines neuen Lebens.

Gruppenarbeit

Die neue Redseligkeit

Der Ort, wo ich begann, mein Leben erneut in die Hand zu nehmen, war die Gruppe. Ich war eine von denen, die von Anfang an mitredeten. Tagsüber hatte sich in mir so viel Druck angesammelt, daß ich mich meist gleich als eine der ersten meldete, um ihn loszuwerden. Und im Verlauf der zwei Stunden stürzte dann noch so viel Neues, Beunruhigendes, An- und Aufregendes auf mich ein, daß es nur selten bei diesem anfänglichen Beitrag blieb.

Meine Redseligkeit kam für mich völlig unerwartet. Sicher, ich hatte eine gewisse Übung durch die zehn Jahre analytischer Arbeit, ich war geschult, feinste Regungen in mir wahrzunehmen und sie zu artikulieren. Ich wußte von der Macht der Verdrängung und der Brisanz unbewußter Inhalte. Ich war – in Grenzen – auch daran gewöhnt, Kritik hinzunehmen und zu verarbeiten. Doch die Gruppenarbeit war anders. Hier hatte ich nicht nur einen Zuhörer, der sich zudem meist in freundlicher, verständnisvoller Zurückhaltung übte, hier saßen mir Menschen gegenüber, die keinen Grund hatten, ein Blatt vor den Mund zu nehmen, die aus ureigenstem, lebenserhaltendem Interesse über sich sprachen und dabei sehr deutliche Worte fanden. Und hier konnte ich auch nicht sicher sein, daß das Gesagte in diesen vier Wänden blieb. Im Gegenteil, je brisanter und dramatischer meine Aussage war, desto größer war die Wahrscheinlichkeit, daß sie sich wenig später herumgesprochen hatte.

Zwar gab es die AA-Regel, daß aus der Gruppe nichts nach außen getragen werden soll, und einige hielten sich auch daran. Aber eben nur einige. Inzwischen gehe ich davon aus, daß immer da, wo Menschen zusammenkommen, übereinander, vorzugsweise über Abwesende, geredet wird. Das ist menschlich, auch verzeihlich. Es gehört zu den Regeln des sozialen Miteinander.

Im übrigen habe ich die tröstliche Erfahrung gemacht, daß mir das Gerede der anderen an keiner Stelle geschadet hat. Es hat mir im Gegenteil zu der ermutigenden Erkenntnis verholfen, daß ich durchaus in der Lage bin, mein Leben weitgehend unabhängig und unbeirrt von den Meinungen, Ratschlägen, Urteilen und Vorurteilen anderer zu führen. Und das hätte ich – die gefügige und gelehrige Tochter meines Vaters – mir nie träumen lassen.

Wie gesagt, es war ein Sprung ins kalte Wasser, als ich mich entschloß, alle Bedenken über den Haufen zu werfen und mich aktiv am Gespräch in der Gruppe zu beteiligen. Bisher hatte ich in vergleichbaren Situationen meist anderen das Sagen überlassen, jedenfalls dann, wenn es um Meinungen, um Persönliches, um Auseinandersetzungen ging. Den ganzen Tag über kreisten meine Gedanken um das, was ich am Abend sagen wollte. Immer wieder verwarf ich einzelne Aspekte, sortierte neu, formulierte anders, bis ich am Abend einen fast perfekten kleinen Vortrag im Kopf hatte, den ich dann meist gleich am Anfang der Gruppensitzung präsentierte. Die Resonanz war entsprechend abwartend bis kühl: Was das ganze Gerede eigentlich soll? Ich solle keine gelehrten Vorträge halten, das interessiere hier keinen. Auch meine Fremdwörter seien fehl am Platz. Hier ginge es um etwas ganz Banales, ums Trockenwerden.

Das traf mich tief. Hatte ich denn so unrecht mit meinen Ausführungen? Gehörten nicht alle meine Überlegungen über das Wie und Warum zum Beispiel meiner Schlafstörungen, meiner Migräne, meiner Ängste mit dazu? Mußte ich das alles nicht erst klären, bevor der Heilungsprozeß einsetzen konnte? Ich verstand das nicht und sagte es auch, und zwar sehr heftig, sehr anklagend:

»Ihr habt überhaupt keine Ahnung! Ihr wißt überhaupt nicht, was es heißt, Nacht für Nacht um den Schlaf zu kämpfen, Angst zu haben, verzweifelt zu sein. Ich will wissen, woran das liegt, warum das nicht aufhört. Ihr habt gut reden! Ihr braucht nur den Alkohol stehen zu lassen. Das ist eine Kleinigkeit gegenüber dem Verzicht auf Tabletten!«

Jetzt erst kam eine Reaktion, wie ich sie mir gewünscht hatte, verständnisvoll, einfühlsam, betroffen. Hans erzählte zum Beispiel, wie er am Anfang nächtelang mit dem Fahrrad kreuz und quer durch die Stadt gefahren war, um mit seinen Schlafstörungen fertig zu werden. Heike berichtete von ihrer Migräne und der ihrer Tochter, von ihren Schuldgefühlen dem Kind gegenüber, und Sebastian schilderte, was er alles getan hatte, um seiner Ängste Herr zu werden, die ihn jedesmal in der U-Bahn überfielen, und wie er es geübt hatte, immer noch eine Station länger darin auszuhalten.

Auch von den Gefahren des Selbstmitleids sprachen sie. War das bei mir wirklich Selbstmitleid? War meine Not nicht objektivierbar? Ging es mir nicht eindeutig schlechter als vielen anderen am Gruppentisch? Und sollten wir nicht von unseren Problemen sprechen? Waren wir nicht gerade deshalb hier?

Es dauerte geraume Zeit, bis ich verstand, warum die Reaktion auf meine zwei Beiträge so unterschiedlich ausgefallen war, und mir klar wurde, daß meine gut einstudierten kleinen »Vorträge« am Anfang jeder Gruppensitzung nur ein Ablenkungsmanöver waren, ein Versuch, mit glatten Worten und Theorien Mauern zu errichten, um das wirklich Bewegende zu verbergen; und daß erst mein spontaner, aggressiver Ausbruch eine ernstzunehmende Antwort provozieren konnte, weil ich erst jetzt offen dafür war. Die Gruppe hatte mit untrüglichem Gespür reagiert, hatte den Finger auf die Wunde gelegt, meine ausgeklügelten Statements als Vernebelungstaktik und die Klagen als Selbstmitleid entlarvt.

Gesprächsregeln

Ich weiß nicht, wann ich endgültig auf meine Elaborate verzichten konnte. Von heute auf morgen war das nicht zu schaffen. Vor jeder Sitzung rotierten meine Gedanken, formierten sich von ganz alleine, korrigierten und ordneten sich schließlich wieder zu einer hieb- und stichfesten Argumentationsreihe, die ich nur abzurufen brauchte. Da durften keine Lücken sein, niemand sollte mir am Leder flicken können. Ich wollte unschlagbar sein, wollte recht haben, recht behalten. Ja, darum ging es mir primär, nicht um meine Trockenheit! Allein darauf verwendete ich so unsinnig viel Energie.

Es war wie ein Zwang. Wenn ein Gruppenfreund etwas zu mir, über mich oder mein Thema gesagt hatte, was meinen Widerspruch weckte oder gar einfach falsch war, schnellte mein Finger demonstrativ in die Höhe, damit auch deutlich wurde, daß ich das so nicht stehen lassen würde. Anfangs ließ ich mich sogar dazu hinreißen, einfach dazwischenzurufen, die Sache richtigzustellen. Doch das war ein Sakrileg, das tat man nicht, das war verpönt. Hier durfte jeder solange reden, wie er wollte, ohne unterbrochen zu werden. Und da ich äußerst ungern störend auffiel, passierte mir das nur selten.

Irgendwann in den ersten Wochen sagte dann Lutz bei einer solchen Gelegenheit zu mir: »Wir haben hier eine Regel, die sehr sinnvoll ist: Wenn in der Gruppe jemand etwas über dich sagt, was dir falsch erscheint, wenn du seine Worte als ungerechtfertigte Kritik empfindest, hör sie dir an, reagiere nicht, nimm die Worte mit nach Hause und laß sie in dir wirken. Du wirst sehen, ein Körnchen Wahrheit ist in jeder Aussage. Du wirst dies Körnchen nur dann finden, wenn du danach in Ruhe suchst. Und um die Wahrheit geht es uns ja, nicht wahr? Nicht ums Rechthaben.«

Das beeindruckte mich. Er hatte das alles ruhig und freundlich gesagt, so daß ich mich öffnen konnte für seine

Argumentation. Der Gedanke war mir neu, und er leuchtete mir ein. Von Anfang an war mir die ruhige, disziplinierte und unaggressive Atmosphäre an den Gruppentischen aufgefallen. Das hob sich so positiv ab von den gewohnt heftigen, untergründig sehr aggressiven Diskussionen in den Medien, wo der das Sagen hat, der am geschicktesten und rücksichtslosesten das Wort an sich reißt. Und auch im Freundeskreis oder im Kollegium geht es – verdeckter zwar, aber um so wirkungsvoller – nicht immer primär um die Sache, sondern um Rechthaben, um Selbstdarstellung und um Sich-Durchsetzen.

Ich habe den Sinn dieser Regel damals nur erahnen können. Aber diese Ahnung reichte aus, so daß ich seitdem nur noch sehr selten den Arm hob, wenn ich das Bedürfnis zur Rechtfertigung in mir verspürte. Ich erinnere mich an eine Situation – es muß in den ersten Monaten gewesen sein –, in der ich sehr versucht war zu protestieren, richtigzustellen. Ich hatte – wie so oft – mein inneres Chaos auf dem Tisch ausgebreitet, hatte von meiner durchwachten Nacht, meiner Migräne, der Angst vor der Angst erzählt, die sich zu jener Zeit in Vorwegnahme der nächtlichen Torturen regelmäßig dann einstellte, wenn ich das Schlafzimmer betrat.

Holger, der Gruppensprecher, reagierte unerwartet heftig und sehr emotional: »So ein Durcheinander kann nur jemand von sich geben, der unter Strom steht. Du hast Tabletten genommen, sei doch ehrlich!« Ich war wie vor den Kopf geschlagen, und es war wohl eher diese Überrumpelungstaktik, die mich schweigen ließ, mich daran hinderte, den Finger gleich in die Luft schnellen zu lassen. »Unverschämt«, schoß es mir durch den Kopf, »was fällt diesem Lackaffen ein! Das kann ich so nicht im Raum stehen lassen. Was sollen denn die anderen denken, wenn ich das nicht korrigiere? Am Ende glauben sie ihm gar. Und was dann?«

Doch durch den Überraschungseffekt war genug Zeit verstrichen, so daß mein Verstand die Oberhand gewinnen konnte und in weiser Selbstbeschränkung entschied: Du wirst nicht reagieren, wirst dich an die Spielregeln halten und diesen ungeheuerlichen Vorwurf nicht zurückweisen. Die Zukunft wird aller Welt zeigen, wer recht hat. Übe dich in Gelassenheit. Eine so schöne Gelegenheit hast du nicht alle Tage. Und hüte dich, außerhalb der Gruppe mit jemandem darüber zu sprechen. Nutze die Chance, deinen Emotionen nachzuspüren und zu erleben, wie sich ein solcher Vorwurf anfühlt, wie du mit dem vermuteten Mißtrauen der anderen lebst und welche Folgen das für dich hat!

Die innere Unruhe, das Herzklopfen ließen erst nach, als die Sitzung vorüber und ich allein war. Ich war stolz, dem inneren Drängen nicht nachgegeben zu haben, und erlebte diesen Verzicht als einen kleinen Triumph. Im übrigen stellte sich Wochen später heraus, daß Holgers Erregung einen sehr persönlichen Grund hatte: Er selber hatte wieder zu Tabletten gegriffen, war rückfällig geworden. So deutlich war mir der Mechanismus der Projektion noch nie vor Augen geführt worden.

Doch nicht immer gelang es mir, so standhaft zu bleiben. Es gab Situationen, wo die Verführung allzu groß war. Immer handelte es sich dann um Aussagen, deren Wahrheitsgehalt ich zu verdrängen suchte. Ich habe meine Schwäche hinterher jedesmal bereut.

Im Laufe der Zeit wurde aus der anfänglichen Ahnung eine Gewißheit: Jedesmal, wenn ich auf eine direkte Erwiderung verzichtete, konnte ich den Inhalt der Aussage, die mich so getroffen hatte, ungeschmälert heimtragen, konnte sie ohne die Angst vor dem vermeintlich schadenfrohen Publikum auf mich wirken lassen, vorurteilslos hinschauen und den kleinen und großen Empfindlichkeiten in mir nachspüren, konnte sie dingfest machen, meine mimosenhaften Reaktionen, und in aller Ruhe darüber nachdenken, warum mich gerade diese Aussage so getroffen hatte.

Ich bin selten so schnell und so nachhaltig einem meiner vielen Abwehrmechanismen auf die Schliche gekommen. Dabei ist es ganz einfach: Betroffen kann mich doch nur etwas machen, was mich trifft. Und treffen kann mich nur das, was zutrifft. Wenn mir zum Beispiel jemand meine Körperfülle zum Vorwurf macht, dann läßt mich das kalt, da ich eher zierlich gebaut bin. Eine solche Fehleinschätzung könnte mich eher zum Lachen reizen. Anders ist es, wenn jemand zum Beispiel meine Arroganz moniert. Das trifft mich auch heute noch, wenn man mich auf frischer Tat ertappt. Aber es wirft mich nicht mehr um, kenne ich doch inzwischen meine Schwächen und meine dunklen Seiten sehr viel genauer als damals. So geschieht es immer seltener, daß mich ein Vorwurf, eine Einschätzung, eine Kritik zum ersten Mal, das heißt unvorbereitet trifft. Ich kann den Finger nun getrost unten lassen, brauche keine Abwehr mehr zu mobilisieren, keine Rechtfertigungen und wortreichen Erklärungen abzugeben, denn zumindest das Körnchen Wahrheit, das in jeder Aussage steckt, ist mir vertraut, fällt auf fruchtbaren Boden, ist es wert, erneut in Augenschein genommen zu werden.

Und noch etwas mußte ich lernen. »Sprich von dir selbst!« hieß es immer wieder. »Erzähle nicht, was *man* fühlt, was *man* tut oder tun sollte, sondern berichte, wie *du* in dieser oder jener Situation gehandelt, was *du* dabei empfunden hast!«

Anfangs erlebte ich das als penetrante, kleinkarierte Zurechtweisung. Ja, natürlich wußte ich, daß es hier um mich ging. Mir war auch klar, was der allzu häufige Gebrauch des kleinen Wörtchens »man« bedeutete. Das war eines der Lieblingswörter jener Theoretiker und Verallgemeinerer, die eine nicht unbedeutende Rolle in meinem bisherigen Leben gespielt hatten und deren Distanziertheit mich faszinierte und zugleich abstieß. Sie wußten immer, was »man« tun und was »man« besser lassen sollte. Sie waren für mich die Instanz, die festlegte, was gut und böse ist, und da ich in dieser Hinsicht äußerst unsicher war und mich für weitgehend inkompetent hielt, war ich auf ihr Urteil angewiesen. Mit ihrer Hilfe war ich dann auch recht gut darüber informiert, wie »man« durchs Leben kommt, ohne anzuecken oder aufzufallen. Selbst meinen Alkoholismus lernte ich so bis zum Schluß unter dem Mäntelchen meiner alles erklärenden und alles rechtfertigenden Depressionen zu verstecken.

So hatte ich in jahrzehntelanger Kleinarbeit gelernt – und ich war eine sehr gelehrige Schülerin –, wie ich es anderen recht machen kann, wobei mir das durchaus nicht immer gelang, denn irgend etwas wehrte sich schon damals heftig in mir. Am deutlichsten und verheerendsten kam mein unbewußter Protest in der Sucht zum Ausdruck. Nur in dieser pervertierten Form konnte ich mich artikulieren. Es war ein hilfloser, ein mißlungener Versuch, Identität zu wahren, einen eigenen Weg zu gehen.

Und nun sollte ich von heute auf morgen »ich« sagen, wo es für mich bisher »man« geheißen hatte. Was sollte das bringen? Die Worte allein konnten doch nichts bewirken. Meine innere Einstellung war es, die geändert werden mußte. Und das würde dauern. Ich war skeptisch. Doch da ich nichts zu verlieren hatte und auch die wiederholten Hinweise der Gruppenfreunde leid war, versuchte ich es.

Anfangs mußte ich mich oft mitten im Satz verbessern, und dabei wurde deutlich, welchen selbstverständlichen Raum dieses kleine Wörtchen »man« einnahm, wie es sich breit machte in meiner Rede und in welchem Ausmaß es mein Denken und Handeln beherrschte. Zunächst spürte ich nur ein kurzes Zögern, wenn ich die Worte tauschte, ein Erstaunen, ein Gefühl von Fremdheit, auch Verwegenheit angesichts meiner neuen Ich-Bewußtheit.

Wie ungewohnt hörte sich das an, wenn ich nun sagte: »*Ich* muß das ändern«, statt »*man* müßte das ändern«, oder »*ich* muß konsequenter sein«, statt »*man* sollte konsequenter sein«. Was vorher so beiläufig und folgenlos dahergesagt werden konnte, klang nun, da *ich* der

Hauptakteur war, viel verbindlicher, direkter und zielgerichteter. Da gab es plötzlich keine Flucht- oder Delegationsmöglichkeiten mehr, *ich* war gefragt, *ich* war aufgefordert, meine Worte in die Tat umzusetzen, *meinen* Gefühlen, *meinen* Wünschen auf den Grund zu gehen.

Heute ist mir diese Regel in Fleisch und Blut übergegangen. Es kommt sogar vor, daß ich beim Gebrauch des Wortes »man« – und hin und wieder hat es ja durchaus seine Berechtigung – zusammenzucke, so als hätte ich ein Sakrileg begangen. Und meine Neigung, auch außerhalb der Gruppe von *mir*, *meinen* Erfahrungen, *meinen* Gefühlen zu sprechen, führt oft zu intensiveren Gesprächen, die sehr schnell zum Kern vordringen. Ich tue dies in dem Bewußtsein, daß ich nur in mir selber den Maßstab finde, der meinen Möglichkeiten, meinen vitalen Bedürfnissen und meinen individuellen Begrenzungen gerecht wird, der mich unabhängig macht von den Ansprüchen, Forderungen und bewußten wie unbewußten Erwartungen der anderen, denen ich bisher so hilflos ausgeliefert war.

Dabei bin ich mir durchaus bewußt, auf welch schmalem Grat ich mich bewege. Denn je länger ich den Weg der Trockenheit erfolgreich gehe, desto größer wird die Versuchung, nun mich selbst, meine Erfahrungen und Erkenntnisse zum Maß aller Dinge zu machen, selbstgerecht und selbstherrlich über den Dingen zu schweben.

Das ist eine ernstzunehmende Gefahr, der immer wieder langjährig trockene Gruppenfreunde erliegen, die nur den ersten und den zwölften Schritt der Anonymen Alkoholiker absolviert haben, die Kapitulation und das Weiterreichen der gewonnenen Erfahrungen an Abhängige, die erst am Anfang des Weges stehen. »Zwei-Schritte-Alkoholiker« werden sie deshalb auch genannt. Sie sind all den mühsamen, schmerzlichen Erfahrungen ausgewichen, die wirkliche Trockenheit ausmachen. Sie haben sich gedrückt vor der eigentlichen Arbeit. Ihre Trockenheit steht auf tönernen Füßen, und je mehr sie das spüren, desto lauter und vehementer müssen sie ihre vermeintliche Stärke und Überlegenheit ausposaunen; und ein gerade erst dem Stoff entronnener Süchtiger bietet sich dafür als ideales Betätigungsfeld und Opfer an.

Mir hilft gegen diese Gefahr nur das Wissen, daß mein Ich, das Zentrum meines Bewußtseins, nur ein Teil des Ganzen ist, ein Ausschnitt meiner Persönlichkeit – ein wichtiger zwar, aber keineswegs der wichtigste. Den Rahmen hingegen, der Bewußtes und Unbewußtes umschließt, bildet das Selbst als Mittelpunkt und Ziel meines Lebens zugleich. Für mich als Süchtige war es von großer Wichtigkeit, meinen ganz konkreten Alltag neu zu strukturieren, mein Leben neu zu ordnen, und dazu brauchte ich ein gestärktes und intaktes Ich. Doch in dem Maße wie ich auch den Inhalten meines Unbewußten Raum geben kann, schöpferische Möglichkeiten zu ihrem Recht kommen lasse, relativiert sich die anfänglich – notwendigerweise – dominante Stellung meines Ich, verliert an Bedeutung und ordnet sich ein in die Ganzheit meines Lebens.

*»Anspruchshaltung, Erwartungshaltung,
Belastung gleich Null«*

Damals, am Anfang, war ich von solchen Erwägungen noch weit entfernt. Es ging um das Naheliegende, um die Bewältigung des Heute. Damit hatte ich alle Hände voll zu tun, und ich tat mich dabei besonders schwer. Ungeduldig wie ich war, wollte ich alle meine Probleme lieber heute als morgen geregelt haben. Nun, da ich einen klaren Kopf hatte, sah ich, was alles zu tun war, und an guten Tagen spürte ich soviel Energie in mir, daß ich am liebsten alles auf einmal erledigt hätte.

Doch dann bremsten mich die Gruppenfreunde: »Anspruchshaltung, Erwartungshaltung, Belastung gleich Null am Anfang«, trichterten sie mir ein. Rational sah ich das auch alles ein, denn spätestens abends, wenn die Angst vor der Schlaflosigkeit in mir hochkroch, spürte ich, wie sehr mich meine körperlichen und seelischen Schwächen einengten und begrenzten. Es tat mir gut, mich von ganz konkreten Belastungen zu befreien, von der Arbeit in der Schule und mit den Patienten zum Beispiel, oder auf den längst geplanten Hausputz beziehungsweise das Renovieren zu verzichten. Es gelang mir teilweise sogar, diese erzwungene Untätigkeit wie eine neugewonnene Freiheit zu genießen und mein schlechtes Gewissen wegzuschieben.

Es fiel mir jedoch außerordentlich schwer, meine Ansprüche und Erwartungen an andere, vor allem aber an mich selbst zu reduzieren, denn ich bin aufgewachsen mit der Devise »Anspruch ist das halbe Leben«, so jedenfalls sagte mein Vater oft scherzhaft und doch sehr hintergründig. Nicht daß meine Eltern mir eine solche Einstellung bewußt nahegelegt hätten. Im Gegenteil. Bei uns zu Hause war Bescheidenheit angesagt. Die darunterliegende Anspruchshaltung teilte sich mir nur zwischen den Zeilen mit und blieb unbewußt.

»Man« war eben einfach etwas Besseres, »man« verhielt sich moralischer und anständiger als die große Mehrheit, »man« war auch gebildeter, »man« berlinerte nicht und machte nicht gemeinsame Sache mit »primitiven«, sprich »ordinären« Menschen. Zugleich aber kehrte »man« das nicht heraus, erhob sich nicht über die anderen, hielt sich einfach fern von Einflüssen, die bei meinen Eltern als moralisch verwerflich galten.

Ich erinnere mich zum Beispiel an immer wiederkehrende, leicht abschätzige Bemerkungen meiner Mutter über einige Freundinnen und Freunde meiner Kindheit, die irgendwann dazu führten, daß auch ich deren moralische Integrität in Zweifel zu ziehen begann, ohne wirklich zu verstehen, warum. Und mit einer Mischung aus Belustigung und Unverständnis erinnere ich mich an die moralische Entrüstung meiner Mutter, wenn wir den damals gängigen Schlager ›Wenn bei Capri die rote Sonne im Meer versinkt‹ sangen. Auch heute fällt es mir schwer, ihre Beweggründe nachzuvollziehen, doch damals folgte ich blind ihrem moralischen Diktat.

Und dieser Anspruch, in jeder Hinsicht etwas Besseres zu sein, war es auch, der mich drängte, neben meiner Arbeit als Lehrerin, Mutter und Hausfrau die außerordentlich belastende fünfjährige Therapie-Ausbildung zu absolvieren. Auf die Früchte dieser Anstrengungen zu verzichten fiel mir schwer, waren sie doch lange Jahre Ziel meines brüchigen Selbstwertgefühls, meiner Sehnsucht nach Anerkennung und letztendlich Liebe. »Nur« Lehrerin zu sein, das schien mir unzureichend, hob mich nicht ab von den vielen Frauen, die mich umgaben, ließ den Stempel des Besonderen schmerzlich vermissen.

Die Gruppe ließ nicht locker: »Das ist ja Größenwahn, was du da betreibst. Zwei Berufe, ein großer Haushalt, ein Kind und gleichzeitig Trockenwerden! Das schmink dir mal ab, wenn du es hier ernst meinst. Du mußt dich heute ja nicht für die Ewigkeit entscheiden. Aber zumindest das ganze nächste Jahr brauchst du, um Ruhe und Ordnung in dein Leben zu bringen. Im übrigen solltest du dich erst einmal um dein eigenes Chaos bemühen, bevor du die Probleme fremder Leute bewältigst.«

Sie hatten ja recht, die Gruppenfreunde. So konnte ich nicht weitermachen. Nicht nur, daß ich mich ohnehin völlig überfordert fühlte; in meinem gerade erst mühsam erlernten Beruf als Kindertherapeutin überwog das Gefühl, ein Versager, vor allem ein Blender zu sein, und die Angst vor der Entlarvung lähmte mich. Derartige Ungereimtheiten konnte ich mir nicht mehr leisten. Was ich brauchte, war Ruhe, eine klare, übersichtliche und streßfreie Lebenssituation, in deren Schutz ich mich auf das Wesentliche konzentrieren konnte, auf die gelassene Hinnahme meiner Grenzen.

So wurde mein Beruf das erste Opfer meiner schonungslosen Bilanz. Bereits in den ersten Monaten stand für mich fest, daß ich ihn, jedenfalls in dieser Form, nie wieder ausüben würde. Da ich zu dieser Zeit nur zwei Patienten in Behandlung hatte, fiel es nicht allzu schwer, sie abzunabeln beziehungsweise an andere Therapeuten weiterzuleiten. Das unendlich befreiende Gefühl danach machte mir deutlich, unter welchen Druck ich mich jahrelang gesetzt hatte. Es zeigte auch, wie viele Energien über Jahre hinaus gebunden werden können, wenn ich mich von falschen oder zu hohen Ansprüchen leiten lasse.

Da gab es noch mehr kleine und große Ansprüche und Erwartungen, die ich reduzieren oder ganz streichen mußte. So zum Beispiel die Erwartung, daß mein Mann, meine Tochter, meine Eltern oder irgendein anderer wichtiger Mensch in meinem Leben für meinen derzeitigen Zustand, meine zahllosen Verhaltensänderungen oder auch nur meine Stimmungsschwankungen Verständnis aufbringen würden. Ganz tief in mir verbarg sich nämlich die Hoffnung, daß alle Welt sich mir in grenzenloser Verbundenheit und in nie enden wollender Einfühlungsbereitschaft zuneigen und jeden kleinen Schritt, jede Regung wohlwollend begleiten würde. Wie ein Säugling die Zuneigung und das Mitfühlen seiner Mutter beansprucht, so erwartete ich das ungeteilte Verständnis meiner Mitmenschen.

Es war gut, von der Gruppe rechtzeitig darauf vorbereitet worden zu sein, daß dieser paradiesische Zustand nie eintreten würde, daß er eine Illusion ist, eine gefährliche zumal, und daß ich als Erwachsene auch keinen Anspruch darauf habe, zumal ich jahrelang alles getan habe, um auch vielleicht berechtigte Ansprüche zunichte zu machen.

Ich lernte, wie befreiend es ist, ohne Ansprüche durchs Leben zu gehen, lernte, wie beglückend es sein kann, wenn ich wider Erwarten ein freundliches Wort, eine liebevolle Geste geschenkt bekomme, Zeichen von Verständnis und Zuneigung, die ich unter Erwartungsdruck vielleicht gar nicht wahrgenommen oder als zu karg empfunden hätte.

Und immer wieder ist die Rede vom Verzicht. Ich erinnere mich noch heute an das schmerzliche Gefühl, als ich – gerade achtjährig – einen Verzicht leistete, dessen Folgen für mich damals weitreichend waren.

Es war ein Mißverständnis. Meine Mutter hatte uns vier Kinder gefragt, wer denn bereit sei, unserem Besuch, einem kleinen mittellosen Mädchen aus der entfernteren Verwandtschaft, etwas von seinem Spielzeug abzugeben. Es war Weihnachten, und so ging ich davon aus, daß sie unsere neu erhaltenen Geschenke meinte. Bereitwillig bot ich meine neue Stoffpuppe an. Sie gefiel mir nicht, war mir regelrecht unheimlich. Meine ostpreußische Oma hatte sie aus alten Stoffresten genäht und dabei offenbar ihre abgründige Phantasie spielen lassen. Es war ein wilder Kerl geworden mit verwegenem, dunklen Gesicht, wirren schwarzen Haaren und zerschlissener Montur. Garibaldi nannte sie ihn und lächelte hintergründig verschmitzt, wie es ihre Art war. Ich war froh, ihn auf diese elegante Art loszuwerden und meiner Mutter dabei noch einen Gefallen zu tun. An das Mädchen dachte ich kaum.

Hocherfreut und doch etwas erstaunt über meine unerwartete Großherzigkeit griff meine Mutter die Puppe, die neben der verpönten dunklen Gestalt saß, ein niedliches kleines Ding mit echten blonden Haaren, an dem ich sehr hing und reichte sie unserem Besuch, der sie mit überschwenglicher Freude in den Arm nahm.

Meine Puppe! Ich war entsetzt. Wie konnte meine Mutter so etwas tun; wie konnte sie mich so mißverstehen! Worte stiegen in mir hoch, Worte des Protests, der Verzweiflung, aber sie kamen nicht über meine Lippen. Ich blieb stumm. Ich ließ es geschehen. In einem kurzen inneren Kampf hatte ich mich entschieden: Lieber wollte ich auf diese Puppe verzichten als auf die Zuneigung und moralische Wertschätzung meiner Mutter, denn wie enttäuscht wäre sie gewesen, hätte sie von meiner schnöden und alles andere als großherzigen Absicht erfahren! Ich haßte dieses Mädchen, das nun stolze Besitzerin meiner Puppe war. Ich haßte auch meine Mutter, und das war das Schlimmste.

Hätte ich mir damals meine Puppe wiedergeholt, ich hätte vielleicht schon zu diesem frühen Zeitpunkt ahnen können, daß im Verzicht, im freiwilligen Verzicht immer auch ein Gewinn liegt. Wäre ich bereit gewesen, die Anerkennung durch meine Mutter aufs Spiel zu setzen, dann hätte ich nicht nur meine geliebte Puppe behalten, ich hätte auch die Chance gehabt, an Selbstachtung zu gewinnen. So aber hatte ich beides verloren. Und ob mich meine Mutter wegen meiner vermeintlichen Gebefreudigkeit mehr liebte, bleibt zu bezweifeln.

Der erste wirkliche Verzicht aus eigenem Antrieb – der wichtigste und folgenreichste – war der Verzicht auf den »Stoff«. Ich leistete ihn ohne Rückversicherung, denn ich wußte nicht, ob ich jemals irgend etwas dafür bekommen würde. Ihm folgten viele weitere kleine und große Verzichtleistungen, und je häufiger ich mich einem solchen Willensakt unterzog, desto sicherer wuchs in mir die Überzeugung, daß er nicht umsonst sein würde.

Am Anfang stand immer eine Konfliktsituation, so wie bei der Geschichte mit der Puppe. Nur daß die Konflikte meist eine längere Vorgeschichte hatten, in deren Verlauf sich ungute, belastende bis bedrohliche Gefühle ansammelten, die mein Leben vergifteten, mein Selbstwertgefühl untergruben oder psychosomatische Symptome hervorbrachten. Eine Entscheidung mußte gefällt werden, und das hieß immer auch Verzicht, da ich mich nur für eine Seite entscheiden konnte. Oft habe ich dann verzweifelt geklagt: »Das kann ich nicht! Das geht über meine Kräfte.« Vor allem dann, wenn es um den notwendigen Verzicht auf einen geliebten Menschen ging, von dem ich mich trennen mußte, um meine Trockenheit nicht zu gefährden. Dann hörte ich in der Gruppe den lapidaren Satz: »Ich kann nicht, heißt: Ich will nicht.«

Wieder diese Besserwisser, diese Alleskönner! Ob sie jemals in einer solchen Krise gesteckt hatten, eine solche Entscheidung haben treffen müssen? Das traute ich ihnen nicht zu. Immer wieder hörte ich, wie auch Gruppenfreunde, die schon länger trocken waren, in vergleichbaren Situationen trotz aller guten Vorsätze beieinander blieben, obwohl sie wußten, daß sie einander schädigten, daß sie eine Entscheidung treffen mußten, eine Entscheidung für die Selbstachtung, für die innere und äußere Ruhe, die sie so dringend brauchten, um trocken zu bleiben. Immer wieder war die Rede von solchen »Beziehungskisten«, ein sehr anschauliches Bild für zwei Menschen, die eng, allzu eng aufeinander hocken, sich gegenseitig behindern oder gar zerstören und nicht voneinander lassen können, weil der Deckel der Kiste zugeschlagen ist.

Ich aber wollte irgendwann keine Gefangene, kein Opfer mehr sein. Ich entschied mich, die Kiste zu öffnen, auszusteigen, zu handeln. Und indem ich verzichten, loslassen konnte, wuchsen mir Energien zu, die in der engen Kiste keinen Raum gehabt hatten, verpufft waren im täglichen Kleinkrieg mit dem allzu dichten Gegenüber. Ich konnte also, wenn ich nur wollte. Ich mußte nur die Kraft, die ich brauchte, um den Deckel zuzuhalten – und in der Regel sind daran beide »Kistenbewohner« beteiligt –, dazu benutzen, um ihn auch gegen die Anstrengungen des anderen zu öffnen.

Verzichten können heißt, sich aktiv und bewußt entscheiden können *für* eine Sache, wohl wissend, daß dies zugleich auch eine Entscheidung *gegen* etwas ist, gegen etwas, was in meinem Leben keinen Raum mehr hat, mich behindert, mir Kraft nimmt. So wie ich mich am Anfang der Trockenheit für das Leben, für meine Selbstachtung, für meine körperliche und seelische Unversehrtheit entschied und damit zugleich auch gegen die Selbstzerstörung, die Unmündigkeit und die Lebenslügen.

Aber es gibt da noch die vielen kleinen Entscheidungen des täglichen Lebens, die in der Summe von nicht zu unterschätzender Bedeutung sind und deren Geringschätzung sich bitter rächt. Ich will nur ein Beispiel nennen: Wie oft kam es vor, daß die Äußerung eines Gruppenfreundes mich sehr anrührte, in Unruhe versetzte und meinen Puls schneller schlagen ließ: Soll ich reagieren, soll ich mich der Herausforderung stellen, mich öffnen? Soll ich mich entscheiden gegen meine Bequemlichkeit, meine Ängste vor der möglichen Bloßstellung und Kritik der anderen, gegen die trügerische Sicherheit des Schweigens? Doch mein Körper hatte die Entscheidung bereits getroffen, denn je länger ich zögerte, desto heftiger schlug mein Herz, desto deutlicher gab er mir zu verstehen, daß ich mich nicht drücken durfte.

Und so lernte ich denn, die Sprache meines Körpers ernst zu nehmen, seine Entscheidungen zu respektieren und seiner Weisheit zu vertrauen. Er wußte längst vor meinem Verstand, was zu tun war, wofür und wogegen ich mich entscheiden, auf welchen überflüssigen und auch gefährlichen Ballast ich verzichten mußte. Insofern ist jeder Verzicht auch ein Meilenstein auf dem Weg der Ich-Werdung, und jede dieser großen und kleinen Entscheidungen ist so etwas wie ein winziger geistiger Schöpfungsakt, der mich als eine in diesem Sinne »Neugeborene« entläßt.

Verzichten können heißt zugleich auch, das loslassen zu können, an das ich mich klammern mußte, weil ich glaubte, ohne es nicht leben zu können. Je leichter es mir fällt loszulassen, desto freier und unbeschwerter werde ich und desto mehr Energien fließen mir zu für die Aufgaben, die anstehen.

Falsch verstandener Verzicht, die ganze christlich-protestantisch verbrämte Moral meines Elternhauses – sie lähmten mich. Hier lag der Kern meines Problems und die Wurzel unserer Familienlüge. Solange ich zurückdenken kann, schwebt mir bei dem Gedanken an meine Mutter das Bild einer gütigen, sanften, immer etwas schwermütigen Frau vor, die sich aufopferte für ihren Mann und ihre vier Kinder. Niemals fiel sie aus der Rolle, immer erfüllte sie die hochgesteckten Erwartungen ihres Mannes und ihrer Kinder. Niemals zeigte sie eigene Bedürfnisse, immer steckte sie hinter ihre Lieben zurück. Nichts erfuhr ich über ihre ureigensten Wünsche und Sehnsüchte, ihre Ängste und Befürchtungen, ihre Abgründe und dunklen Seiten, und kaum ließ sie je etwas über die in ihr schlummernden Schätze und ungelebten Möglichkeiten erahnen. Zeit ihres Lebens blieb sie für mich ein unbeschriebenes Blatt, ein schönes zwar und ein makellos reines, aber eines, dem die saft- und kraftvollen Linien und Zeichen des Lebens fehlten. »Eine Heilige«, so nannte der Pfarrer sie auf ihrer Beerdigung und gab damit nur die Worte wieder, die ich schon öfter aus dem Munde meines Vaters gehört hatte und die mich jedesmal auf unerklärliche Weise irritiert hatten...

Ihre Bedürfnislosigkeit, die nur allzu perfekt dem Ideal christlicher Nächstenliebe entsprach, wurde zum Leitbild unserer Erziehung, zum Maßstab für Gut und Böse, und ließ unsere verdrängten Bedürfnisse um so heftiger im Untergrund rumoren. Zugleich war sie der beste Nährboden für Schuld- und Minderwertigkeitsgefühle, denn wer kann schon mit einer »Heiligen« konkurrieren, wer bringt in einer solchen Atmosphäre der Güte und Nächstenliebe die Kraft auf, ab und zu ganz einfach »böse« zu sein, vitale Bedürfnisse auch gegen die allseits vorgelebte Bedürfnislosigkeit anzumelden und durchzusetzen? Ich jedenfalls habe es damals nicht geschafft, so wie meine Mutter es zeitlebens nicht vermocht hat, die ihr zugeschriebene Rolle der »Heiligen« zurückzuweisen.

Diese Art des Verzichts, den meine Mutter vorlebte, orientiert sich nicht an den Gegebenheiten, Begrenzungen und Möglichkeiten des Individuums, sondern an der christlichen Idee von Gut und Böse. So bin ich also gezwungen, mich mit meinem christlichen Erbe auseinanderzusetzen. Ignoriere ich es, lasse ich es los, ohne es kennengelernt zu haben, holt es mich unweigerlich früher oder später wieder in Form von Krankheiten, Sucht oder anderen Erscheinungsformen der Verdrängung ein.

Vom Selbstmitleid

Als ich damals in die Gruppe kam, leitete Günter den Verein. Er war dessen Rückgrat und Seele. Er wußte immer Rat, hatte immer ein offenes Ohr für die anderen, und er litt mit ihnen. Doch eben das hat er gut zu verbergen gewußt, und wer von ihm einen Rat wollte, mußte wissen, daß seine Ratschläge harte Brocken waren. Leichte Kost hatte er nicht zu bieten.

Günter ist ein Krüppel. Er hatte sich im Suff seine Wirbelsäule so schwer verletzt, daß er eigentlich für den Rest seines Lebens im Rollstuhl hätte sitzen müssen. Doch dazu war er nicht bereit. Er wollte nicht abhängig von anderen Menschen werden. Einige Operationen und eine bewundernswerte Willensstärke und Zielstrebigkeit brachten ihn so weit, daß er inzwischen alleine – wenn auch mit Mühe – gehen kann. Der Schmerz ist für ihn zu einem ständigen Begleiter geworden.

Ich habe Günter erst Jahre später etwas besser kennengelernt. Klagen habe ich von ihm nie gehört. Er erwähnte seine Schmerzen, wenn ich ihn darauf ansprach, leugnete sie nicht, aber er jammerte nie. Und er wußte, warum. Es hätte ihn über kurz oder lang umgebracht. An seinem Beispiel habe ich begriffen, welche positive, ja lebenserhaltende Wirkung der bewußte Verzicht auf Selbstmitleid haben kann.

Negativbeispiele gab es genug, Menschen, deren persönliches Unglück für sie so überwältigend schien, daß sie sich im Klagen verloren und automatisch wieder zum

Glas griffen. Mir ging es früher nicht anders. Wenn mich ein physischer oder psychischer Schmerz ganz in Beschlag nahm, meinen Gesichtskreis so einengte, daß ich schließlich ganz auf dies Leiden reduziert war, dann blieb mir keine Wahl. Ich schluckte. Egal was. Je mehr, desto besser.

Anfangs habe ich mich heftig gewehrt, wenn man mich in der Gruppe auf mein Selbstmitleid hinwies. Es ist ja auch nicht so leicht zu begreifen, daß es hierbei um Nuancen geht, um einen verräterischen Tonfall zum Beispiel oder um den Stellenwert, den ich meinem Unglück innerhalb meiner Rede einräume, oder auch um die Frage, wie oft ich davon erzähle und ob es beim Jammern über den schlimmen Zustand bleibt, ohne daß ich auf Abhilfe sinne. Solange ich meine ganze Energie dafür einsetze, meinen derzeitigen Zustand zu bemitleiden, wird wenig Kraft, vor allem auch wenig Phantasie übrigbleiben, einen Ausweg zu finden. Wenn Trauer, Angst oder Schmerz mich überwältigen, darf ich sie zwar nicht in mir abkapseln. Ich muß das Leid verbalisieren und sichtbar machen, muß auch den Tränen freien Lauf lassen, wenn ich das Glück habe, weinen zu können. Aber ich muß auch Wege finden, die innere Not wirklich kennenzulernen, sie aus dem Dunkel des Verdrängens zu erlösen und ihr auf schöpferische und wirkungsvolle Weise zu begegnen.

Nichts anderes meinen die Anonymen Alkoholiker, wenn sie in ihrem Leitspruch mit den Worten Friedrich Oetingers dem Süchtigen raten, die »Dinge hinzunehmen, die ich nicht ändern kann«, das heißt, sie wahrzunehmen, wie sie wirklich sind, die Augen nicht zu verschließen vor den oft unangenehmen, auch peinlichen Wahrheiten und sie dann als Teil meines Lebens anzunehmen und zu bejahen. Erst dann erwächst mir die Kraft und der »Mut, die Dinge zu ändern, die ich ändern kann«. In diesem Sinne kann die Sucht, wenn ich sie denn als meine dunkle Seite, mein Schicksal begreife und akzeptiere, zu meiner Chance werden.

Im Heute leben

Es gibt bei den AA's ein kleines, weißes Kärtchen mit dem Titel »Gestern, Heute, Morgen«, die »Faltkarte« genannt, auf dem eine Reihe von Verhaltensregeln gesammelt sind, die alle mit den stereotypen Worten beginnen: »Nur für heute will ich …« Der Sinn dieser Beschränkung auf das Heute ist augenfällig. Gerade am Anfang der Trockenheit fällt es schwer, sich über einen längeren Zeitraum einer Sache zu widmen, konsequent bestimmte Abmachungen einzuhalten und nicht von der Angst vor dem Morgen oder der Verzweiflung über das Gestern überwältigt zu werden.

Viele Menschen haben Mühe, nur im Heute zu leben, sich auf den Augenblick zu konzentrieren, ihn zu genießen oder sich einer konkreten Herausforderung zu stellen, ohne durch die Furcht vor zukünftigen Belastungen oder Erinnerungen an vergangene Niederlagen gelähmt zu werden.

Für den Gesundungsprozeß des Alkoholikers hat der Appell, im Heute zu leben, nur für heute die anstehenden Probleme zu bewältigen, einen besonderen Stellenwert. Er ist eine wirksame Hilfe bei dem Versuch, sich auf das Wesentliche zu konzentrieren, zur eigenen Mitte zu finden und sich nicht durch äußere und innere Störfaktoren von seiner Aufgabe ablenken zu lassen.

Nur für heute schaffe ich es vielleicht, auf den »Stoff« zu verzichten. Das ist schwer genug, aber machbar. Nur für heute werde ich die Ängste und die Leere in mir vielleicht ertragen können, werde versuchen, die andrängenden Gedanken und Grübeleien über das Morgen in Schach zu halten. Für diesen begrenzten Zeitraum kann ich Verantwortung übernehmen. Er ist überschaubar und in seiner Übersichtlichkeit ernüchternd und beruhigend zugleich.

Und wenn es gar zu arg wird, das Verlangen, dann teile

ich mir das Heute in noch kleinere, noch übersichtlichere Abschnitte ein, die es zu bewältigen gilt. Ein Tag kann unendlich erscheinen mit all seinen Anforderungen, aber zwei Stunden, denen könnte ich gewachsen sein. Und die Genugtuung, die ich dann empfinde, wenn ich dem quälenden Drang widerstanden habe, gibt mir Kraft für die nächsten zwei, vielleicht sogar schon drei Stunden.

Das ist ein sehr einfaches, aber um so wirksameres Erfolgsrezept.

Immerhin war es mir erstaunlich schnell gelungen, meine quälenden Trink- und Tablettenwünsche in Schach zu halten, so daß ich Kraft hatte für andere, konstruktivere Aufgaben. Das war auch nötig, denn meine Ungeduld und meine Unfähigkeit, Frustrationen auszuhalten, waren beträchtlich und verleiteten mich immer wieder zu Riesenschritten, bei denen ich stolpern mußte und das Scheitern vorprogrammiert war. »Kleine Schritte! Nur für heute planen!« so höre ich sie mahnen, als wäre es erst gestern gewesen.

Dieses fast kindlich anmutende Trainingsprogramm, das ich damals mit einer solchen Vehemenz absolvierte, war der Grundstock für meine späteren Versuche, meiner inflationären Ängste und Zukunftssorgen Herr zu werden, die es mir so schwer machten, Entscheidungen im Hier und Jetzt zu treffen. Es reiht sich ein in den Kanon der anderen großen und kleinen Lebenshilfen und Verhaltensregeln, die zum Programm der Anonymen Alkoholiker gehören und die – so unscheinbar sie sich in der Faltkarte zunächst oft ausnehmen – mir halfen – und helfen –, Durchsicht, Ordnung und Ruhe in mein Leben zu bringen. Eine ist ohne die andere nicht denkbar. Sie bedingen sich gegenseitig, verstärken und unterstützen sich. Sie sind, wenn sie erst einmal in Fleisch und Blut übergegangen sind, wie eine Art Korsett, das ich jederzeit, wenn es nötig wird, enger schnallen kann, um äußeren und inneren Gefahren besser begegnen zu können.

Das erste Jahr der Trockenheit

Die Clique

Der Frühsommer kam. Abends nach der Gruppe saßen wir meist beim sogenannten Nachmeeting in irgendeiner Pizzeria zusammen. So lernten wir uns im zwanglosen Gespräch kennen, knüpften Bekanntschaften und tauschten Informationen und Adressen aus. Hier konnten auch diejenigen, die während der Gruppe ihren Mund nicht aufmachten, den ärgsten Druck loswerden, sich erleichtern. Hier war das Sprechen ungefährlicher, und es ging harmloser, auch leiser zu. Hier galten die normalen Regeln des gesellschaftlichen Miteinander, die der Gruppe waren außer Kraft gesetzt. Das beruhigte, entspannte, zumal man sicher sein konnte, daß hier kein direktes kritisches Wort fiel. Hier ging es darum, wer eine Gesellschaft am abwechslungsreichsten unterhalten, wer das charmanteste Lächeln aufsetzen konnte oder wer das spannendste Privatleben zu bieten hatte.

Mir gefielen diese munteren Ausklänge der oft recht trockenen Gruppenabende. So etwas kannte ich nicht. Menschen unterschiedlichster Altersstufen und Herkunft fanden sich da zusammen, um miteinander zu reden, zu essen oder etwas zu planen. Im Kreis der Gruppenfreunde fühlte ich mich auch geschützt vor den unvermeidlichen Versuchungen, denen ich damals noch recht hilflos ausgeliefert war, wenn ich ohne ihre Begleitung in ein Restaurant ging.

Einmal war ich versuchsweise mit meiner Familie essen gegangen, doch der bohrende Neid beim Anblick der

Bier- und Weißweingläser auf den Nachbartischen nahm mir den Appetit und jegliche Freude am Essen, so daß ich beschlossen hatte, derlei Experimente auf später zu verschieben. »Irgendwann kannst du den anderen neidlos beim Trinken zusehen, wirst du wieder mit Genuß essen können«, hatte man mir in der Gruppe versichert, und mir blieb nichts anderes übrig, als ihnen zu glauben und mich in das Unvermeidliche zu fügen. Diesen Verzicht erlebte ich damals als gravierend. Ich fühlte mich gedemütigt und wie ein Mensch zweiter Klasse, der mit dem Stempel des Minderwertigen und Außenseiters versehen ist, und ich war besessen von dem Gedanken, daß dieser Makel für jedermann sichtbar sein müsse.

Doch im Kreis der Gruppenfreunde spürte ich nichts von solch quälender Unruhe. Hier war auf einmal alles so mühelos, so leicht. Plötzlich war ich von lauter Freunden umgeben, die mein Hauptproblem teilten, sich auskannten, und mir war, wenn ich unter ihnen weilte, oft so, als gäbe es dieses Problem gar nicht. Es verschwand hinter einer Wolke von Euphorie und Ausgelassenheit, verflüchtigte sich für die Dauer des Nachmeetings, um sich aber dann danach, spätestens, wenn ich mein Schlafzimmer betrat, vehement und unmißverständlich wieder zurückzumelden.

Es gab Stimmen, die warnten, daß diese Treffen hinterher von Übel seien, die Arbeit der Gruppe verwässerten, indem deren Ertrag zerredet und somit eine individuelle Nachreifung und Nachlese verhindert wurde. Das waren die Neunmalklugen, die Neidischen, die Staubtrockenen, die über all dem Trockenwerden das Leben vergaßen, so meinte ich damals. Was sollte schädlich sein an ein paar fröhlichen, gemeinsam verbrachten Stunden?

Und doch nagte der Zweifel in mir, ahnte ich doch damals schon, daß in dieser Kritik ein Körnchen Wahrheit steckte. Aber es blieb zunächst bei den Zweifeln, die sich so leicht beiseite schieben ließen nach dem Motto: Das Trockenwerden ist schon schwer genug, da will ich mir nicht auch noch die kleinen Freuden des Alltags verderben lassen.

An den Wochenenden trafen wir uns meist beim Essen im Verein, und da blieb es dann nicht aus, daß man Pläne schmiedete, Ausflüge an die nahen Seen oder in den Wald organisierte. Bald hatte sich eine kleine Clique gebildet, die sich untereinander traf. Man unterhielt sich, tauschte Neuigkeiten aus und schüttete sich gegenseitig das Herz aus.

Da war zum Beispiel Marion, Studentin und so gelähmt von Ängsten aller Art, daß sie die einfachsten Dinge, zum Beispiel mit der U-Bahn zu fahren, nicht mehr allein tun konnte. Ich sehe sie noch vor mir, wie sie mit ihrem Fahrrad völlig erschöpft zum verabredeten Treffpunkt angehetzt kam, das Rad zum Stehen brachte, wobei die Selterflaschen, die sie als Alkoholikerin sicherheitshalber immer im Fahrradkorb bei sich trug, bedenklich aneinanderklirrten, wie sie eine Flasche aus dem Vorrat griff, öffnete und an den Mund setzte. Sie tat einen nicht enden wollenden Zug. Erst als die halbe Flasche geleert war, setzte sie sie mit einem Seufzer der Erleichterung ab und begrüßte uns.

Und dann Bernhard, der Frührentner unbestimmbaren Alters, dem seine Mutter eine schmucke kleine Eigentumswohnung gekauft hatte, die ihn nun vollends daran hinderte, den Ernst des Lebens zu begreifen. Hochaufgeschossen, hager und immer ein wenig nach vorne geneigt blickte er mit einem stets schüchternen, schiefen Lächeln in die Welt, das seinem blassen Kindergesicht einen Hauch von Resignation gab. Die weitausholende Geste, mit der er in regelmäßigen Abständen seine feinen, aschblonden, immer etwas zu langen Haarsträhnen aus der Stirn wischte, ließ den Eindruck einer gewissen Weltläufigkeit aufkommen, der jedoch fast verschwand, wenn er den Mund aufmachte und mit seiner zarten Stimme Alltägliches von sich gab. Gänzlich erschüttert wurde dieser Eindruck spätestens dann, wenn er einen begrüßte oder sich verabschiedete und seine langen, feingliedrigen Finger mit mattem Druck um die Hand legte. Nicht einmal dazu reichte seine Kraft. – Ihn hat die Sucht bald wieder eingeholt.

Da war Volker ein anderes Kaliber. Seine kernigen Worte in der Gruppe imponierten mir, und seine knappen, deftigen und oft treffenden Anmerkungen machten glauben, daß er wußte, wo's lang ging. Er war schon einige Zeit trocken, und seine kleine, drahtige Gestalt mit den leuchtend blauen Augen, die einen so durchdringend anschauen konnten, wenn er etwas erklärte, war für mich der Inbegriff eines wissenden Alkoholikers. Doch der Lack begann zu bröckeln, als ich ihn in der Clique privat kennenlernte und es offenkundig wurde, in welchem Ausmaß er – ein erwachsener Mann mittleren Alters – sich von seinen Eltern abhängig machte und wie kindlich-hilflos er den ständig von ihm provozierten Konfrontationen mit Polizisten und anderen Konflikten mit Autoritätspersonen gegenüberstand. Das konnte nicht lange gut gehen. Irgendwann nahm er Zuflucht zu Tabletten. Doch sein Lebenswillen war nicht klein zu kriegen. Er schaffte, was kaum einem nach so langer Quälerei gelang: ein zweites Comeback.

Und dann war da noch Hannelore, eine Frau meines Alters, die sich im Verein aufgrund ihrer diversen Aktivitäten bei Feiern oder Straßenfesten unentbehrlich gemacht hatte. Sie war so eine Art emotionales Zentrum der Clique. Sie sprühte nur so vor Ideen und Hilfsbereitschaft, organisierte, entwarf, delegierte, steckte an in ihrer ungezügelten Vitalität und inneren Unruhe. Doch sie machte den zweiten Schritt vor dem ersten, hatte es versäumt, sich zunächst eine solide trockene Grundlage zu verschaffen, sich »eine Speckschicht« anzueignen, wie man bei uns sagt, bevor sie sich daran machte, ihre durch die langen Jahre des Suffs notwendigerweise verkümmerte Persönlichkeit zu entfalten. Als sie sich nach relativ kurzer Zeit der Trockenheit vom Verein entfernte, eigene

Wege ging, um – wie sie sagte – ihre brachliegenden künstlerischen Talente besser entfalten zu können, fehlte ihr die nötige Geduld; und so war der Weg zurück zum Alkohol vorgezeichnet. Kürzlich traf ich sie auf einer literarischen Veranstaltung mit einem Glas Bier in der Hand.

Auch Jens, der Arzt, gehörte zur Clique. Er war so etwas wie deren geistiges Zentrum, und obwohl er nur einen Monat länger als ich trocken war, hatte es für mich den Anschein, als kennte er sich aus in Sachen Alkohol. In seiner ungeduldig sprunghaften Art, mit der er sich selbst oft im Wege stand, und mit einer Stimme, die gewohnt war, den Ton anzugeben, zwang er uns seine Wünsche und Vorstellungen auf, ohne daß wir uns dem entziehen konnten, zunächst jedenfalls. Später gelang es Helga, die schon geraume Zeit trocken war und als emanzipierte Frau nicht bereit war, sich einem derart machohaften Verhalten zu fügen, ihn ab und zu in seine Schranken zu verweisen. Doch da auch sie Jens' männlichem Charme gegenüber nicht unempfänglich war, arteten diese Konfrontationen meist in einen heftigen Machtkampf aus, bei dem sie oft den kürzeren zog.

Dies war der Kern der Clique. In ihrem Schutz holte ich einiges von dem nach, was ich in meiner Pubertät versäumt hatte. Ich war einundvierzig Jahre alt, und ich benahm mich oft wie eine Vierzehnjährige, und ich schämte mich dessen nicht.

Doch gab es einen Menschen damals in meinem Leben, dem gegenüber ich so etwas wie einen Zwang zur Rechtfertigung oder gar Schuldgefühle wegen meiner pubertären Attitüden empfand. Das war Jana, meine zu der Zeit gut zwölf Jahre alte Tochter. Sie, die mich nach meinem zweiten Selbstmordversuch im Feuerwehrauto begleitet hatte, die mich hilflos lallend und vollkommen unzurechnungsfähig erlebt hatte, die meine Verzweiflung und meine unberechenbaren, willkürlichen Verhaltensweisen angstvoll und äußerst sensibel registriert hatte, mußte meine neuerliche Wandlung, mein Abgleiten ins Pubertäre, Jungmädchenhafte als eine Neuauflage alter Willkürtendenzen erleben, mußte befürchten, daß ich früher oder später wieder den Boden unter den Füßen verlieren würde. Manchmal hatte ich das Gefühl, daß nicht ich, sondern Jana die erwachsenere von uns beiden war, so ernst und nachdenklich, wie sie in die Welt blickte.

Und in der Tat, sie hatte damals nicht viel zu lachen. Nach außen zwar ein sogenanntes Vorzeigekind – überdurchschnittlich begabt, nett anzusehen und auch sonst wohlgeraten –, waren doch die Jahre meines Abstiegs nicht spurlos an ihr vorübergegangen, und ihre Skepsis angesichts meiner neuen, unvertrauten Schritte, ihr Mißtrauen, ob denn das alles Bestand haben würde, und ihre Angst vor einem Rückfall waren nur allzu verständlich.

So versuchte ich, sie in mein neues Leben mit einzubinden, bat sie, an den Wochenenden in unseren Verein zum Essen, Feiern oder Kartenspielen mitzukommen oder an den Unternehmungen der Clique teilzunehmen, um sich einen eigenen Eindruck von meiner neuen »Heimat« machen zu können, was sie auch hin und wieder tat. Ich war erstaunt, wie sicher und treffend ihr Urteil über meine neuen Freunde ausfiel, und positiv überrascht, wie schnell und problemlos sie sich – trotz der ihr eigenen Distanziertheit – in diese für sie fremdartige Umgebung einfügte.

Besonders Willi, ein ehemaliger Bewohner des Obdachlosenasyls, nun quirliger und integrativer Mittelpunkt des Vereinsgeschehens, dessen polternd-derbe Gutmütigkeit alle für ihn einnahm, hatte es ihr angetan; und Willi seinerseits strahlte jedesmal übers ganze Gesicht, wenn er »die Kleene«, wie er sie liebevoll nannte, sah, machte sich noch ein wenig größer und stattlicher als er ohnehin war, rückte seine schwarze Lederjacke zurecht, stellte sich in Positur und begrüßte sie auf das herzlichste.

Man kannte Jana also bald im Verein. Irgendwann dann sprach mich Hannelore auf mein offenkundig gestörtes

Verhältnis zu meiner Tochter an. Da sei so wenig Nähe und Wärme zwischen uns zu spüren, alles laufe über den Verstand. Helga, Marion und Bernhard bestätigten es. Ob ich mir nicht professionelle Hilfe bei einer ihnen gut bekannten Therapeutin holen wolle?

Ihre Beobachtung traf mich, tat weh und mobilisierte mein schlechtes Gewissen Jana gegenüber. Sie hatten ja recht. In Ordnung war unsere Beziehung sicher nicht, auch ich selbst spürte das, und da ich alle meine Versäumnisse möglichst schnell und vollständig wieder gutmachen wollte, ließ ich mir einen Termin bei dieser Therapeutin geben. Es ging mir vor allem um Jana, die sich nach einigem Nachdenken einverstanden erklärt hatte.

Als ich dies in der abendlichen Gruppensitzung erzählte, wurde ich gründlich zurechtgewiesen. Ob ich denn immer noch nicht kapiert habe, daß das Trockenwerden eine zu ernste Sache sei, um sich im ersten Jahr mit solchen Nebensächlichkeiten zu befassen? Wie ich zu der Vorstellung käme, daß nach ein paar Monaten Abstinenz die familiären Beziehungen wieder ins Gleichgewicht zu bringen wären? Das sei noch niemandem gelungen! Ich solle meinen Perfektionismus endlich zu den Akten legen, kleine Schritte machen, meine Erwartungen herunterschrauben und im übrigen der Zeit eine Chance geben. Die habe schon viele Wunden geheilt. Meine derzeitigen Schwierigkeiten mit Jana seien völlig normal. Erst müsse ich meine Beziehung zu mir selbst klären, dann lohne es sich, über mein Verhältnis zu anderen nachzudenken.

Das überzeugte mich und machte mir einmal mehr deutlich, wie fragwürdig, ja auch gefährlich es für einen Süchtigen gerade am Anfang der Trockenheit ist, sich der Weisheit der Gruppe zu entziehen und Probleme außerhalb im Freundeskreis lösen zu wollen, auch wenn diese Freunde wiederum Gruppenmitglieder sind. Es ist ihre emotionale Beziehung zu mir, die sie befangen werden läßt und so ihr Urteilsvermögen trübt. Den Gesprächstermin bei der Therapeutin sagte ich ab.

Vorerst hieß es also, die in der »nassen« Zeit angehäuften Schwierigkeiten und Probleme erst einmal hinzunehmen und – so gut es eben ging – mit ihnen zu leben. Und da die Clique für mich eine willkommene Ergänzung zu der oft knochenharten täglichen Arbeit in der Gruppe war, ging ich nur allzu gern hin. Ich erlebte diese Zeit von etwa drei Monaten seit Beginn meiner Gruppe wie einen Freiraum, in dem ich mich wie ein Kind auf der Spielwiese erproben konnte. Daß diese Monate nur das Vorspiel zum eigentlichen Trockenwerden waren, vermutete ich zwar, denn so harmlos konnte es einfach nicht vonstatten gehen, aber ich nahm sie an wie ein Geschenk.

Eine neue Beziehung und Trennungsabsichten

So ließ ich mich treiben, und es kam, wie ich es am ersten Gruppenabend schon geahnt hatte, ich trieb geradewegs in Jens' Arme, die nur allzu bereitwillig ein so formbares und anpassungsbereites Wesen wie mich auffingen.

Ein Nachmittagsspaziergang um die Krumme Lanke machte uns unsere gegenseitige Zuneigung klar. In der abendlichen Sitzung hatte ich einen kurzen, heftigen inneren Konflikt auszufechten. Mir war, als würde es mich zersprengen, wenn ich die Gefühle für mich behielt. Ich spürte, wie mein Geheimnis mich blockierte, mich vom eigentlichen Thema entfernte, mich gefangenhielt. Angst machte sich breit, lähmte mein Denken und Fühlen, Angst, das Ziel, meine Trockenheit, aus den Augen zu verlieren und auf Abwege zu geraten.

Als ich mich dann schließlich entschloß, von meinen Gefühlen zu erzählen, hatte ich einen schweren Stand: Ob ich denn meine Trockenheit aufs Spiel setzen wolle? Solche Gefühlsaufwallungen seien in einem so labilen Gemütszustand an der Tagesordnung, ich dürfe ihnen nicht zu viel Gewicht beimessen. Noch sei ich doch gar nicht in der Lage, wirklich ernstzunehmende Gefühle für einen anderen Menschen zu entwickeln, verwirrt wie ich sei. Ganz zu schweigen davon, daß ich in meiner derzeitigen Lage völlig unfähig sei, die richtige Wahl zu treffen. Erfahrungsgemäß greife ein gerade erst trockener Alkoholiker, ohne es zu merken, auf Altbekanntes und Vertrautes zurück, und gerade davor solle ich mich hüten, denn eben dies müsse ich ein Leben lang meiden.

Ja, natürlich. Ich wußte das alles. Sie hatten sicher in allem recht. Oft genug haben wir darüber gesprochen, wenn Gruppenfreunde noch im ersten Jahr der Trockenheit über eine neu begonnene Beziehung ins Straucheln kamen, dem inneren und äußeren Chaos nicht standhalten konnten, weil sie noch nichts dagegenzusetzen hatten, und in ihrer Not in der Flasche den einzigen Ausweg sahen. Diese Gefahr war offensichtlich. Die meisten Menschen waren ja wirklich so schwach und willenlos!

Aber ich, hatte ich nicht in der Zwischenzeit genügend Standfestigkeit und Willensstärke bewiesen? Hatte ich meine Sucht nicht besser im Griff als viele andere, die in der Gruppe immer wieder von ihren drängenden Alkohol- und Tablettenwünschen erzählten? Ich hatte damit nicht wirklich zu kämpfen, schien gefeit gegen Rückfälle. War das nicht ein deutlicher Hinweis auf besondere Stärke? Und gab es nicht auch Beispiele von Beziehungen, die nicht so dramatisch endeten? War der Rückfall wirklich vorprogrammiert? Ich hatte da meine Zweifel, und ich nährte sie, ließ sie wuchern, denn eigentlich hatte ich für mich bereits entschieden: Ich würde das Wagnis eingehen. Das Gerede von Verzicht und Gewinn – wie ich es verabscheute! Allzu sehr erinnerte es mich an alte Lesebuchweisheiten oder Poesiealbumsprüche. Was hatten die mit dem wirklichen Leben zu tun? War es nicht naheliegend, wenn ich mir in einer schwierigen Lebenssituation Hilfe und Unterstützung von einem liebenden Freund holte? Jemand, der aus eigener Erfahrung mehr Verständnis für meine besondere Problematik aufbrachte als alle meine bisherigen Freunde, meinen Mann eingeschlossen?

Meine Beziehung zu ihm hatte sich mit Beginn meiner Trockenheit geändert. Eine Begebenheit vor allem ließ sie mich schlagartig in einem neuen Licht sehen und brachte einen Stein ins Rollen: Ich hatte ja in seinem Beisein meine Tablettenvorräte vernichtet, und wir waren übereingekommen, daß er seine Tabletten irgendwo außer Reichweite deponierte, so daß ich mit ihnen nicht in Berührung kam. Den Schlüssel für den Weinkeller hatte er bereits an sich genommen.

Einige Wochen später lag plötzlich das mir nur allzu vertraute Tablettendöschen wieder im Badezimmer herum – unübersehbar. Ich erschrak, weniger wegen einer direkten Versuchung – damit hatte ich erstaunlich wenig Probleme – als vielmehr wegen der Gedankenlosigkeit und Unvorsichtigkeit meines Mannes. Hatte er so wenig verstanden, worum es ging? Oder waren da andere Beweggründe mit im Spiel? Ein paarmal wiederholte sich das noch. Dann gab es für mich keinen Zweifel mehr. Das war kein Zufall, und es war offenkundig, daß mein Mann versuchte – unbewußt natürlich –, mich in Abhängigkeit zu halten und den begonnenen Weg in die Unabhängigkeit zu torpedieren, zumindest zu erschweren. Nicht, daß er mich wieder als unkontrolliertes, hilflos stammelndes Wesen sehen wollte, das gewiß nicht. Aber so ein bißchen abhängig, so ein bißchen verfügbar, lenkbar und kontrollierbar, das wäre sicher in seinem Sinne gewesen, hätte unser Beziehungsgefüge unangetastet gelassen und das bestehende Dominanzgefälle nicht ins Rutschen gebracht.

Ich ging von nun an davon aus, daß mein Weg in die Trockenheit innerhalb dieser Beziehung nicht leicht sein würde, daß ich mit verständnis- und liebevoller Unterstützung nicht zu rechnen hatte. Auch darin teilte ich das Los vieler meiner Gruppenfreunde, denn die Abhängigkeit zwischen einem Alkoholiker und seinem Partner ist wechselseitig. Auch der Angehörige ist auf seine Art bedürftig, er braucht die Schwäche des Süchtigen. Nicht umsonst gibt es Angehörigengruppen. Immer wieder hörte ich von Freunden, wie wichtig diese für den nichtsüchtigen Partner sind, wie notwendig dessen Mitarbeit für den Fortbestand einer Ehe oder Partnerschaft ist. Das leuchtete mir ein, denn wie soll eine Beziehung auf Dauer funktionieren, in der ein Partner sich mit Hilfe der Gruppe weiterentwickelt, der andere dagegen an der Stelle stehenbleibt, wo der Süchtige aus der gegenseitigen Abhängigkeit ausgestiegen ist?

Ich habe meinen Mann damals nicht gebeten, in eine Angehörigengruppe zu gehen. Ich war mir sicher, daß er mit einem »Ja, aber...« antworten und viele Gründe finden würde, um sich dieser ihm lästigen Verantwortung zu entziehen. Theoretisch hätte er eine solche Institution sicher als segensreich, zumindest als interessant begrüßt – jedenfalls für die anderen –, doch von der Theorie zur praktischen Umsetzung einer Idee ist der Weg allemal weit.

Ich habe es also vermieden, ihn auf diese Möglichkeit anzusprechen. Heute weiß ich, daß dieses Versäumnis nicht nur in der Angst vor einer definitiven, sicher auch kränkenden Absage begründet war, sondern daß ich schon damals spürte, wie wenig mir an einer Fortsetzung der Ehe lag. So war ich nicht bereit, mehr Energie als nötig zu investieren, und vielleicht erging es ihm ähnlich, denn er wußte von der Existenz von Angehörigengruppen.

Und dann passierte etwas, dessen Folgen von einschneidender Bedeutung waren. Es fing ganz harmlos an. An einem Samstagabend hatte ich zum ersten Mal seit Beginn meiner Trockenheit vor gut zwei Monaten alte Freunde eingeladen. Mein Mann war wegen eines Vortrags außer Haus, ich würde also die alleinige Gastgeberin sein. Und ich freute mich darauf.

Sechs bis acht besonders vertraute Freundinnen und

Freunde hatte ich eingeladen, und wir saßen bei Saft und Selter und einem kleinen Imbiß im offenen Wintergarten. Es versprach ein schöner Abend zu werden. Wir hatten uns viel zu erzählen, denn wegen meiner täglichen Gruppenbesuche hatte ich meine Freundschaften schleifen lassen müssen. Sie wußten Bescheid und zeigten viel Verständnis und vor allem auch wirkliches Interesse. Ob ich denn gar keine Probleme mehr damit hätte, nichts zu trinken und vom wievielten Glas an man denn eigentlich Alkoholiker sei? Das interessierte sie vor allem, denn der eine oder andere hatte so seine Mühe mit einem maßvollen Alkoholkonsum. Und ob ich denn wirklich so viel getrunken hätte, so recht gemerkt hätte das keiner. Aber auch ich wollte vieles wissen, denn ich erlebte sie ja nun erstmalig mit klarem Kopf, und so waren wir mitten im anregendsten Gespräch, als mein Mann erschien.

So früh hatte ich ihn nicht erwartet. Er setzte sich zu uns, man fragte nach seinem Vortrag, wie die anschließende Diskussion verlaufen und wer von den Kollegen dagewesen sei, und schon waren wir mittendrin im üblichen Fachgeplänkel. Angeregt von seinem Erfolg brillierte er in unserer kleinen Runde, dominierte das Gespräch und genoß offenkundig den wohltuenden Ausklang eines arbeitsreichen Tages.

Ich war derweil verstummt. Eine Schranke war in mir gefallen. Es war, als stünde ich neben mir und beobachtete das Treiben dieser geselligen Runde, die sich so gut unterhielt. Die Worte erreichten mich nicht mehr. In mir war es ganz ruhig und leer. Und in dieses Vakuum hinein strömte ein Gedanke, ganz klar und wie selbstverständlich: Du mußt hier weg. Hier wirst du nicht trocken. Hier hast du keine Chance.

Als die Gäste gegangen waren, sagte ich meinem Mann, daß wir uns trennen würden. Ich würde von nun an meinen Weg allein gehen. Neben ihm – das sei mir jetzt klar – hätte ich keine Chance. Ich sagte das ruhig und sicher, so als handelte es sich um das ausgereifte Ergebnis eines langen Nachdenkens. Erst als er vorschlug, daß man sich doch in diesem großen Haus gut aus dem Weg gehen und irgendwie gemeinsam arrangieren könne, reagierte ich hysterisch: So eine Idee sei typisch für ihn. Das käme für mich überhaupt nicht in Frage, halbe Sachen machte ich nicht mehr. Er sei ohnehin derjenige, der bald wieder heiraten würde (womit ich recht behielt). Seine überlegte, verständnisvolle Reaktion erstickte die befürchtete Eskalation im Keim, und wir trennten uns freundschaftlich.

In dieser Nacht tat ich kein Auge zu. Jetzt hätte eine Tablette gutgetan. Wenigstens für ein, zwei Stunden hätte sie mir Ruhe gespendet, die Wogen der sich überstürzenden Gedanken und Gefühle geglättet. Doch ich hatte keine im Haus. Und das war gut so.

Am nächsten Morgen rotierte ich, durchforstete die Wohnungsinserate, telefonierte mit Maklern, und noch am selben Tag hatte ich eine Wohnung gefunden, die mir ganz passabel erschien: drei Zimmer, beste Wohnlage und nicht weit von unserem Haus entfernt, was ich wegen meiner Tochter wichtig fand. Die Wohnung hatte nur einen kleinen Haken, sie war etwas teuer. Doch das focht mich nicht an, ich hatte einen Entschluß gefaßt, und da war mir – fast – jeder Preis recht. Also ging ich hin und unterschrieb den Mietvertrag.

Abends in der Gruppe verkündete ich stolz meinen Entschluß und das Ergebnis meiner Wohnungssuche. Ich fiel aus allen Wolken, als man meine Bemühungen als hektischen Aktionismus abtat und sogar meine Trennungsabsichten für überdenkenswürdig hielt. Kleine Schritte sollte ich machen, nicht gleich drei auf einmal: »Achtzehn Jahre lang hast du mit deinem Mann unter einem Dach gelebt, und nun hast du plötzlich die fixe Idee, dich von heute auf morgen von ihm trennen zu müssen! Keiner hetzt dich, keiner erwartet etwas von dir. Vor allem kläre erst einmal, wieviel Geld du haben wirst, wenn du mit deiner Tochter allein lebst! Erst dann kannst du entscheiden, wieviel Geld für die Miete übrig bleibt. Du machst dich ja schon wieder von deinem Mann abhängig, wenn du über deine Verhältnisse lebst!«

Wieder einmal hatten sie recht. Wieder einmal war meine Ungeduld mit mir durchgegangen, hatte ich den zweiten vor dem ersten Schritt getan. Erst handeln, dann denken, das war schon immer meine Devise gewesen, und damit hatte ich mir mein Leben schwergemacht. Ich mußte revidieren, mußte meine Lage in Ruhe überdenken, Bilanz ziehen und mit meinem Mann die finanzielle Seite abklären.

Also biß ich in den sauren Apfel, machte den Mietvertrag rückgängig und bezahlte die eine Monatsmiete, zu der ich mich vertraglich verpflichtet hatte. Ich tat das schweren Herzens. »Sieh es als Lehrgeld an«, hatte man in der Gruppe gesagt, »es wird nicht das letzte sein.«

Wie groß der Druck wirklich war, unter den ich mich in diesen Tagen selbst gesetzt hatte, merkte ich erst, als die Angelegenheit geregelt war. Ich war stark erleichtert und fühlte mich frei, die anstehenden Probleme in Ruhe zu klären. Das war schwer genug, denn auch mein Mann neigte dazu, Schwierigkeiten ad hoc zu lösen und erst anschließend die Folgen seiner Entschlußfreudigkeit zu überdenken.

Ich konzentrierte mich also vorerst auf die Gruppenarbeit, wälzte Sonntag für Sonntag die Anzeigenblätter und resignierte zunehmend angesichts der Schwierigkeiten, eine bezahlbare Wohnung zu finden. Im nachhinein kann ich von Glück reden, daß ich dem Gruppenrat gefolgt war, auf das Abenteuer mit der eigenen Wohnung vorerst zu verzichten. So hatte ich genügend Zeit und Energie zur Verfügung, die Ereignisse und Probleme, die noch auf mich zukommen sollten, zu bewältigen, ohne in die Gefahr eines Rückfalls zu geraten.

Auseinandersetzung mit meinen Eltern

Zwischen meinen Eltern, meiner Schwester Alexandra und mir hatte sich – von mir fast unbemerkt – in den letzten Monaten ein Konflikt zusammengebraut, und dann kam dieser Brief meines Vaters. Er war – gleichlautend – an uns Schwestern gerichtet. Ich war zu dieser Zeit intensiv mit mir selbst befaßt und fühlte mich daher nicht berufen, aktiv in die Auseinandersetzung einzugreifen. Doch dieser Brief beunruhigte und ärgerte mich dennoch und beschäftigte mich mehr als mir lieb war.

Es ging um die Schuldfrage, das Problem, ob und wieweit Eltern für die Schwierigkeiten oder das Versagen ihrer Kinder verantwortlich sind. Diese Frage war nicht neu in der Familie. Sie stellte sich immer wieder, wenn an dieser oder jener Stelle offenkundig wurde, daß einer von uns vier Geschwistern massive Probleme hatte, sein Leben in eigener Regie zu bewältigen. Das wäre nicht weiter ungewöhnlich oder erwähnenswert, denn viele Familien müssen sich mit derartigen Konflikten irgendwann auseinandersetzen. Doch bei uns spielten zweierlei Faktoren eine Rolle, die zusammengenommen ein explosives Gemisch ergaben:

Auf der einen Seite zwei treusorgende Eltern, die wirklich ihr Bestes gaben, und dies in der tief verwurzelten Überzeugung, daß sie, und nur sie allein, wußten, was für jeden einzelnen von uns gut und richtig war, und die dementsprechend jeder Andeutung von Kritik oder eigenständiger Meinung mit Unverständnis begegneten. Und dieses Unverständnis äußerte sich – anders als bei den meisten Eltern – nicht in Wut oder Strafen, sondern in brillant-überlegener Argumentation, stiller Trauer, vorwurfsvollem Schweigen oder moralisierenden Ermahnungen, die oft sogar noch in großzügigen Gesten des Verstehens und Verzeihens gipfelten – je nach Situation.

Auf der anderen Seite standen wir vier Geschwister, die

kaum eine Chance hatten, eigene Vorstellungen zu entwickeln, geschweige denn durchzusetzen und den uns gemäßen Weg zu finden, denn wer lehnt sich schon gegen so großherzige und einsichtsvolle Eltern auf? So waren wir auch im Erwachsenenalter Kinder geblieben, und zwar anspruchsvolle, die auf ihr Recht pochten, Versäumtes ersetzt zu bekommen, Unerledigtes nachzuholen und Fehler verziehen zu bekommen. Da wir nie gelernt hatten, Verantwortung für uns selbst zu übernehmen, ist es sicher kein Zufall, daß drei von uns Geschwistern Alkoholiker wurden.

In diesem Sommer hatte sich die Situation wieder einmal zugespitzt. Ich war etwa zweieinhalb Monate trocken, als mich besagter Brief erreichte und für Unruhe sorgte. Ich erinnere mich nicht mehr, wie und wann es zu diesem Affektsturm kam, der mich überwältigte. Ich weiß nur noch, daß ich mich eines Abends, nachdem ich in der Gruppe darüber gesprochen hatte, bei meinen Eltern im Wohnzimmer wiederfand und hemmungslos vom Leder zog.

Ich höre mich noch, wie ich sie laut und rücksichtslos mit Vorwürfen überschüttete, unsachlich, in fast ordinärem Tonfall beschimpfte und ihre zaghaft vorgetragenen Einwürfe roh beiseite schob. Während ich sprach, war mir klar, daß ich ihnen unrecht tat. Zugleich aber wußte ich auch, daß es notwendig war, daß ich es tun mußte, daß ich nicht aufgeben durfte und daß ich es nur so und nicht anders tun konnte:

»Ihr habt euch nie die Hände schmutzig gemacht, wart zu fein – vielleicht auch zu feige –, mal zuzulangen, wo es nötig gewesen wäre. Ihr wart immer lieb und nett zu mir, habt nie geschimpft, schon gar nicht geschlagen. Aber eure verdammte Moral, euer trauriger, vorwurfsvoller Blick war schlimmer als eine Ohrfeige, und eure Güte war erdrückend, machte mich zu einem wandelnden schlechten Gewissen. Ihr habt euch geweigert, genau hinzuschauen, zu sehen, wer ich wirklich bin mit all meinen guten und schlechten Seiten. Ihr habt so getan, als sei ich in Ordnung, als könnte ich kein Wässerchen trüben, weil ihr wolltet, daß ich – eure Tochter – makellos war. Das brauchtet ihr so. Das paßte in euer Bild von der heilen Familie. Nur das war euch wichtig, nicht ich. Und wie habe ich gelitten, wenn ich merkte, daß ich keineswegs die sanfte, harmlose und folgsame Person war, die ihr in mir sehen wolltet! Meine Angst, daß ihr und alle anderen das irgendwann merken würdet, wuchs ins Unermeßliche. Mir blieb gar nichts anderes übrig, als diese Angst zuzuschütten, zu saufen, Tabletten zu schlucken. Und ich bin ja nicht die einzige in der Familie. Habt ihr euch mal gefragt, wie das kommt? Aber jetzt ist das endlich vorbei. Ich werde meinen Weg gehen, egal, ob er euch gefällt oder nicht. Und ich will nur eines: Laßt mich in Ruhe, solange ich es möchte!«

Mir war, als stünde ich neben mir. Ich sah eine erregte, zornige Person, die ihren Eltern offen in die Augen blickte, und ich hörte eine harte Stimme, die ihnen schonungslos ein Argument nach dem anderen entgegenschleuderte, und ich spürte die unheimliche Kälte, die von dieser Person ausging und die Eltern an der anderen Seite des Tisches erstarren ließ.

Zugleich aber fühlte ich ein tiefes Mitleid mit dieser Mutter, der die Tränen über das Gesicht liefen, und mit diesem Vater, der irgendwann ebenfalls verstummte und wortlos und entsetzt die rohen Anwürfe über sich ergehen ließ. Doch ich wußte, daß ich diesem Gefühl nicht nachgeben durfte, daß ich bis zum Schluß durchhalten mußte.

Ich weiß nicht mehr, wann und wie ich meine Eltern verließ. Ich erinnere mich nur noch, daß ich sie anschließend anrief und mich für meinen rüden Ton entschuldigte. Im übrigen wolle ich in der nächsten Zeit keinen Kontakt zu ihnen haben. Ich würde mich zu gegebener Zeit wieder melden.

Das alles geschah so unerwartet, so überstürzt auch für mich, daß ich erst viel später verstand, was damals mit mir passierte. Intuitiv hatte ich das Richtige, das einzig Mögliche getan. Nur so, indem ich die jahrzehntealten Spielregeln in unserem Familiendrama durchbrach, mich über Konventionen und Gewohnheiten hinwegsetzte, schockierte, konnte ich meine Eltern erreichen. Kein noch so einfühlsames Gespräch hätte das je geschafft. Das hatten wir immer und immer wieder versucht, ohne Erfolg. Darin war mein Vater mir ohnehin überlegen. Und um Einsicht und Verständnis ging es mir ja nicht. Nicht mehr, seit ich begriffen hatte, daß ich dies nicht erwarten konnte, auch nicht zu erwarten brauchte. Denn nun gab es andere, von mir gesetzte Prioritäten. Nun brauchte ich nicht mehr ängstlich danach zu forschen, ob meine Eltern mein Verhalten billigten. Nicht einmal die bisher so quälende Frage, ob sie mich wohl verstehen, meine Beweggründe nachvollziehen konnten, war nun von Bedeutung.

In dieser Situation ging es mir lediglich darum, mir den Zugang zu meinem eigenen Weg zu erkämpfen. Und das war mir nur möglich, indem ich die innere und äußere Loslösung von meinen Eltern radikal herbeiführte, eine Aufgabe, die erfahrungsgemäß viele Süchtige bewältigen müssen, wenn sie langfristig trocken bleiben wollen. Damals in meiner Pubertät, als die Auseinandersetzung und die langsame Loslösung von den Eltern angesagt gewesen wäre, damals blieb ich still, hielt meinen Dornröschenschlaf und gefiel mir in der Rolle der braven, fügsamen Tochter. Nun mit einundvierzig Jahren probte ich den Aufstand, holte nach, was damals notwendig und heilsam gewesen wäre, allzu drastisch zwar, da ich keinerlei Übung in Sachen Selbstbehauptung hatte, doch um so wirksamer.

Der Schock, den ich meinen Eltern zugefügt hatte, muß nachhaltig gewesen sein, und ich hätte ihnen diese späte Enttäuschung gern erspart. Doch ich hatte – wieder einmal – keine Wahl, wenn ich leben wollte. Lange Zeit hörte ich nichts mehr von ihnen, und das war gut so. Ich hatte erreicht, was ich unbewußt beabsichtigt hatte: Abstand und Ruhe.

Es gab nun keine mütterlich besorgten telefonischen Nachfragen mehr, wie es mir denn ginge, ob ich denn gesund sei. Warum denn meine Stimme so heiser klinge, ob sie nicht doch lieber kommen und helfen solle. Keine sonntäglichen Feiertagsbesuche im Kreis der Familie, keine inquisitorischen Fragen, wie lange ich denn meine täglichen Gruppenbesuche fortsetzen wolle, ob das nicht übertrieben sei, jetzt, da ich das Problem im Griff hätte. All diese gut gemeinten Fragen und Angebote, gegen die ich mich nicht wehren konnte und die mich immer wieder neu in Versuchung führten, auf vertraute, liebgewonnene Verhaltensmuster zurückzugreifen, fielen nun weg.

Kaum drei Monate trocken, hatte ich – ohne es zu wissen – das Grundproblem in meinem Leben an der Wurzel gepackt, ein Zeichen gesetzt und Raum geschaffen für Neues. Was mir in zehn Jahren Analyse nicht gelungen war, nicht gelingen konnte, da ich Gefangene meiner Sucht war, schaffte ich nun auf Anhieb. Der Verzicht auf den »Stoff« hatte schöpferische Energien freigesetzt, die lebenserhaltenden positiven Kräfte meines Unbewußten mobilisiert und mir so intuitiv den richtigen Weg gewiesen. Zugleich auch wuchsen mir Kräfte zu, die mir zuvor nie zur Verfügung gestanden hatten und die es mir nun möglich machten, eine einmal begonnene Aufgabe gegen innere und äußere Widerstände durchzuhalten.

Heute weiß ich, daß dieser Schritt, so naiv und brutal er auch war, die notwendige Voraussetzung für alle weiteren Schritte schuf. Hätte ich damals nicht die Quelle des Übels zum Versiegen gebracht, jede neue Stufe der Entwicklung wäre von ihrem Gift durchsetzt worden.

Einige Monate später habe ich wieder vorsichtigen Kontakt zu ihnen aufgenommen. Wir haben das Vergangene mit keiner Silbe mehr erwähnt. Warum auch? Jeder hatte seine Sicht der Dinge. Daran würde nicht zu rütteln sein. Mit Worten schon gar nicht. Allein die Zeit hatte da eine Chance.

Doch davon blieb meiner Mutter nicht mehr sehr viel. Sie starb etwa drei Jahre später. Bis zu ihrem Tod pflegten wir ein freundlich-distanziertes Verhältnis. Mehr war von beiden Seiten nicht möglich. Sie hat es nicht vermocht, ihr eigenes Leben zu verwirklichen. Sie opferte es für ihren Mann und ihre Kinder, und so konnte auch sie die Last dieses Opfers nur noch mit Hilfe von Schlaf- und Beruhigungstabletten tragen. Es hat lange gedauert, bis ich begriff, daß ich auf dem besten Wege war, ihr auf meine Art nachzueifern, indem ich mein Leben den Wunschvorstellungen meiner Eltern opferte.

Abschied nehmen

Mir blieb nicht viel Zeit, dieses Erlebnis mit meinen Eltern zu verarbeiten, denn wenig später erreichte mich eine Hiobsbotschaft: Meine Schwiegermutter hatte einen schweren Autounfall gehabt. Kurz darauf starb sie. Ihr Tod hinterließ eine spürbare Lücke in der großen Familie meines Mannes, deren Mittelpunkt sie gewesen war. Entsprechend verunsichert reagierten die Zurückgebliebenen.

Für mich war es die erste Begegnung mit dem Tod eines nahen Menschen. Ich war unvorbereitet und in meiner damaligen Situation vollkommen überfordert, denn meine geballte Energie und damit auch alle Gefühlsreserven, die mir zur Verfügung standen, hatte ich auf einen Punkt konzentriert: das Trockenwerden. Davon wollte ich mich nicht abbringen lassen. Nichts sollte diesen Prozeß stören, das hatte ich mir geschworen.

Und nun stand ich vor einer Situation, für die es keine erlernten Verhaltensmuster gab, die mir geholfen hätten, Struktur und Ordnung in den inneren Aufruhr zu bringen. Es war mehr Hilflosigkeit und die daraus resultierende Beunruhigung als Trauer, die ich empfand. Und um nicht von der aufsteigenden Angst überwältigt zu werden, mich nicht dem allgemeinen Gefühlschaos auszuliefern und damit zum willenlosen Spielball derer zu werden, die sich darin besser auskannten, kapselte ich mich ab, erstarrte und signalisierte damit auch nach außen hin meinen Wunsch, in Ruhe gelassen zu werden.

Man respektierte das, zog mich auch nicht bei den familiären Besprechungen und den Beerdigungsvorbereitungen hinzu, nahm Rücksicht. Und in mir nagte das schlechte Gewissen angesichts solch überwältigender Verständnisbereitschaft, die sich so auffallend abhob von meiner fast kindlich anmutenden Ichbezogenheit.

Nur in der Gruppe öffnete ich mich. Hier konnte ich ohne Angst vor Vereinnahmung meine emotionale Verunsicherung zeigen, konnte vor allem davon sprechen, was mich am meisten bedrückte: von meiner inneren Leere, der Gefühllosigkeit, der erschreckenden Kälte angesichts des Todes eines Menschen, der mir über längere Strecken meines Lebens immerhin recht nahe gestanden hatte. Ein Jahr lang hatten wir sogar im Hause meiner Schwiegereltern gelebt, da unser eigenes sich noch im Bau befand und ich zudem die damals einjährige Jana vormittags in guten Händen wußte, wenn ich zur Schule ging. Es war nicht gerade Herzlichkeit, die uns verband. Da gab es auch einige Vorbehalte, und zwar auf beiden Seiten. Doch ich achtete sie und schätzte ihre Hilfsbereitschaft, ihr einfühlendes Wesen und ihre geistige Regheit.

Und nun spürte ich in mir nichts als allgemeine diffuse Ängste, die Angst vor dem Sog zurück in den Schoß der Familie, vor der Verurteilung durch die anderen, dem Ausgeschlossen- und Anderssein, dem Fremden und Unvertrauten. Das gab mir zu denken, ließ mich zweifeln an meiner Fähigkeit, Gefühle für andere Menschen zu entwickeln. War meine Emotionalität der Sucht zum Opfer gefallen? War ich vielleicht nie wieder zu differenzierteren und tiefergehenden zwischenmenschlichen Gefühlen in der Lage?

Es beruhigte mich zu hören, daß es vielen Gruppenfreunden nicht anders gegangen war. Es war lediglich eine Frage der Energie, des seelischen Kräftehaushalts und damit auch der Zeit. Solange meine Ängste noch einen so breiten Raum in meinem Leben einnahmen, waren differenziertere Gefühle wie Trauer Luxus, für den zur Zeit die Energie fehlte. Und man zerstreute auch meine Sorge, daß mein derzeitiger Egoismus überzogen und unangemessen sei.

»Wem nützt deine Anteilnahme? Wem hilfst du mit einer zur Schau gestellten Trauer, die nicht deinen eigentlichen Gefühlen entspricht? Niemandem, nur deiner Eigenliebe, deinem Wunsch dazuzugehören, anerkannt, geliebt zu werden. Doch so klappt das nicht, das hast du schon so oft vergeblich probiert. Wenn du wieder trinkst, wird dich keiner dafür lieben, und helfen kannst du dann niemandem. Also kümmere dich erst einmal um deine Trockenheit!«

Ich beschloß also, meine damalige innere Ausnahmesituation ernst zu nehmen und jede mögliche weitere Eskalation zu vermeiden. So teilte ich meinem Mann mit, daß ich lediglich zur Beerdigung kommen würde, am anschließenden Beisammensein im Kreis der Familie und Freunde jedoch nicht teilnehmen wolle. Meine Erklärung schien ihn zu überzeugen, jedenfalls zeigte man allgemein Verständnis und ließ mich gewähren. Und das war gut so, denn die gefühlsmäßige Anspannung, die während der ganzen Beerdigung anhielt, war enorm, und ich mußte alle Kraft zusammennehmen, um dies durchzustehen.

Aber auch diesmal war es mir nicht vergönnt, das Erlebte in Ruhe zu verarbeiten. Gut einen Monat später klingelte eines Abends das Telefon, und meine Schwester Alexandra sagte unter Tränen: »Es ist etwas Furchtbares passiert. Hartmut ist tot.« Mein erster Gedanke war: Das ist ja wie in einem schlechten Theaterstück, so viel Dramatik auf einmal! Und dann: Vorsicht! Bleib bei dir! Halte Distanz!

»Wie konnte das passieren?« fragte ich fassungslos. »Beim Rasenmähen. Gleich nach der Arbeit. Ist umgefallen und war tot«, schluchzte sie ganz außer sich. Ob wir uns nicht zu dritt mit Maria zusammensetzen könnten. Ich reagierte instinktiv: Nein, wenn irgend möglich, sollten sie auf mich verzichten. Ich könne da ohnehin nichts ausrichten, schon gar nicht heute abend. Sie insistierte nicht. Ich blieb gleich am Telefon, rief an, wen ich erreichen konnte, redete und redete und redete. Bis nichts mehr zu sagen war, keiner mehr zu erreichen war.

Ich war leer, ausgepumpt, erschöpft. Erinnerungen stiegen auf, füllten das Vakuum: Ich sah Hartmut und mich mit den neuen Trainingsanzügen. Wir waren auf den großen Lebensbaum vor dem Pfarrhaus geklettert, und unsere Mutter hatte hinterher etwas mißbilligend geguckt, als sie die Moosflecken sah.

Es gibt ein Foto, das uns beide als stolze Besitzer der neuen Anzüge zeigt. Ein wenig wie Zwillinge sehen wir aus, fast gleichgroß, blonde Haarschöpfe, blaue, lachende Augen, strahlende Gesichter, die Hände tief in den Taschen vergraben und weit abgespreizt, so daß sich der noch glatte, glänzende Stoff über den Fingern spannt. Als würden wir bersten vor Zufriedenheit, so hat es den Anschein. Eine fröhliche, ausgelassene Stimmung. Früher habe ich dieses Bild immer als irgendwie anstößig empfunden, schnell darüber hinweggeblättert, als sei so viel Glück fast unanständig, jedenfalls nichts für mich.

Ich war die Ältere. Zwei Jahre trennten uns, und doch stand ich ihm viele Jahre meiner Kindheit näher als meiner Schwester Maria, mit der ich neun Jahre lang zusammen in eine Klasse ging. Sein bester Freund Peter war auch mein Freund, mein erster, und ich war stolz darauf dazuzugehören. Es waren die schönsten, unbeschwertesten Jahre meiner Kindheit.

Später trennten sich unsere Wege. Er ging auf eine andere Schule, bekam dort Schwierigkeiten, wechselte, gab irgendwann auf. Damals fing er an zu trinken, noch nicht exzessiv, aber regelmäßig. Das war so üblich unter jungen Männern seines Alters. Alle taten es. Die meisten konnten das auch, wußten, wann es genug war. Aber er nicht. Schon damals kannte er seine Grenzen nicht.

Er hat in seinem Leben einige Umwege gemacht, hat darunter gelitten, daß er den hochgesteckten Erwartungen seines Vaters an den einzigen Sohn nicht gerecht werden konnte oder wollte, hat versucht, einen eigenen Weg zu finden, was ihm zum Teil auch gelungen ist. Aber eben nur zum Teil. Blieb immer ein Rest – ein großer Rest –, den er nicht integrieren konnte, weil er befrachtet war mit den unausgesprochenen Ansprüchen der Eltern. Und so blieb er bis zum Schluß der im Kern brave Sohn seines Vaters, der dessen unerfülltes Erbe mit sich herumschleppte. Und er trank. Er wußte keinen anderen Ausweg. Auch mir war nichts Besseres eingefallen.

Persönlichen Kontakt hatte ich in den letzten Jahren nicht mehr zu ihm. Zu sehr hatten wir uns auseinandergelebt und zu ähnlich waren wir uns geblieben in unseren selbstzerstörerischen Tendenzen. Es ist immer schwer, das eigene häßliche Bild im Spiegel des Gegenüber wiederzuerkennen. Instinktiv vermieden wir das. Wir trafen uns nur noch bei den Familienfeiern, und auch da gingen wir uns aus dem Weg. Oder wenn es im Haus etwas zu reparieren gab. Da war mein Bruder immer zur Stelle. Geradezu liebevoll kümmerte er sich um die Nöte seiner Schwestern, als gelte es, etwas gutzumachen.

Ich hatte also keine Ahnung, wie es um ihn stand, wußte lediglich, daß er – wie ich – seit langem unter Bluthochdruck litt. Daß er sich allerdings weigerte, die entsprechenden Medikamente einzunehmen, erfuhr ich erst, als es schon zu spät war. Diesem unheilvollen Zusammenspiel von Alkoholmißbrauch und dem dadurch in gefährliche Höhen gejagten Blutdruck hatte sein Herz nicht mehr standgehalten. Es streikte, und zwar urplötzlich, ohne jegliche Vorwarnung.

In der Familie sprach man nicht über diese peinlichen Details, jedenfalls nicht meinen Eltern gegenüber. Offiziell war er an plötzlichem Herzversagen als Folge einer Hypertonie gestorben. Meine Eltern konnten und wollten die Hintergründe nicht sehen. Das wäre zu schmerzlich gewesen, hätte auch eine Lawine von Fragen, Selbstzweifeln und Selbstvorwürfen nach sich gezogen, zum Umdenken gezwungen. Und wer tut das schon freiwillig, wenn kein zwingender Grund vorliegt? Ich konnte ihre Weigerung hinzusehen, den Schmerz auszuhalten, nur allzu gut verstehen.

Statt Trauer kamen Erinnerungen. Und immer wieder Fragen: Warum habe *ich* den Weg aus der Sucht gefunden und er nicht? Hätte ich ihm helfen können? Hätte ich es nicht wenigstens versuchen sollen? Vielleicht hätte er sich mir öffnen können. Vielleicht hätte ich ihn wenigstens dazu überreden können, seine Medikamente zu nehmen. Ich nahm sie ja auch. Es wäre ja möglich gewesen, daß er nur noch ein wenig Zeit brauchte, bis er zur Kapitulation bereit gewesen wäre. Vermutungen, Fragen, die sich nun nicht mehr klären ließen. Sie kamen immer wieder, drehten sich im Kreis.

Diesmal wußte ich, was auf mich zukommen würde. Es gab zu dieser Zeit in meiner Familie und im näheren Umkreis meines Bruders einige Menschen, die dem Alkohol mehr als nötig zusprachen. Ob sie Alkoholiker waren, spielt dabei keine Rolle. In jedem Fall würden sie den Tod meines Bruders zum Anlaß nehmen, um mit Hilfe des Alkohols der Realität zu entfliehen. So hatte ich es früher auch getan, wenn es brenzlig zu werden drohte. Und warum sollten sie es anders machen? Bisher hatten sie sich in vergleichbaren Situationen genauso verhalten wie ich. Sie würden also in Rührseligkeiten verfallen, sich in Selbstmitleid baden, würden in der Rolle der liebenden Verwandten oder Freunde in jedem Fall die – sicher vorhandenen – Trauergefühle überzeichnen, im schlimmsten Fall noch ein wenig dramatisieren und dabei selbst ihr andächtigster Zuschauer sein.

Zwangsläufig würde es so kommen. Und damals jedenfalls war ich nicht in der Lage, die eigenen Fehler, Schwächen und unbewußten Verschleierungstaktiken und Ablenkungsmanöver bei anderen mitanzusehen; und auch in der Gruppe, in der ich täglich darüber sprach, riet man mir zur Vorsicht. Der Sog des allzu Vertrauten sei gerade in solch gefühlshaften, ungeschützten Situationen besonders bedrohlich. Und obwohl ich auch diesmal keinen direkten Trink- oder Tablettenwunsch verspürte, fühlte ich mich gefährdet und beschloß, auch diesmal nur zu der Beerdigung hinzugehen. Ich war keineswegs sicher, wie meine Familie reagieren würde.

Doch man schwieg, ließ mich gewähren, und ich war erleichtert. Um ganz sicher zu gehen, hatte ich das Angebot meiner Gruppenfreundin Heike angenommen, mich zu begleiten. Nicht so sehr aus Angst, dem allen nicht gewachsen zu sein, sondern eher, weil ich hoffte, daß ihre Anwesenheit die nähere Verwandtschaft davon abhalten würde, mich allzu eng in die familiäre Trauergemeinde mit einzubinden. Ich hielt mich auf dem Friedhof immer ein wenig abseits von meiner Familie, ohne mich auszuschließen, während Heike sich nach unserer Begrüßung dezent in den Hintergrund zurückgezogen hatte. Wieder nahm ich eine Sonderrolle ein, denn man wußte wohl, wer diese stille Beobachterin war. Ihre Anwesenheit stigmatisierte mich – so jedenfalls erlebte ich es –, zugleich aber gab sie mir ein Gefühl von Sicherheit und Geborgenheit, für das ich ihr dankbar war. Ich blieb dann wirklich ziemlich unbehelligt und zog mich nach der Beerdigung schnell zurück.

Die Sommermonate klangen aus. Der Herbst kündigte sich an mit morgendlichen Frühnebeln und kühleren Abenden. Doch noch wärmte die Sonne tagsüber, und so traf man sich mal zum Ausflug, mal zum Kaffeetrinken im Garten, mal zu ausgedehnten Spaziergängen. Dann wieder lange Telefonate und Gespräche, in denen ich meine Schwierigkeiten mit Jens zu ergründen suchte. Immer häufiger wurde das nötig, immer häufiger griff ich zum Telefonhörer. Die Gruppenfreunde wurden nicht müde zuzuhören, denn auch sie steckten alle mittendrin in irgendwelchen »Beziehungskisten«. Jeder war Ratsuchender und Ratgebender in einer Person. Und sie hatten viel Zeit, denn die meisten waren arbeitslos oder krankgeschrieben. Eine höchst eigenartige Gesellschaft.

Ich hatte nach den Sommerferien wieder angefangen zu arbeiten. Mit einer halben Stelle nur, denn noch fühlte ich mich dem rauhen Klima des Alltags nicht ausreichend gewachsen, und ich hatte einige Mühe, dieses Pensum halbwegs zu bewältigen. Eine Kollegin hatte mich vor einiger Zeit gefragt, ob ich mit ihr gemeinsam eine Klasse übernehmen wolle. Ich fand die Idee gut, und da ich bereits einige Erfahrung mit dieser Klassenstufe hatte, waren wir übereingekommen, daß ich zwar die Funktion der Klassenleiterin übernehmen würde, wir uns ansonsten aber die Arbeit teilen würden.

Es ließ sich ganz gut an zwischen uns. Wir mochten und schätzten einander, und jeder nahm, so gut es eben ging, Rücksicht auf die Eigenheiten des anderen. Irgendwann jedoch wurde deutlich, daß unsere Unterrichtsstile sich recht weitgehend voneinander unterschieden. Sie hatte eine beachtliche Toleranz gegenüber Lärm und Unordnung. Was sie als schöpferische Unruhe erlebte, erschien mir wie unerträgliches Chaos. Offenkundig hatten meine Nerven doch erheblich gelitten, jedenfalls reagierten meine Sinne viel intensiver als zuvor auf jeden Reiz.

Eines Morgens fehlte sie. Ich hatte mich mit einiger Mühe zur Schule geschleppt, da ich, wie zunehmend in letzter Zeit, an einem der ständig wechselnden Infekte litt, und übernahm die Klasse also alleine. Ich erledigte die anstehenden Arbeiten schlecht und recht und war froh, als ich mich mittags völlig erschöpft zu Hause wieder ins Bett fallenlassen konnte.

Am nächsten Morgen erwähnte sie beiläufig, sie habe gestern nicht kommen können, weil sie vom vielen Weinen so aufgelöst gewesen sei, daß sie so nicht vor die Klasse habe treten wollen. Es habe wieder Ärger mit ihrem Freund gegeben. Das war also der Grund ihres Fehlens gewesen! Wie oft hatte ich in den letzten Wochen auf meinem Schulweg durch den Park wegen Jens weinen müssen und hatte mir die Tränen getrocknet, sobald ich dem ersten Schüler begegnete. Nie wäre ich auf die Idee gekommen, deswegen zu fehlen, jedenfalls nicht mehr, seit ich trocken war.

Deutlicher als an diesem Punkt konnte der Unterschied zwischen uns nicht werden. Als trockene Alkoholikerin konnte und durfte ich mir ein solches Selbstmitleid nicht leisten. Hätte ich diesen Tränen nachgegeben, mich in mein Leid versenkt und die anstehenden Aufgaben versäumt, wäre dies der erste Schritt in die falsche Richtung gewesen. Und daß es sich bei mir wie auch bei der Kollegin, deren persönliche Situation mir aus Gesprächen ein wenig vertraut war, um fruchtloses Selbstmitleid handelte, daran zweifelte ich nicht.

Nicht das Weinen als solches ist von Übel – Tränen sind legitimer und oft heilsamer Ausdruck von Trauer und Leid; schädlich oder gar gefährlich, für einen Alkoholiker in der Konsequenz sogar lebensgefährlich, ist auf Dauer nur der selbstmitleidige Umgang mit ihnen, der dazu führen kann, daß ich mein ganzes Wesen auf mein Unglück reduziere und dadurch unfähig werde, auf Abhilfe zu sinnen. Und das gilt nicht nur für trockene Alkoholiker.

Von diesem Tag an wußte ich, daß wir früher oder später ernsthafte Schwierigkeiten miteinander bekommen würden. Es war nur eine Frage der Zeit – und der Energie. Denn vorerst wollte und konnte ich mir in meinem Arbeitsbereich keine unnötige Front aufbauen. So ließ ich es laufen, so gut es eben ging.

Die Trennung von Jens

Die Auseinandersetzungen mit Jens häuften sich und mit ihnen meine Schmerzen im Kopf, die sich bis zum Nacken hinunterzogen. Der Zusammenhang war unverkennbar und setzte mich zunehmend unter Druck, denn ich hatte mir geschworen, alles, was mir schadet, aus meinem Leben zu verbannen. Die Trockenheit stand an erster Stelle. Immer wieder hörte ich das in der Gruppe. Manchmal verfluchte ich diesen Spruch.

Ich erinnere mich an einen Abend im Frühherbst. Ich war mit Helga und Marion im Restaurant verabredet. Mein Schädel brummte. Ich ging trotzdem hin, denn ich hatte mir angewöhnt, meine Schmerzen, solange sie eben auszuhalten waren, lediglich zur Kenntnis zu nehmen und ansonsten meinen Tagesablauf von ihnen möglichst nicht durcheinanderbringen zu lassen. Ich wollte ihnen nicht mehr Aufmerksamkeit schenken als nötig. Wie eine empfindsame Pflanze erlebte ich sie: Je mehr Zeit und Zuwendung man ihr widmet, desto üppiger schießt sie ins Kraut.

Damals bahnte sich ein neues Verhältnis zu meinen Schmerzen an. Als Anlaß für meinen Tablettenkonsum hatten sie ausgedient. Irgendeinen Sinn mußten sie jedoch haben. Nicht umsonst meldeten sie sich in regelmäßiger Folge. Ich begann, den Rhythmus ihrer Wiederkehr zu verfolgen, und langsam lernte ich sie als Signale zu begreifen, als Hinweise auf ungelöste Konflikte, als Zeichen für Verdrängtes. Doch ihre Entschlüsselung war zu diesem frühen Zeitpunkt meiner Trockenheit nicht einfach. Meist war ich auf Vermutungen angewiesen, denn damals bestand ein großer Teil meines Lebens aus ungelösten Konflikten, und es war oft nicht möglich, einen beginnenden Schmerz oder eine Krankheit in direkten Zusammenhang mit einem bestimmten aktuellen Problem zu bringen. Doch hin und wieder gelang es, und ich begann, das Prinzip dieser wechselseitigen Bedingtheit zu durchschauen.

Zu dieser Zeit ahnte ich die Zusammenhänge nur vage. Und das half mir in der konkreten Situation herzlich wenig. Ich muß ein Bild des Jammers abgegeben haben, als ich in die Pizzeria eintrat und die Freundinnen begrüßte. Die ganze linke Seite des Kopfes bis hinunter in den Nacken schmerzte. Augen und Nase waren rot angeschwollen und trieften.

Helga meinte lakonisch: »Du weißt selbst am besten, was du zu tun hast, wenn du diese Schmerzen lossein willst.« Mitleid war nicht angesagt. Es hätte mir auch nichts gebracht außer selbstmitleidiger Tränen, und die hatte ich schon zur Genüge vergossen. Sie hatte ja recht. Ich allein mußte Abhilfe schaffen. Niemand konnte mir dabei helfen. Was zu dem Thema meiner Beziehung zu Jens gesagt werden konnte, war längst gesagt worden. Neues kam nicht hinzu. Handeln mußte ich.

Doch noch brauchte ich ein wenig Zeit. Noch gab es immer wieder Situationen, in denen die unbestimmte Hoffnung aufflackerte, daß wir beide es vielleicht doch irgendwie, irgendwann gemeinsam schaffen könnten, und an die klammerte ich mich. Allzu schnell wollte – und konnte – ich nicht aufgeben. Aber die sich häufenden Schmerzen, meine ständigen Infekte, meine Schlafstörungen, sie waren Hinweis genug, und ich war inzwischen etwas geübter, diese Zeichen zu entziffern, sie zu übersetzen in die Sprache der Seele.

Sie erzählten von meinen alten Ängsten zu versagen, nicht zu genügen, nicht heranzureichen an den, den ich zu lieben glaubte. Von meiner verborgenen Wut über den hohen Sockel, auf dem er thronte und von dem ich vergaß, daß ich fleißig dabei geholfen hatte, ihn zu errichten, denn ohne ihn hätte ich diesem Menschen Auge in Auge auf gleicher Höhe gegenüber stehen, hätte seine Schwächen, seine Unsicherheiten, seine Fehler in aller Deutlichkeit wahrnehmen müssen, und eben das wollte ich nicht. Und sie erzählten von dem Schmerz über meine Kleinmütigkeit, meine nie verwirklichten, im Keim erstickten Möglichkeiten, die ich nun wieder einem Idol zu opfern bereit war.

Ja, es war wirklich so. Wieder hatte ich mit sicherem Instinkt einen Mann gefunden, neben dem ich keine Chance hatte, Eigenes zu entwickeln. Nicht, daß dieser Jens mir objektiv so haushoch überlegen gewesen wäre oder daß er mich daran gehindert hätte, meine Persönlichkeit zu entfalten. Aber unser beider Unbewußtes hatte sich vom ersten Tag an auf eine so ungute, zerstörerische Art und Weise miteinander verflochten, daß ein Sortieren und Entwirren nicht möglich war. Ohne es zu merken oder gar zu forcieren, unterstützte jeder im Gegenüber genau die Eigenschaften, die einer trockenen und fruchtbaren Entwicklung entgegenstanden. Während ich ihn durch meine weitgehend kritiklose Bewunderung daran hinderte, endlich von seinem selbstgewählten Podest herunterzusteigen und eine wirkliche Beziehung zu wagen, drängte er mich durch seine unbewußte Sehnsucht nach Reinheit und moralischer Unversehrtheit in die Rolle der »Heiligen«, gegen die sich inzwischen einiges – und zwar der gesündere Teil – in mir sträubte.

Er, der in seinem bisherigen Leben zwanghaft jeder Ausschweifung nachgejagt war, der keine Exzesse ausgelassen hatte, die sich ihm – einem gutaussehenden, energievollen Mann – anboten, war zugleich immer auch auf der Suche nach dem Gegenpol. Und den suchte er in mir, so wie ich die Stärke, die Sicherheit und das Selbstbewußtsein, die mir fehlten, in ihm fand, anstatt sie in mir selbst freizusetzen. Es war kein Zufall, daß er mich einige Zeit lang für eine Pastorentochter hielt, und seine fast fetischistisch anmutende Vorliebe für reinweiße, zarte Kleidung und Wäsche entsprach so verführerisch meinen eigenen unbewußten Wünschen nach Reinheit und Über-den-Dingen-Schweben, daß ich mich seiner ohnehin beträchtlichen Ausstrahlung nur schwer entziehen konnte.

Nie schaffte ich es in seiner Gegenwart, nur ich selbst zu sein, locker, gelöst, albern oder auch einfach vergammelt und müde. Immer war ich auf dem Sprung, spürte die innere Anspannung, jeder vermeintlichen Forderung sofort und perfekt gerecht werden zu müssen. Und natürlich empfand auch er diesen Druck, der ihn störte, irritierte, ihn an mir herumnörgeln ließ – eine Kette ohne Ende. Sie konnte nur durchbrochen werden. Aber wie und durch wen?

Inzwischen war es richtig Herbst geworden. Es war ein kühler Sonntagnachmittag, als Jens auf einem Spaziergang einen Satz in unser Gespräch einflocht, der in mir nachwirkte: »Wir wissen beide, daß wir uns nicht guttun, daß wir uns trennen müßten. Aber wir schaffen es nicht.« Das sagte er so einfach, so, als bedeutete das gar nichts, als berührte ihn das nicht, als spräche er über zwei fremde Menschen. Und er sagte »wir«, »wir schaffen es nicht«. So, als könnte er über mich bestimmen. Das bohrte sich in mir fest, stachelte meinen Stolz an, weckte schlummernde Energien. Wenigstens einmal wollte ich die Überlegene sein. Wenn er es nicht über sich brachte, den notwendigen Schlußstrich zu ziehen, dann würde ich es tun. Und es war für mein Selbstwertgefühl ungleich besser, wenn ich den aktiven Part übernahm, nicht die Opferrolle spielte.

Zwei, drei Wochen quälte sich unsere Beziehung weiter. Ich erinnere mich an ein Gespräch aus dieser Zeit, in dem ich mich äußerst lieblos, ja fast brutal von ihm zurückgestoßen fühlte. Ich hatte ihn in die Rolle des Therapeuten gedrängt, indem ich ihn mit meinen Ängsten und Befürchtungen überschüttete, und er hatte sich gewehrt, hatte mich heftig zurückgestoßen, mich auf den Boden der Realität zurückgeholt, indem er – wie so oft – unser beider Problem, unsere Sucht, in den Vordergrund rückte und so den Dingen die richtige Gewichtung gab.

»Mein Gott, Christa, was erwartest du von mir? Kapier doch endlich: Wir sind beide süchtig, haben gerade erst das Glas stehengelassen. Ich kann dir nicht helfen, will es auch nicht! Ich will trocken werden. Das ist schwer genug. Geh' in die Gruppe, belaste mich um Himmels willen nicht auch noch mit deinen Problemen! Ich habe mit meinen eigenen genug zu tun.« Ich war tief verletzt, hatte das Gefühl, den Boden unter den Füßen zu verlieren und in einen Abgrund zu stürzen. Tränen strömten über mein Gesicht, als ich mit dem Fahrrad nach Hause fuhr. So tief war ich in meine Verzweiflung eingetaucht, daß ich nicht einmal versuchte, sie zu verbergen, als ein Kollege meines Mannes grüßend vorüberging.

Mein Gesundheitszustand wurde bedenklich, und in der Gruppe hörte ich immer wieder die Mahnung, daß ich in all dem emotionalen Durcheinander nicht das Wesentliche aus den Augen verlieren solle. Das tat ich nicht. Ich war mir meiner Gefährdung durchgehend bewußt. Das Faß war am Überlaufen. Mein Körper streikte, und meine Ängste signalisierten Sturm.

Eines Abends war es dann so weit. Während ich ihn in seiner Gruppe wußte, schrieb ich ein paar freundliche Zeilen, in denen ich ihm meinen Entschluß mitteilte. Den Brief steckte ich in seinen Briefkasten.

Einige Wochen lang mied ich die Gruppen, in die er ging, und er war vernünftig genug, sich an meine Bitte zu halten, sich nicht zu melden. Die Zeit, die nun folgte, war schwer. Ich war allein, fühlte mich verlassen, mußte in Gruppen gehen, in denen ich mir sehr fremd vorkam. Mein Körper revoltierte. Ein Infekt jagte den anderen, was die ohnehin spärliche Nachtruhe zusätzlich beeinträchtigte.

Hinzu kam der unvermeidliche Zerfall der bisher so intakten Clique, so daß ich plötzlich weitgehend auf mich gestellt war. Vorbei war es mit der Euphorie, mit der Illusion von Freundschaft und Zusammengehörigkeit. Vorbei auch mit der Illusion von der Solidarität zwischen Frauen, seit Jens wieder frei verfügbar war für den Rest der Weiblichkeit. Sie, die mich immer wieder vor seinem verführerischen Charme gewarnt hatten, die mich beschworen hatten, die Finger zu lassen von einem Menschen, der mit sich selber so wenig im reinen ist, suchten nun seine Nähe. Das schmerzte zusätzlich, ließ Bitternis aufkommen.

Ich begann zu verstehen, warum die sogenannten »Staubtrockenen« damals vor allzu intensiven Kontakten außerhalb der Gruppensitzungen gewarnt hatten. Ich hatte die Arbeit in der Gruppe mit freundschaftlichen Gesprächen verwechselt und die Gruppenmitglieder zu persönlichen Freunden umfunktioniert. Nun, da die Freunde und die Gespräche mit ihnen der Vergangenheit angehörten, hatte die Gruppe für mich an Autorität und auch emotionaler Qualität verloren. Ich fühlte mich leer, enttäuscht und gedemütigt und hatte das Gefühl, daß ich ganz von vorne anfangen mußte.

Damit hatte ich nicht ganz unrecht, denn erst jetzt, nachdem ich mich von allem Ballast befreit hatte, begann die eigentliche Trockenheit. Es war ein knochenharter Anfang, und vor mir lag eine zermürbende Durststrecke. Die Zukunft zeigte sich mir in dunkelsten Tönen. Damals ging ich wieder jeden Abend in die Gruppe.

Dann kam mein Geburtstag, ein Tag, den ich sonst immer gern gefeiert hatte. Doch diesmal war mir nicht nach Feiern zumute, schon allein deshalb, weil die Erinnerung an die feucht-fröhlichen Feste der Vergangenheit noch zu bedrohlich in die Gegenwart hineinreichte. Statt dessen lag ich im Bett, brütete mal wieder einen fieberhaften Infekt aus und wartete auf die Anrufe der Freunde. Doch das Telefon schwieg, die Verbindung zu ihnen war abgeschnitten, und von meinem Geburtstag wußten sie nichts. So einsam wie an diesem Tag habe ich mich selten gefühlt. Da halfen auch Michaels und Janas freundliche Worte und Gesten nicht. Mein abweisender Gesichtsausdruck stieß sie zurück, und ihr resignierter Rückzug ließ mich verzweifelt in meinem Zimmer zurück.

Das Fieber tat das seinige, um meine körperliche und seelische Verfassung auf den Tiefpunkt zu drücken. Ohrensausen, Kopfdruck und Gleichgewichtsstörungen leiteten über zu so heftigen Ohrenschmerzen, daß Michael mich zur Notaufnahme ins Krankenhaus fuhr. Mittelohrentzündung lautete die Diagnose, und eine Schmerztablette war das erste, was der Arzt mir voller Mitgefühl anbot. Doch ich blieb standhaft. Nein, Schmerztabletten könne ich nicht nehmen, ich sei tablettenabhängig. Ob es irgendeine andere Möglichkeit gebe. »Na, wenn Sie den Fakir spielen wollen, können Sie das gerne tun«, meinte der Arzt gereizt, fast ein wenig beleidigt, »etwas anderes habe ich gegen Schmerzen nicht zu bieten.« Die Rückfahrt im Auto war eine Tortur. Jede kleinste Erschütterung verursachte höllische Schmerzen. Ein Schmerzzäpfchen für Kinder gestattete ich mir dann schließlich in meiner Not, und langsam kam ich zur Ruhe.

Doch sobald es mir ein wenig besser ging, tat ich alles, um meiner leidvollen Passivität zu entfliehen. In der noch relativ unbeschwerten Zeit des Frühherbstes war ich mit den Freunden der Clique des öfteren zum Eislaufen gewesen. Für mich war dieser Sport neu, und da er mir Spaß machte, hatte ich mir Schlittschuhstiefel gekauft. Nun kamen sie wieder zu ihrem Recht, und sobald ich ein paar Meter auf der spiegelnden Fläche gelaufen war, fielen die zwanghaft grüblerischen Gedanken von mir ab, fühlte ich mich frei, stark und ungebunden, und ich lief, als ginge es um mein Leben. Ich schrie all meine Wut und Aggressivität Jens gegenüber heraus, schrie so laut ich konnte, als wollte ich die schwungvolle Musik des Lautsprechers übertönen. Runde um Runde steigerte ich mich in eine verzweifelte Euphorie hinein, die mich trug, solange ich das gleißende Eis unter meinen Füßen und den kalten, frischen Wind in meinem erhitzten Gesicht spürte. Doch um so erbarmungsloser überfiel mich dann anschließend zu Hause das lähmende Gefühl der Einsamkeit und der Verzagtheit angesichts des schier unüberwindlichen Berges, den ich vor mir liegen sah.

Im nachhinein weiß ich, daß diese »Nachtmeerfahrt«

notwendig war, um offen und vorbereitet zu sein für das, was als nächstes anstand, so wie die Auseinandersetzung mit meinen Eltern die notwendige Voraussetzung für meine Trennung von Jens war. Beide Male mußte ich Abschied nehmen, verzichten aus eigenem Antrieb, um meinen Weg ungestört und unverfälscht von äußeren Einflüssen fortsetzen zu können. Ohne die größeren Zusammenhänge zu sehen oder gar zu verstehen, hatte ich weitgehend intuitiv immer das getan, was in der jeweiligen Situation nötig war. Eines ergab sich folgerichtig aus dem anderen, der zweite Schritt war ohne den ersten nicht denkbar, so als gäbe es da einen unsichtbaren roten Faden. Und immer ging es um mein Selbstwertgefühl. Beide Male verzichtete ich auf Zuwendung und Liebe von außen und gewann – langfristig – ein Mehr an Gefühl für mich selbst.

Auszug und Neubeginn

Meine Wohnungssuche war bisher erfolglos geblieben. Das zermürbte mich. Auch die Versuche, meine finanzielle Lage zu klären, hatten zu keinem definitiven Ergebnis geführt, da ich mich mit meinem Mann nicht einigen konnte, welche Summe wir für unser gemeinsames Haus, in dem Michael wohnen bleiben wollte, veranschlagen sollten. Und da ich mich in dieser Angelegenheit sehr inkompetent fühlte, drängte ich nicht auf abschließende Klärung. Blieb also ein ständiger Unsicherheitsfaktor, der im Untergrund rumorte. Das einzige, was ich wirklich wußte, war, daß meine Miete deutlich niedriger sein mußte als die, die ich damals zu zahlen bereit gewesen war.

Weihnachten nahte. Mir graute davor. Um die Situation zu entschärfen und uns an einem so emotionsgeladenen

Tag nicht allzu nahe zu kommen, hatten wir vereinbart, daß Jana und ich am frühen Abend mit Maria und ihrem Sohn Lars feiern würden, so daß anschließend noch Zeit für ein paar gemeinsame Stunden mit einigen wenigen Freunden und Verwandten in unserem Haus blieb. Hoffentlich würde es gutgehen.

Wir schafften es irgendwie, Heiligabend einigermaßen friedvoll hinter uns zu bringen. Aber die Atmosphäre in den Weihnachtsferien war spannungsgeladen. Hin und wieder knisterte es bedrohlich. Meist ging es um finanzielle Fragen, ein Thema, mit dem wir beide ausgesprochen ungekonnt umgingen. Sylvester kam ich ein wenig zur Ruhe, da mein Mann für drei Tage verreist war. Doch um so bedrückender erlebte ich die Tage nach seiner Rückkehr. Es fiel mir zunehmend schwer, dieses ungeklärte, lieblose Nebeneinander zu ertragen. Plötzlich kam mir alles so aussichtslos, so absolut hoffnungslos vor.

In dieser Situation, in der ich der Verzweiflung nahe war, kam mir der rettende Einfall: Meine Schwester Alexandra hatte in ihrem Haus eine freistehende Wohnung, die sie nur dann benutzte, wenn sie sich in Berlin aufhielt. Wie eine Ertrinkende griff ich nach diesem Strohhalm, wählte ihre Telefonnummer, und in wenigen Minuten war die Angelegenheit geklärt. Meine Erleichterung war grenzenlos. Jana und ich würden also eine Bleibe haben, jedenfalls für die allernächste Zeit. Alles weitere würde sich finden.

Es war der siebente Januar 1982. Ich schrieb einen kurzen erklärenden Brief an Michael, der noch nicht zu Hause war, und wir packten das Nötigste in mein Auto. Von Zukunftshoffnungen beflügelt starteten wir in unsere neue, provisorische Heimat. Das heißt, eigentlich war sie nicht neu. In der anderen Haushälfte hatte Jana die wichtigsten Jahre ihrer Kindheit verbracht, und sie begrüßte die Rückkehr in die altvertraute Umgebung, in der sie sich wohlgefühlt hatte, viel wohler als in dem großen Haus, das wir jetzt verließen und in dem sie nie hatte heimisch werden können. Meine Erinnerungen waren weniger positiv, zu sehr waren sie mit meiner Sucht verquickt. Hier hatte ich meine ersten beiden Selbstmordversuche unternommen. In diesem Haus hatte meine eigentliche Suchtkarriere begonnen. Doch die Freude über die gerade erst gewonnene Unabhängigkeit überwog bei weitem, und so erlebte ich die ersten zwei Wochen in unserem neuen Domizil wie eine innere Befreiung, den Anfang eines fremden, unbekannten Lebens, auf das ich neugierig war.

Wir richteten uns zwischen den Möbeln meiner Schwester Alexandra in den anderthalb Zimmern so gut ein, wie es eben ging. Die kleine Küche, in der man sehr gemütlich sitzen konnte, diente als gemeinsamer Aufenthaltsraum. Ich erlebte diese winzige Idylle wie eine Oase inmitten meines ungeordneten, aus den Fugen geratenen Lebens, und ich genoß die Ruhe und den Blick in den vertrauten Garten mit seinem Nußbaum, der in den Jahren breiter und ausladender geworden war.

Und wir waren nicht ganz allein. In der Wohnung unter uns zu ebener Erde wohnte Maria mit ihrem damals vierjährigen Sohn Lars. Mit ihr verstand ich mich sehr gut, sie half, wo sie konnte, ohne sich aufzudrängen, mit ihr konnte ich reden, wenn ich das Bedürfnis hatte, und durch ihre Gastlichkeit war für uns beide eine Ersatzfamilie gegeben, was vor allem für Jana wichtig war, die zu lange unter den Spannungen zwischen ihren Eltern gelitten hatte.

Ich weiß nicht recht, warum mir diese provisorische Lösung meines Problems erst so spät eingefallen ist. Auffallend genug ist es schon, denn die Wohnung stand bereits einige Monate leer. Vielleicht mied ich meine Familie damals instinktiv, von der ich mich ja ein Stück weit entfernt hatte. Vielleicht aber fiel mir der Weg in die Unabhängigkeit doch schwerer, war die Angst vor der Eigenverantwortlichkeit, der endgültigen Trennung doch größer, als ich wahrhaben wollte. Immerhin hatte ich einiges zu verlieren, würde ich in Zukunft auf vieles, was mir einmal lieb und wert gewesen war, verzichten müssen: die Sicherheit und zumindest äußerliche Geborgenheit in einer gutbürgerlichen Ehe, die ja durchaus ihre positiven Seiten gehabt hatte, eine weitläufige Familie mit Menschen, die – jeder einzelne – auf so unterschiedliche Art liebenswert, interessant oder zumindest erwähnenswert waren, ein Freundeskreis, an dessen Zustandekommen ich nicht unwesentlich beteiligt gewesen war, ein schönes, altes Haus, auf dessen Kauf ich so gedrängt hatte, weil ich es in seiner Großzügigkeit besonders reizvoll fand und – nicht zuletzt – eine gesellschaftliche Stellung als Ehefrau eines zunehmend angesehenen Mannes.

Handeln konnte ich offenkundig erst in dem Moment, als der Leidensdruck überhand zu nehmen drohte. Erst dann kam mir die überfällige und eigentlich naheliegende Idee. Einmal mehr zeigte sich, daß bei mir Verzicht und damit auch Neubeginn und Weiterentwicklung ohne Leidensdruck nicht denkbar sind.

Doch die Idylle währte nicht lange. Nach zwei Wochen meldete meine Schwester Alexandra Eigenbedarf an. Sie wolle demnächst für einige Wochen nach Berlin kommen. Tief beunruhigt erzählte ich Maria davon, die mir sofort ihre zwei zur Zeit kaum genutzten Souterrainzimmer anbot. Sie waren dunkel und immer ein wenig feucht, aber als Notbehelf gut genug.

Eine Woche später zogen wir mit unseren paar. Habseligkeiten zwei Treppen tiefer und richteten uns zwischen ausgedienten Spielsachen, Kinderbüchern, einer Legobahn, Waschmaschine und Wäschestapeln notdürftig ein. Es war wirklich ein Abstieg im wahrsten Sinne des Wortes, und trotzdem war ich dankbar, zumal wir tagsüber Küche und Wohnzimmer mitbenutzen durften und Maria es uns nie hat spüren lassen, daß wir störten.

Eine schlimme Zeit begann. Wieder ging ich jeden Abend in die Gruppe, der einzige Ort, wo ich für kurze

Zeit ein wenig Erleichterung fand. Allein das Reden und die Aufmerksamkeit der Gruppenfreunde taten gut. Ich erzählte von meiner Verzagtheit und Hoffnungslosigkeit angesichts der erfolglosen Wohnungssuche, von meiner Sorge um Jana, von meinen Einsamkeitsgefühlen und nächtlichen Ängsten.

In meinem Kopf kreisten die Gedanken und ließen mich keinen Schlaf finden. Wenn es gar zu schlimm wurde, lief ich nachts durch die Straßen, um dem Karussell meiner Grübeleien zu entfliehen.

An eine dieser nächtlichen Wanderungen erinnere ich mich besonders deutlich. Ich hatte gerade meine Runde gedreht und steuerte auf unser Haus zu, als ein Taxi auf der gegenüberliegenden Seite hielt. Eine Frauenstimme war zu hören. Verstehen konnte ich kaum etwas, da ihr die Worte nur schwer und undeutlich lallend über die Lippen kamen. Dann öffnete sich der hintere Wagenschlag, und eine massige Gestalt zwängte sich mühsam ächzend aus dem Taxi, wankte über den Bürgersteig auf den Hauseingang zu, stolperte die Treppe hoch und landete auf allen vieren. Wie sie es schaffte, den Schlüssel ins Schlüsselloch zu stecken, bleibt ein Rätsel.

Diese gespenstische Szene hatte etwas Absurdes, auch Lächerliches an sich, und ich hätte der nächtlichen Erscheinung sicher nicht ein solches Gewicht beigemessen, wäre meine Situation eine andere gewesen. So aber erlebte ich sie wie eine Vision, eine bildhafte Vorwegnahme meines eigenen Abstiegs. Und ich fühlte mich erneut bestätigt auf meinem dornenreichen Weg in die Trockenheit.

Damals machte ich noch einmal einen Versuch, in eine Gruppe zu gehen, in die auch Jens ging. Es handelte sich um eine sogenannte Intensivgruppe, in der psychische und zwischenmenschliche Probleme im Vordergrund standen. In meiner damaligen Situation war dieser Schritt ziemlich riskant, da wir uns erst vor gut zwei Monaten getrennt hatten. Doch meine bisherigen Erfahrungen schienen mir recht zu geben. Ich war Jens inzwischen des öfteren in der Gruppe begegnet und war mir ziemlich sicher, daß ich damit nun recht gut umgehen konnte. Das warme, erregende Gefühl, das ich bei seinem Anblick meist immer noch verspürte, hielt ich für die gefahrlosen Überreste meiner einstigen Verliebtheit, für freundschaftliche Empfindungen, gegen die ja nichts einzuwenden war. Und die Kopfschmerzen und Schlafstörungen, die mich nach einer solchen Begegnung häufig überfielen, schob ich auf meine diversen Infekte oder die insgesamt angespannte Situation.

Doch diesmal sollte es anders kommen. Schon bei der Begrüßung traf mich sein intensiver, vernichtender Blick. Dies war seine Gruppe. Die hatte er sich ausgesucht, um ungestört über seine Beziehungsprobleme reden zu können. Ich hätte es wissen sollen, wußte es auch ganz tief in mir, doch der Wunsch, ihm nah zu sein, vielleicht auch, ihn zu irritieren, aus der Ruhe zu bringen, war stärker als meine Einsicht. Und so mußte ich die Folgen tragen, mußte das emotionale Gewitter über mich ergehen lassen, das nun über mich hereinbrach, als er sich zu Wort meldete:

»Diese Frau verfolgt mich, läßt mich nicht los. Ich kann ihr Gesicht nicht mehr sehen, ich kann sie nicht mehr hören. Alles an ihr stört mich. Ich hasse sie. Warum kann sie mich nicht in Ruhe lassen? Ich könnte ihr mit der Axt den Kopf zerspalten!«

Seine Worte hämmerten auf mich ein, sanken schwer und tief in mich hinein und blieben dort liegen wie eiserne Anker, die sich in meinem Innersten festgebohrt hatten. Doch mein Gesicht lächelte, und mein Herz triumphierte. So wütete nur jemand, der entweder tief verletzt war oder der seiner Gefühle für einen anderen Menschen nicht Herr werden kann und sie deswegen verleugnen muß. Ich schwieg dazu. Die Gruppenfreunde sagten, was zu sagen war.

In dieser Nacht überkam mich eine starke Migräne. Ruhelos lief ich durchs Zimmer. Nun war der Traum mit Jens endgültig zu Ende geträumt. Ich sehnte mich nach Ruhe, nach Vergessen. Doch eine heftige Erregung raubte mir den Schlaf. Wie gut täte mir jetzt eine einzige Tablette! Ich brauchte nur zuzugreifen. Dort oben im Badezimmer stand ein vertrautes schmales Döschen. Es gehörte Maria. Auch sie kam nicht ohne aus, machte immer wieder mal Gebrauch davon, doch offenbar konnte sie damit umgehen, war nicht süchtig geworden. Hätte ich ihr nicht sagen müssen, daß sie die Tabletten wegschließen sollte? Hatte ich mich nicht überschätzt, als ich entschied, daß eine solche Vorsichtsmaßnahme nicht nötig sei? War ich wirklich gefeit gegen diese Versuchung? Sie dauerte nur einen kurzen Moment, bedrängte mich nicht wirklich, und ich war dankbar für diese innere Festigkeit.

Als ich morgens aufstand, wußte ich, daß ich mich von Jens so lange fernhalten würde, bis ich ihm ohne Herzklopfen begegnen könnte. Wieder einmal hatte ich meine wahren Gefühle verleugnet und so der Migräne das Feld überlassen.

Wie gut, daß ich all das nicht ahnte, als ich Hals über Kopf unser weitläufiges Haus verließ, um mich hier einzuquartieren. Nun steckte ich mittendrin. An ein Zurück war nicht zu denken, ich hatte die Grenze endgültig überschritten. Also blieb nur der Weg nach vorn. So verzagt, so körperlich und seelisch am Ende wie in diesen zwei Monaten Anfang 1982, so einsam, so gefährdet war ich davor und danach nie.

Eines Tages geschah dann das Wunder. Ich hatte eine Wohnung in Aussicht. Maria hatte durch Zufall erfahren, daß sie demnächst frei werden würde. Noch war sie nicht vergeben. Ich hatte also eine Chance. Kaum zu glauben! Zumal sie wie maßgeschneidert schien für uns zwei. Dreieinhalb kleine Mansardenzimmer in idealer Wohnlage.

Und preiswert war sie auch noch. Mein Herz flatterte. Wo würde der Haken sein?

Das wurde mir schnell klar, als ich die Wohnung das erste Mal besichtigte. Der Vormieter war sich seiner Trophäe durchaus bewußt und pokerte. Er hätte mehrere Interessenten, die auch bereit seien, eine Ablöse zu zahlen. Wieviel ich denn zu bieten hätte. Ich schaute mich um. Die Zimmer waren schon halb leer, und das, was noch drinstand, war mehr oder weniger Sperrmüll.

Es war überdeutlich, was für ein schmutziges Geschäft dieser Mann betrieb, wie er meine Situation ausnutzte. Doch ich war unfähig, einen vernünftigen Gedanken zu fassen. Ich wollte nur diese Wohnung, wollte meine Ruhe haben, raus aus dem Streß. Und da ich für derlei Händel auch unter normalen Bedingungen gänzlich ungeeignet bin, nannte ich eine beträchtliche Summe, in der Hoffnung, die Angelegenheit damit sofort regeln zu können. Doch er ließ mich noch eine Woche zappeln, bis ich dann endgültig die Zusage erhielt.

Dann ging alles sehr schnell. Bis zum Tag des Umzugs war noch viel zu tun, und ohne die zuverlässige Hilfe von Gruppenfreund Klaus hätte ich das alles nicht so gut bewältigt. Er übernahm die Malerarbeiten, beriet mich in allen organisatorischen Fragen, dübelte, reparierte und half dann beim Umzug. Ich befand mich in ständiger Sorge, ob auch alles termingerecht fertig würde, und Klaus hatte alle Hände voll zu tun, mich zu beruhigen, mir väterlich-freundschaftlichen Rat zu erteilen.

Am Tag vor dem Umzug wurde es noch einmal kritisch, denn bis zum Schluß war unklar, ob die Teppichverleger ihre Arbeit schaffen würden. Spät abends waren sie dann doch fertig, und ich verbrachte meine erste Nacht in der neuen Wohnung. Das war zwar keine reine Freude, da die Lösungsdämpfe des Klebers mir scheußlich in die Nase stiegen, aber das focht mich nicht an: Ich war in meiner Wohnung, und am nächsten Tag würden wir hier endgültig einziehen! Der Umzug selber war dann ein Kinderspiel: Ich hatte mich mit meinem Mann problemlos geeinigt, wie der gemeinsame Haushalt aufgeteilt werden sollte, denn schon aus Platzgründen mußte ich viele Stücke zurücklassen.

Am zweiten Morgen erwachte ich schon sehr früh. Es war ein Sonntag. Die Sonne war gerade aufgegangen und tauchte die Küche in ein zartes Licht. Ich saß auf einer Umzugskiste, trank meinen Morgenkaffee und lauschte den Vögeln, die als einzige die sonntägliche Stille durchbrachen. Jana schlief noch. Wie würde sie in unserer neuen Umgebung zurechtkommen? Würde sie nun langsam Ruhe finden? Das Auf und Ab, die Ungewißheiten der vergangenen Monate waren auch an ihr nicht spurlos vorübergegangen. Doch die Zuversicht, die mich in dieser frühen Morgenstunde trug, zerstreute jeden Zweifel und kleinmütige Gedanken. In mir war Ruhe, endlich, nach so langer Zeit! Ich hatte es geschafft, und ich war trocken. Meine Schmerzen, meine Krankheiten, all das zählte in diesem Augenblick nicht. Das würde vergehen. Bleiben würde die Kraft, die mich aufgerichtet hatte, als ich fast am Boden lag. Dafür war ich dankbar. Ich war so erfüllt davon, daß ich den Wunsch verspürte, mich mitzuteilen. Ich würde in die Vormittagsgruppe gehen, und zwar zu Fuß, um diesen schönen Frühlingsmorgen so recht in mich aufnehmen zu können.

Ein neuer Lebensabschnitt begann. Ich zelebrierte ihn. Stundenlang konnte ich in der einen oder anderen Ecke meiner neuen Wohnung sitzen und die Welt aus diesen vielen fremden, ungewohnten Perspektiven auf mich wirken lassen. Oder ich schaute aus einem der Fenster auf die Baumkronen, die sich vor und unter mir ausbreiteten in zartem Grün oder später im gebrochenen Weiß der Kirschblüten. Und ich entdeckte die nähere Umgebung in endlosen einsamen Spaziergängen.

Langsam kam ich zur Ruhe. Blieben die Infekte, die mich auch jetzt immer wieder schwächten. Doch inzwischen war ich aktiv geworden, hatte den Arzt gewechselt, und der hatte gleich beim ersten Mal den Krankheitsherd ausfindig gemacht, die über Jahre hinweg chronisch entzündeten Nasennebenhöhlen. Nachdem die konventionellen Behandlungsmethoden erfolglos waren, wurde ein Termin für die Operation festgesetzt.

Eines Tages Anfang Mai kam ich unters Messer. Und an diesem Tag begann eine Beziehung, die zur wichtigsten in meinem bisherigen Leben wurde. Ich kannte Jonas – so will ich ihn nennen – bisher nur flüchtig vom Sehen. Vom Hörensagen wußte ich, daß er schon eine Weile trocken und im Verein so eine Art »graue Eminenz« war. Wenn sein Name erwähnt wurde – und das kam oft vor –, schwang meist so etwas wie Respekt und manchmal sogar eine gewisse Scheu mit. Doch daneben gab es auch vereinzelte andere Stimmen, aus denen vorsichtige Skepsis klang, vage Vorbehalte, die in der Nähe von Gerüchten angesiedelt schienen. In jedem Fall war dieser Jonas offenkundig ein Mensch, an dem man nicht achtlos vorübergehen konnte, vor allem dann nicht, wenn er sich einem mit so unverhohlenem Interesse zuwandte wie mir. Das tat er seit einigen Wochen.

Ich ging gerne darauf ein. Es tat so gut, wieder einmal zu flirten. Ich fühlte mich geschmeichelt, ohne seinen Bemühungen jedoch allzu viel Bedeutung beizumessen. Als ich im Kreis der Gruppenfreunde von meiner bevorstehenden Operation erzählte, fragte er mich eher beiläufig, wann und in welchem Krankenhaus ich operiert würde. Am Nachmittag des Operationstages – ich war gerade aus der Narkose erwacht und noch recht benommen und muß mit meinem zerschundenen, angeschwollenen Gesicht ein Bild des Jammers abgegeben haben – stand er an meinem Bett.

So fing es an. Ich war wie hypnotisiert. Mit so viel Energie und Zielstrebigkeit hatte mich noch keiner umworben. Das machte mich skeptisch, befremdete mich und reizte auch zum Widerspruch. So einfach wollte ich ihm seine Eroberung nicht machen. Doch offenkundig meinte er es ernst, das spürte ich, und gegen eine neue Beziehung hatte ich nichts einzuwenden. Zwar fühlte ich mich immer noch zu Jens hingezogen, doch vielleicht würde ich ihn auf diese Weise schneller vergessen können. Also ließ ich mich darauf ein.

Für kurze Zeit kamen dann doch ernsthafte Bedenken auf, als ich – gerade aus dem Krankenhaus entlassen – starke Kopfschmerzen bekam. Was das wohl zu bedeuten hatte? War es gar eine Reaktion auf die frisch begonnene Beziehung? Wenn das so wäre, dann würde ich meinen Entschluß überdenken müssen. Ich würde – wie schon einmal – auf einen Menschen verzichten müssen, auf den ich mit körperlichen Symptomen reagierte. Wut, Verzweiflung packten mich. Ich weinte, schrie meine Gefühle heraus, bis ich erschöpft war. Ja, ich würde es tun. Ich würde ihn loslassen. Jetzt am Anfang war es noch einfacher. Noch einmal wollte ich nicht so leiden wie damals, als ich mich von Jens trennte, um meine Trockenheit nicht zu gefährden.

Ich rief Jonas an, erzählte ihm von meinen Kopfschmerzen, auch von meinen quälenden Gedanken, meinen Zweifeln, und dann überließ ich mich seinen wohltuend beruhigenden Worten, seiner Stimme, die sanft und sicher zugleich war: Ich solle meinen Blutdruck einmal messen lassen. Wahrscheinlich seien die Schmerzen eine ganz normale Reaktion des Körpers auf die Tatsache, daß ich die Blutdrucktabletten einfach von heute auf morgen abgesetzt hatte. Ich solle sie unbedingt wieder regelmäßig nehmen.

Voller Hoffnung lief ich zur nächsten Apotheke. Ich werde das irritierte Gesicht der Apothekerin nicht vergessen, als ich meine Erleichterung über die gemessenen Werte zum Ausdruck brachte. Sicher war ihr noch nie jemand begegnet, der so glücklich über einen so hohen Blutdruck war wie ich. – Diesmal brauchte ich also nicht zu verzichten, die Kopfschmerzen hatten nichts mit Jonas zu tun.

Das erste Jahr meiner Trockenheit war vorüber. Ich hatte nun den Grundstein gelegt. Das zweite Jahr begann mit einer vorsichtigen Hoffnung, die ich dankbar annahm, und ich war bereit, alles zu tun, daß aus ihr etwas Neues erwachsen würde.

Die Jahre der Konsolidierung

Jonas

Jonas war nicht der Mensch, den man schnell kennenlernen konnte. Ich brauchte lange Zeit, bis ich ein ungefähres Bild von ihm hatte, und auch das erwies sich Jahre später teilweise als eine Illusion. Schon sein Beruf – er ist Apotheker – erschien mir irgendwie irritierend, denn er paßte so gar nicht in die Vorstellung, die ich von diesem Berufsstand hatte und die eher in die Richtung eines knöchern-korrekten bis kleinkarierten Beamten tendierte. Doch davon hatte Jonas weiß Gott nichts, wie überhaupt kaum etwas an ihm sich in irgendeine meiner Denk- und Fühlgewohnheiten einfügen ließ.

So etwa hatte er sich schon in seiner Studentenzeit dem allgemein herrschenden Diktat der Jeans-Mode entzogen, da ihm jede Form von – geistiger oder körperlicher – Uniformiertheit zutiefst zuwider war. Auch widersetzte er sich konsequent dem Trend zum langen Haar, und ich litt jedesmal sehr, wenn er sich seine mit nur wenig grauen Strähnen durchsetzten blonden Locken so radikal schneiden ließ, daß nur noch kurze Stoppeln übrigblieben. Sommers wie winters trug er sein Hemd offen, und nur wenn es die Geschäfte erforderten, holte er dann und wann eine seiner längst unmodern gewordenen Krawatten aus dem Schrank.

Ich war neugierig auf diesen Menschen. Vieles an ihm war mir neu, empfand ich brüskierend, nie aber verletzend. Anfangs war es weniger Verliebtheit als vielmehr mein Interesse am Ungewohnten und das intuitive Gespür, ihm zum richtigen Zeitpunkt begegnet zu sein, die mich an dieser Beziehung festhalten ließen.

Auf der einen Seite erlebte ich seine unerschütterliche Ruhe und freundliche Überlegenheit wie Balsam für meine innere Unordnung und Zerrissenheit. Nie geriet er aus der Fassung, nie ließ er sich gehen, nie zeigte er sich ungeduldig, auch wenn ich ihn zum wiederholten Male wegen einer Banalität um Rat fragte. Andererseits blieb er bei aller Nähe irgendwie fern, schwer zu fassen, nicht einzuordnen oder festzulegen. So sehr ich mich auf ihn und seine Worte verlassen konnte – und diese Verläßlichkeit war bestechend –, so wenig ließ sich sein Verhalten vorhersagen.

Es kam zum Beispiel vor, daß er plötzlich aus seiner Heimatstadt anrief: Er hätte Lust gehabt, sich ins Auto zu setzen, morgen würde er wieder zurück sein. Wie es mir denn ginge? Er hätte die Fahrt genossen. Oder er blieb einen ganzen Tag unauffindbar, als ich einmal einen verabredeten Anruf um eine halbe Stunde verschoben hatte. Er sei in der Sauna gewesen, da ich mich offenbar anders entschieden hätte. Keine weiteren Erklärungen, aber auch keine Vorwürfe. Ich würde schon meine Gründe haben, ihn nicht zum ausgemachten Zeitpunkt anzurufen. Und im übrigen, was sind schon ein paar Stunden, was ist ein Tag in einem ganzen Leben? Was kommen soll, kommt ohnehin, auch ohne unser Zutun.

Am meisten überraschte er mich einmal auf einer meiner späteren Urlaubsreisen ins südliche Spanien, auf der er mich aus beruflichen Gründen nicht begleiten konnte. Wir telefonierten täglich. Eines Abends erreichte ich ihn nicht und am nächsten auch nicht. Am übernächsten klopfte er an unsere Ferienwohnung. »Du hast mir gefehlt«, meinte er lapidar, als er mich in seine Arme schloß. Daß er diese strapaziöse Reise im Auto auch aus reiner Abenteuerlust und Freude am Spontanen, Ungeplanten unternommen hatte, war mir klar, denn so weit kannte ich ihn inzwischen. Er konnte nur zwei Tage bleiben. Die Zeit für die Rückreise war knapp bemessen.

Von Anfang an machte er deutlich, daß er sich nicht vereinnahmen lassen würde. Und genauso unmißverständlich gab er mir immer wieder zu verstehen, daß er nicht gedenke, sich in mein Leben einzumischen, mir Entscheidungen abzunehmen oder mich umzumodeln, damit ich seinen Wünschen und Vorstellungen genauer entspräche. Ich war ihm recht, so wie ich war, inklusive Schwächen und Fehler.

Das grenzte an ein Wunder. Da war jemand, der zufrieden mit mir war, der mich sogar offenkundig liebte, und das, obwohl er meine Schwierigkeiten viel früher wahrgenommen hatte als ich selbst. Da war einer, der mich erkannt hatte. Erst sehr viel später verstand ich die tiefere Bedeutung des Bibelwortes »... und er erkannte sie«. Erst wenn ich mein Gegenüber wirklich kenne, wenn ich auch seine Abgründe und Schattenseiten zur Kenntnis genommen habe, erst dann ist Liebe möglich, eine Liebe, die den ganzen, den vollständigen Menschen meint.

Damals war ich natürlich weit davon entfernt, mir solche Gedanken zu machen. Aber ich spürte, daß da jemand war, der es ernst meinte, einer der sich selbst ernst nahm und der auch andere Menschen in ihrer individuellen Ausprägung achtete. Viel mehr erwartete ich nicht, hatte er doch zu Anfang recht drastisch und ungebeten zu verstehen gegeben, daß er keine Versprechungen für die Zukunft geben könne und wolle.

Es war bei jenem Treffen im italienischen Restaurant, das auch heute noch sehr lebendig in mir ist. Alles deutete auf einen stimmungsvollen Ausklang dieses warmen Sommerabends hin, als Jonas unvermutet sagte: »Ich will dir nichts vormachen. Meine Beziehungen haben bisher in der Regel nicht viel länger als ein halbes Jahr gedauert. Dann nämlich sind bei mir erfahrungsgemäß die Gefühle am Abklingen, und wenn die vorüber sind, gibt es für mich keinen Grund, eine Beziehung weiterzuführen. Ich versuche, im Heute zu leben, nur so kann ich mir gegenüber ehrlich bleiben.«

Ich nahm das zur Kenntnis, wenngleich ziemlich überrumpelt von solch entwaffnender Direktheit, doch dann irgendwie auch besänftigt durch die ernüchternde und desillusionierende, aber auch Sicherheit ausstrahlende Feststellung, daß er nur im Heute für seine Gefühle geradestehen könne und wolle. Immerhin. War das nicht eine Garantie dafür, daß ich wenigstens hier und jetzt auf sie bauen, daß ich ihn beim Wort nehmen konnte? Das war doch schon etwas! Das war letztlich mehr, als ich in meinem Leben je bekommen hatte, und auch mehr, als ich selbst zu diesem Zeitpunkt zu geben in der Lage war. Für mehr war ich noch zu labil. Zu gering auch war der zeitliche Abstand zu meiner Beziehung mit Jens, und zu wenig wußte ich über mich und meine kompliziert verworrene und verwirrende Innenwelt.

Jonas war abgeklärter. Er war länger trocken als ich und hatte die Anfangsphase seiner Trockenheit mit ungewöhnlicher Konsequenz absolviert, so wie kaum ein anderer, und auch jetzt war er im Verein allgemein bekannt als jemand, der rigoros einmal als richtig erkannte Prinzipien vertrat und auch nach ihnen lebte. So lernte ich ihn kennen, und er tat auch im Privatleben nichts, um diesen Eindruck zu mildern.

Erstaunlicherweise blieb er dabei durchaus locker und unaufdringlich, hatte nichts Pharisäerhaftes an sich, drängte mir seine Ansichten nie auf. Doch wenn ich ihn fragte, und das tat ich immer häufiger, dann lieferte er oft recht unverdauliche, harte Kost, an der ich kräftig zu schlucken hatte.

Wenn ich mich dann beschwerte, ihn wegen seiner Sturheit beschimpfte, dann lachte er: »Du mußt es ja nicht tun. Du hast mich nach meiner Meinung gefragt.« Irgendwann beklagte ich mich nicht mehr. Ich probierte es einfach aus und stellte fest, daß er meist recht gehabt hatte.

Er machte es mir nicht leicht, ihn kennenzulernen, und ich hätte so gerne gewußt, mit wem ich es zu tun hatte. Doch immer wieder verwirrte und erstaunte er mich mit

Verhaltensweisen, die nicht in mein Konzept paßten, die ich nicht zu erklären wußte, die aus dem Rahmen des Üblichen fielen und mich verunsicherten. Oft irritierte er mich zum Beispiel mit seinem rigorosen Pflichtbewußtsein gegenüber dem Verein oder mit irgendwelchen anderen Verpflichtungen, wenn es darum ging, unsere ohnehin knappe gemeinsame Zeit zu planen. »Wenn ich erst einmal anfange, übernommene Pflichten zu vernachlässigen, dann läßt der Rückfall nicht lange auf sich warten«, sagte er dann, wenn ich mich beschwerte, und vom Kopf her mußte ich ihm recht geben, doch mein Gefühl hinkte hinterher.

Er ließ sich nicht verplanen, auch nicht von mir, und das kränkte mich. Er wollte in keine Schublade passen, wollte wohl auch nicht, daß ich mich emotional allzu sehr festlegte, mich einrichtete in einer Beziehung, deren Ende eine Frage der Zeit sein würde, so sah er das wohl damals, einfach weil er es bisher nicht anders kennengelert hatte und weil die Gefühle – das wußte er aus leidvoller Erfahrung – sich seinem bewußten Einfluß entzogen. Ich verstand und respektierte das, und trotzdem versuchte ich immer wieder, ihn festzunageln, ihm auf die Schliche zu kommen. Ich hätte so gerne mehr Sicherheit gehabt!

Und dann meine Ängste! Zwar traten sie zunehmend seltener auf, seit es weniger konkrete Anlässe gab. Doch es blieben die diffusen Ängste, die mich anfallartig überfielen und für die ich keine Erklärungen hatte. Immer wieder flackerten sie auf, wenn mich irgend etwas in der Beziehung verunsicherte, wenn ich etwas nicht verstand, nicht einordnen konnte. Manchmal auch aus heiterem Himmel. In der Magengegend krampfte sich dann alles zusammen, der Puls raste, die Atmung wurde hastig und oberflächlich, und Hände und Füße wurden feucht und kalt.

Dann blieb mir nur eines: Jonas anzurufen. Er war damals – wie auch später immer wieder – beruflich sehr engagiert, so daß wir uns nicht allzuoft sahen. Aber wir konnten telefonieren, und davon machten wir reichlich Gebrauch. Er war immer für mich da, auch während der Arbeit, nahm sich die Zeit, gab mir das Gefühl, wichtig zu sein, ernst genommen zu werden auch in den banalsten Dingen. Das Telefon wurde für mich zu einer Art Nabelschnur, die auch in Zeiten ärgster Bedrängnis die Garantie bot, daß die Verbindung nie abreißen würde.

Hilfreicher noch war es in solchen Situationen, zu ihm hinzufahren, mit ihm zu sprechen, sein Lachen zu hören. Ich liebte dieses Lachen. Es relativierte jedes Unglück, verzauberte jede Angst in ein lächerliches Hirngespinst, und es steckte an. Nie fühlte ich mich dabei von ihm ausgelacht. Es hatte ganz verschiedene Tönungen, dieses Lachen. Mal war es väterlich-liebevoll, mal lauthals und fast derb, mal ganz sanft, ein Lächeln nur, dem eine feste Umarmung folgte. Immer aber zeigte es die gleiche Wirkung. Ich kam zur Ruhe, entspannte mich, und oft konnte ich mitlachen, mir das Gespenst, das mich so bedroht hatte, bei Licht besehen. Die Worte taten ein übriges, um offene Fragen zu klären, Mißverständnisse aus dem Weg zu räumen oder Denk- und Fühlgewohnheiten zu hinterfragen und so zu verändern.

In den ersten drei, vier Monaten quälten mich Ungewißheiten und Verunsicherungen manchmal sehr, zumal mit wachsender Zuneigung auch die Sorge wuchs, eine erneute Trennung nicht verkraften zu können. So blieb ich bei allem Engagement vorsichtig und zurückhaltend, immer auf dem Sprung, jederzeit unbeschadet aussteigen zu können. Oft, wenn der Druck überhand zu nehmen drohte, Jonas nicht zu erreichen war und ich die Angst einfach aushalten mußte, war ich nahe daran aufzugeben und mich diesen Wechselbädern einfach zu entziehen.

Einmal machte ich es dann wahr, brach den Kontakt ab, machte mich für kurze Zeit unerreichbar, entschied mich gegen ihn. Doch anders als damals mit Jens ahnte ich nun, daß meine Ängste und Schwierigkeiten nichts mit Jonas zu tun hatten, daß er für mich im Gegenteil eine Chance bedeutete, eine Hilfe in der Begegnung mit meinem inneren Chaos. Und so ließ ich mich auch recht schnell von ihm überzeugen, daß mein Rückzug unbedacht und in der Konsequenz nur selbstquälerisch war. Ich habe eine Trennung nie wieder erwogen.

Ferientage

Eine Reise war angesagt. Die erste in meiner Trockenheit. Ein gutes Jahr war inzwischen vergangen, und ich fühlte mich nun stark genug, meine vier Wände hinter mir zu lassen und mich auf Erkundungsfahrt zu begeben. Allein wollte ich fahren und zum ersten Mal auch allein im Auto. Jana würde derweil bei ihrem Vater wohnen.

Zehn Tage wollte ich im Haus von Marias Freunden in der Nähe der Ostsee verbringen. Meine Gefühle waren äußerst ambivalent. Einerseits freute ich mich auf das Erlebnis, auf diese Landschaft, die ich so sehr liebte, die alte Mühle, in der ich wohnen würde, die Fahrradfahrten, das Für-mich-Sein. Andererseits hatte ich auch Angst, vor allem vor der Fahrt allein im Auto und vor den Ungewißheiten, dem Neuen und Unbekannten. Ganz im Geheimen nährte ich die Hoffnung, Jonas würde mich bitten, bei ihm zu bleiben. Doch da kannte ich ihn schlecht. Er riet mir im Gegenteil zu und beneidete mich um meine Ferien, meine Möglichkeiten.

Also blieb es dabei. Es war ein sonniger Morgen, als ich aufbrach. Er begann mit einer Enttäuschung, einer von Jonas' Überraschungen. Bis jetzt hatte er mich täglich morgens angerufen, einfach so. Ich liebte diese morgendlichen kurzen Begrüßungen, die mir die Gewißheit gaben, daß da einer an mich dachte. Sie gehörten inzwischen zum Ritual des Aufstehens. Ich konnte fast die Uhr danach stellen.

Diesmal aber blieb das Telefon stumm, und das heute, am Tag meiner Abreise! Ich kannte ja seine Abneigung gegen jede Art von Gewöhnung. Aber mußte er gerade heute die gewohnte Routine durchbrechen? War das Absicht? Wenn ja, was wollte er mir damit zu verstehen geben? Er mußte doch wissen, wie sehr mich das traf. Meine Stimmung sackte auf den Nullpunkt. Ich griff zum Telefonhörer, wählte seine Nummer, wartete. Endloses Tuten. Er war nicht zu Hause. Oder doch? Verleugnete er sich, um mich aus der Fassung zu bringen? Wollte er vielleicht doch, daß ich bei ihm blieb, ohne das zugeben zu können? Ich kannte ihn noch nicht gut genug, um sein Verhalten richtig einzuschätzen.

Die Knie zitterten, als ich ins Auto stieg. Bald befand ich mich auf der fast leeren Autobahn Richtung Hamburg. Allmählich beruhigte ich mich. Ich genoß die sommerliche Landschaft, die an mir vorbeiflog, das Gefühl von Freiheit und Unabhängigkeit, trat aufs Gaspedal und beschloß, daß ich mir meine Ferien nicht vermiesen lassen würde.

Und es wurden wirklich schöne Ferien. Ich erinnere mich an einzelne Bilder und Erlebnisse, die sich unauslöschlich in mein Gedächtnis eingegraben haben. Ich sehe noch wie heute den reich gedeckten Tisch auf der Terrasse am Abend meiner Ankunft, das wilde Gestrüpp wuchernder Pflanzen, durch die die Sonne mit ihren letzten Strahlen bizarr hüpfende helle Flecken auf die weiße Mauer malt. Und ich höre die lebhaften Klänge irgendeines Musikstücks, das die drei Kinder meiner Gastgeber in die anbrechende Dämmerung hinein erklingen lassen. Sie sind gut aufeinander eingespielt, so daß es eine Freude ist, ihnen zuzuhören. Am nächsten Morgen wird die Familie in die Ferien aufbrechen und mich allein in dem schönen alten Anwesen zurücklassen.

Ein anderes Bild steigt in mir auf. Ich sehe die langsam ansteigende Landstraße, die rechts und links von urwüchsigen, dichtbelaubten Linden gesäumt ist. Glühende Mittagshitze lastet auf den Feldern. Doch hier im Schatten der Bäume läßt sich's aushalten. Schwer trete ich in die Pedale meines Rades. Irgendwann steige ich ab und schiebe. Der Schweiß rinnt in Strömen. Ich bin erschöpft aber glücklich. In mir ist ein Gefühl von Weite und Unbeschwertheit. Jetzt hat die Straße ihren höchsten Punkt erreicht. Gleich werde ich mich meinem Rad, dem kühlen Fahrtwind und dem Asphalt überlassen und in immer schneller werdendem Tempo auf der anderen Seite der Anhöhe hinuntersausen.

Und dann die Rückkehr zur Mühle am Abend. Etwa hundert Kilometer bin ich an diesem Tag mit dem Rad unterwegs gewesen. So richtig ins Blaue hinein bin ich gefahren. Nun sitze ich auf der Holzbank, von der die weiße Farbe abblättert, mitten zwischen Rittersporn, Lilien und Ringelblumen, genieße ihren Duft und die milden Strahlen der Abendsonne auf meiner sonnengebräunten, erhitzten Haut. Vom Rasen steigt schon der feuchtkühle Geruch auf, der die Nacht ankündigt. Plötzlich höre ich hinter mir meinen Namen rufen. Die Stimme klingt vertraut. Ich drehe mich um. Ja, sie ist es wirklich, meine Freundin Ute! Ungläubiges Staunen, Umarmungen, Lachen, sich überstürzende Worte, Fragen. Wir setzen uns. Langsam klärt sich, wie sie den Weg hierher gefunden hat. Wir verbringen einen langen Abend auf der Terrasse. Am nächsten Morgen wird sie weiter in Richtung Dänemark fahren.

Und dann das Schönste: der Abstecher ins Nolde-Museum. Die Fahrt durch das weite, flache Land. Die Ankunft bei Wind und Wetter. Der Farbenreichtum der Bilder, die ich bis dahin meist nur von Postkarten und Kunstbüchern her kenne, einige zarte Aquarelle, die mich in dem kontrastierenden Nebeneinander von durchscheinender Zartheit und leuchtender Kraft besonders berühren. Später dann der Gang durch den üppigen Museumsgarten, dessen Blütenpracht den Bildern an Intensität und Vielfalt um nichts nachsteht. Darüber wölbt sich ein Nolde-Himmel. Tiefdunkle Wolkenmassen schieben sich mächtig vor weiß-graue Fetzen, die der Wind auseinanderzerrt und zu immer neuen flüchtigen Gestalten zusammenfügt. Dazwischen die Andeutung der blauen Himmelsweite.

Diese Reise, so kurz sie war, wirkte lange in mir nach. Zehn Tage war ich ganz für mich allein und hatte die Chance, meine Grenzen kennenzulernen, meine Möglichkeiten auszuloten und Neues über mich zu erfahren. Zum ersten Mal wurde ich mir meiner Stärke bewußt, meiner unbändigen Lebensfreude, einer Kraft, die nicht an andere Menschen gebunden war, die ihre tiefen Wurzeln in mir selber hatte und die es nur zu entfalten galt.

Und ich erlebte die heilenden und anregenden Kräfte der Natur. Nie zuvor war mir deren beruhigende und zugleich schöpferische Wirkung so eindringlich vor Augen geführt worden. In ihrem Umkreis verloren Ängste ihre Bedrohlichkeit, verflüchtigten sich Zukunftssorgen und innere Spannungen.

Nur ahnungsweise teilte sich mir das alles mit. Noch war ich nicht stabil, nicht reif genug, um im Verein mit den Kräften der Natur, und das heißt immer auch den Kräften des Unbewußten, auf meine eigene Stärke zu bauen. Noch brauchte ich das Telefon als Nabelschnur, um mit geborgten Kräften eigene Defizite auszugleichen. Doch dieses Erlebnis blieb lebendig und wirkte nach.

Unter Kolleginnen

Kaum zu Hause, meldete sich massiv und drängend ein alter Konflikt. Nun ließ sich seine Lösung nicht mehr aufschieben. Es gab auch keinen Grund mehr dazu, denn ich fühlte mich gesundheitlich und psychisch kräftig genug, die lange hinausgezögerte Auseinandersetzung mit meiner Kollegin zu wagen. Inzwischen waren die Probleme offenkundig geworden, so daß ich als Klassenlehrerin gefordert war, Entscheidungen zu treffen. Es hatte eine ganze Weile gedauert, bis ich verstehen konnte, was die tiefere Ursache für die Schwierigkeiten war, die sich zwischen uns aufbauten.

Meine Kollegin ist ein Mensch mit viel Phantasie und – im pädagogischen Bereich – hohen Ansprüchen. Das war auch mit ein Grund, weswegen ich mich gern zur Zusammenarbeit mit ihr bereitgefunden hatte, und daran hatte sich im Laufe des Schuljahres auch nichts geändert.

Doch geschah es immer häufiger, daß sie ihre Ansprüche nicht konsequent einzulösen vermochte, so daß viele interessante Vorhaben mit den Kindern im Anfangsstadium steckenblieben. Das war kein böser Wille. Die Vorbereitungen waren meist gut durchdacht. Oft wurde sie einfach krank oder fehlte aus anderen Gründen, und mir blieb die undankbare Aufgabe, das Projekt zu stoppen oder schlecht und recht in eigener Regie fortzuführen, ohne damit ausreichend vertraut zu sein.

Ich fühlte mich in die Rolle einer treusorgenden Mutter gedrängt, von der erwartet wird, daß sie ihrem phantasiebegabten Kind die Chance gibt, sich in jeder Art schöpferischen Tuns zu erproben und anschließend, wenn das Kind keine Lust mehr hat, die Bauklötze oder womit immer es gespielt hat, aufzuräumen. Sie lebte das aus, was ich mir nicht mehr leisten konnte und mir deshalb verbot: die Rolle des nicht eben verantwortungsbewußten Kindes. Zugleich versuchte sie auch, die positiven Aspekte am Kind-Sein auszuleben, die Kreativität, was ihr durchaus immer wieder gelang. Und eben darum beneidete ich sie, die meine Skrupel nicht teilte und außer acht ließ, daß sie inzwischen erwachsen war und daß zu ihren Pflichten auch die Verantwortlichkeit gehörte. Diesen Teil hatte sie mir zugedacht, und ich hatte ihn mir zuschieben lassen in der Annahme, ich würde den Erwartungen schon gerecht werden, da ich mich ohnehin darum bemühte, mehr Verantwortlichkeit an den Tag zu legen. Doch damit hatte ich mich überschätzt.

Wieder war es Jonas, der mit erstaunlicher Geduld jede neu auftretende Situation mit mir durchsprach, mir klarmachte, daß ich mich entscheiden müsse, was mir wichtiger sei: die Zuneigung meiner Kollegin oder mein innerer Seelenfrieden und eine beruhigte Klassensituation. So einfach war das auf einmal. Ich mußte nur auf die Wertschätzung durch meine Kollegin verzichten, und ich hätte – langfristig gesehen – Ruhe. Beides auf einmal konnte ich nicht haben, so lieb mir das auch gewesen wäre.

Als ich das einmal begriffen hatte, war klar, daß ich mich dieser Zerreißprobe nicht länger aussetzen würde. Ich würde einen klaren Schnitt machen, würde eine Entscheidung treffen, und nach allem, was ich im letzten Jahr gelernt hatte, blieb mir nur das Ja zu meinem inneren Frieden. Die Frage war nur, wie bringe ich es fertig, mich vor ihren spontanen Ideen, die ich inzwischen wie Überraschungsangriffe erlebte, zu schützen? Instinktiv reagierte ich auf jede Bitte, zumal wenn sie gut verpackt war, mit einem Ja. So hatte ich es mein Leben lang getan. Bloß keinem etwas abschlagen, niemandem auf die Füße treten! Bloß keine Konfrontation!

Daß das Aussteigen aus vertrauten und bewährten Verhaltensmustern eine mühsame Arbeit ist, das merkte ich spätestens jetzt. Um es mir etwas leichter zu machen, nahm ich mir vor, immer wenn meine Kollegin in Sichtweite kam, ein Nein im Hinterkopf bereitzuhalten für den Fall, daß wieder einmal eine Bitte von ihr kam. Das war weiß Gott keine elegante Lösung, und ich kam mir dabei oft recht schäbig vor, aber im großen und ganzen tat sie ihre Wirkung. Mehr konnte ich unter den gegebenen Umständen nicht erwarten.

Natürlich geschah es auch, daß ich unbemerkt in altes Verhalten abglitt, meinen Vorsatz vergaß und »ja« sagte, oder aber ich entschied spontan, doch durchaus bewußt, daß ich dies eine Mal eine Ausnahme machen würde.

Schließlich wollte ich ja nicht zur Gefangenen meiner eigenen Vorstellungen werden, wenn ihr Vorschlag mir nun einmal sinnvoll und durchführbar erschien. Dann kam es vor, daß ich am nächsten Tag meine Zusage doch zurücknahm, so peinlich mir das dann auch war. Dazu mußte ich mich regelrecht zwingen, und ich stufte derartige Rückzieher als Lehrgeld ein, eine sehr wirksame Form, denn so teuer wollte ich meine innere Ruhe in Zukunft nicht mehr erkaufen.

Ihr letzter Versuch, mich für ein gemeinsames Vorhaben zu gewinnen, war der Vorschlag, ein Aquarium in die Klasse zu stellen. Sie blieb hartnäckig bei der Sache, und so kam es zu einer offenen Aussprache, in deren Verlauf ich dann sehr deutlich wurde. Ich schlug ihr vor, an meiner Stelle die Klassenleiterposition zu übernehmen, dann könne sie all ihre Ideen in eigener Verantwortung verwirklichen. Dieser Vorschlag klärte die Situation von Grund auf, denn dazu war sie nicht bereit.

Von da an ging jeder seine eigenen Wege. Ich hatte erreicht, was ich wollte. Doch der Preis war hoch. Trotz aller Differenzen mochte ich diese Kollegin. Nicht zuletzt gefiel mir ihre erstaunliche Hartnäckigkeit. Im Laufe der Jahre hat sich unser Verhältnis entspannt. Wir kommen wieder gut miteinander aus, und ich war hocherfreut, als sie vor geraumer Zeit gesprächsweise erwähnte, daß sie damals in unserer Auseinandersetzung einiges gelernt habe.

Ich selber möchte diese Erfahrung – so schmerzlich sie oft war – nicht missen. In ihr habe ich das bewirkt, was mir in der Konfrontation mit meinen Eltern ein Jahr zuvor nicht möglich war: Abgrenzung in der Auseinandersetzung mit einem Menschen, ohne dadurch die Beziehung im Kern zu zerstören. Meinen Eltern gegenüber habe ich damals Grenzen gesetzt, mehr war mir nicht möglich. Eine Auseinandersetzung hätte beide Seiten zu diesem Zeitpunkt überfordert und die Abgrenzung womöglich gefährdet. Diesmal habe ich mein Nein zum

Gegenstand des Gesprächs machen können, ohne dabei meine Autonomie aufs Spiel zu setzen, und – womit ich nicht zu rechnen wagte – beide Gesprächspartner haben profitiert.

Schlußstriche

Die wichtigste Auseinandersetzung stand mir noch bevor. Seit einigen Monaten lebte ich jetzt getrennt von meinem Mann. Wir waren relativ friedlich auseinandergegangen, keiner hatte dem anderen etwas vorzuwerfen. Für mich war die Trennung ein Schritt, der eng mit dem Beginn meiner Trockenheit verknüpft war. So war sie auch das nach außen hin sichtbare Zeichen eines Neubeginns, mit dem ich auf meine Art Grenzen setzte.

Ich tat dies heftig und für Außenstehende sicher unerwartet brüskierend, aber ich konnte es damals nicht anders. Ich suchte die Distanz, so wie ich sie mir meinen Eltern gegenüber verschafft hatte. Und ich brauchte sie lebensnotwendig. Denn nur in der Entfernung von der trügerischen Geborgenheit des allzu Vertrauten spürte ich mich selber, nahm ich meine ureigensten Wünsche und Bedürfnisse wahr, lernte ich meine Licht- und Schattenseiten kennen. Indem ich alte Bindungen und Verpflichtungen wie eine verbrauchte Schlangenhaut abstreifte, gewann ich Konturen und Eigenständigkeit.

Instinktiv wußte ich, daß jeder Versuch einer Klärung oder gesprächsweisen Aufarbeitung unserer Beziehung meinen eingeschlagenen Weg gefährden und meine ohnehin begrenzten Energiereserven über Gebühr in Anspruch nehmen würde. Es ging mir nicht um die Rettung einer Beziehung, auch nicht um das Bemühen, sie auf einer anderen, freundschaftlichen Ebene weiterzuführen. Das konnte ich mir zu diesem Zeitpunkt nicht leisten, denn anders als im Konflikt mit meiner Kollegin wog das Gewicht vergangener Gemeinsamkeiten zwischen uns zu schwer, als daß ich diese Last hätte tragen können.

Das spürte ich in jedem Telefonat, das wir aus organisatorischen Gründen führten. Wenn ich ihm zum Beispiel den Gebrauch der Waschmaschine erklärte, die er noch nie bedient hatte, dann stiegen in mir die unterschiedlichsten Gefühle auf: Ärger über seinen mangelnden technischen Sachverstand, Wut darüber, daß er sich früher nie um diese banalen Verrichtungen des Alltags gekümmert hatte, aber auch Mitleid und Schuldgefühle, daß ich es war, die ihn in eine so erniedrigende Lage versetzt hatte. Und sofort fiel ich wieder in meinen zickigen, nörglerischen Tonfall, der unseren Umgangston in den letzten Jahren ausgemacht hatte und den ich so verabscheute. Er war Ausdruck meiner inneren Unzufriedenheit und Richtungslosigkeit.

Auch von der Familie meines Mannes nahm ich Abschied, denn er war nicht losgelöst von ihr zu sehen. Ich wußte, welche emotionale Lücke ich durch meine Trennung in das familiäre Beziehungsgefüge gerissen hatte, zu sehr waren mir seine Mechanismen im jahrelangen Miteinander vertraut geworden. Wie einen Ausbruch mußten sie es erleben und als eine Kränkung allemal, da auch meine Tochter, die sich entschlossen hatte, mit mir zu gehen, sich ein Stück weit entfernte. Und es war mir klar, daß sie nichts unversucht lassen würden, um das verlorene Schäfchen wieder in die Herde einzugemeinden – gäbe ich ihnen die Gelegenheit dazu.

So reagierte ich denn auf jede freundlich ausgestreckte Hand von ihrer Seite mit der gleichen Schroffheit, die ich auch meinem Mann gegenüber an den Tag legte. Als zum Beispiel an meinem Geburtstag meine Schwägerin anrief, um mir zu gratulieren und sich nach meinem Ergehen zu erkundigen, blieb ich so kurz angebunden, daß sich ein solches Telefonat nie wiederholte. Und als ich eines Tages zwei Primeltöpfchen mit einer freundlichen Zeile von anderen Familienmitgliedern vor meiner Wohnungstür vorfand, reagierte ich mit keiner Silbe. Das war nicht nur unfreundlich, sondern auch unhöflich, doch damals war mir jedes Mittel recht.

Mit ähnlicher Konsequenz und Sturheit zog ich Schlußstriche unter manch andere Beziehung. Wie ein Elefant im Porzellanladen wütete ich vor allem da, wo ich die meiste Gefahr witterte. Das waren Freunde oder Bekannte, die ähnliche Abhängigkeits- und Suchttendenzen hatten wie ich und die erwartungsgemäß mit besonderer Penetranz meine Vorsätze zu untergraben suchten.

Schon im ersten Jahr meiner Trockenheit hatte ich derlei Erfahrungen gesammelt. Eines Tages – ich war gut drei Monate trocken – rief eine alte Freundin aus Westdeutschland an, sie käme in den nächsten Tagen nach Berlin, ob sie denn bei mir wohnen könne. Auf die Gespräche mit mir würde sie sich freuen. Gewohnheitsmäßig sagte ich ja. Platz hatten wir ja zur Genüge. Die anschließende Nacht verbrachte ich mit quälenden Grübeleien und zunehmenden Kopfschmerzen, und am nächsten Morgen war mir klar, was ich zu tun hatte: Ich sagte ab, und ich verschwieg die Gründe nicht, versuchte ihr meine derzeitige Lage zu erklären, erzählte von meinen täglichen Gruppenbesuchen, der Angst, das Ziel aus den Augen zu verlieren, mich zu verzetteln in einer Situation, in der ich meine ganze Kraft brauchte, um zu überleben.

Sie bekundete höflich und auffallend reserviert, daß sie dafür Verständnis hätte, und verabschiedete sich. Daß dies nur leere Floskeln waren, hörte ich später von meiner Schwester Maria, bei der sie sich heftig über mich beschwert hatte. Ich habe von dieser Freundin danach nie wieder etwas gehört, verspürte nach dieser Erfahrung auch kein Verlangen, den Kontakt wieder aufzunehmen, da ich wußte, wie sehr auch sie mit der Sucht zu kämpfen hatte, und ich verstand ihre Irritation angesichts meiner Konsequenz nur allzu gut. Sie muß sich sehr einsam gefühlt haben, doch diesen Schmerz konnte ich ihr nicht abnehmen.

Auch von meiner langjährig besten Freundin mußte ich mich trennen. Das heißt, eigentlich war sie es, die sich nach und nach zurückzog, nachdem sie die Anfänge meiner Trockenheit mit großem Interesse und lebhafter Anteilnahme verfolgt hatte. Sie hatte in den ersten Monaten sogar wiederholt den Wunsch geäußert, auch einmal an einer Gruppe teilzunehmen, deren stimulierende und heilsame Wirkung ihr wie ein Wunder erschien, von dem sie auch gerne profitiert hätte. Doch sie war keine Alkoholikerin, sondern eben »nur« neurotisch, und so fehlte ihr der nötige Leidensdruck, der in der Regel den Menschen erst befähigt, sein Unglück wirklich konsequent zu durchleuchten und die dabei fällig werdenden Veränderungen auch vorzunehmen, koste es, was es wolle.

Spätestens während einer gemeinsamen Reise begann sie wohl zu spüren, daß ich nicht mehr die alte war, daß wir nicht mehr die gleiche Sprache sprachen, daß ich die Dinge nun beim Namen nannte, die wir beide so gern vernebelt hatten, daß ich auch unser beider Schwachstellen und Ungereimtheiten, die Verdrängungsmechanismen und Verschleierungstaktiken dabei nicht ausließ, und so zog sie es schließlich vor, den Kontakt zu reduzieren und nach und nach ganz einzustellen.

Das traf mich hart, denn sie war im Lauf der Jahre zu einem wichtigen Bestandteil meines Lebens geworden, und darauf nun vollständig verzichten zu müssen fiel schwer und machte mich traurig. Mit ihr hatte ich in meiner »nassen« Zeit alles Wichtige und Unwichtige, alles, was mich bewegte, besprochen. Sie hatte mich immer wieder von neuem bestärkt in all meinen Entscheidungen, wie auch immer sie ausfielen. Mit ihr verband mich inniges Verständnis und eine Intimität, die ich mit keinem anderen je zuvor geteilt hatte. Wir hatten uns gesucht und gefunden in unserem heillosen Bedürfnis nach illusionärem Menschen-, Selbst- und Weltverständnis.

Das aber wollte – und mußte – ich nun hinter mir lassen. Diese so anheimelnde Gemeinsamkeit gehörte der Vergangenheit an, und meine neuen Denk- und Fühlweisen mußten sie irritieren und provozieren. Später, als ich mich stabiler fühlte, machte ich noch einige Anläufe, die Beziehung wieder aufzunehmen. Vielleicht könnte ich sie ja mit meiner inzwischen moderateren und versöhnlicheren Art erreichen. Doch ihre psychische Konstitution war im Laufe der Zeit deutlich schwächer und anfälliger geworden. Sie wollte – und konnte – sich ein Umdenken nicht leisten, blieb reserviert, und ich respektierte das schließlich.

Die Auseinandersetzung, die ich dann mit meinem Mann führte, hatte nicht unsere Beziehung, sondern unseren gemeinsamen Besitz zum Thema. Es war an der Zeit, die finanzielle Seite zu regeln, das heißt zu klären, wie wir mit unserem Haus verfahren würden. Von Anfang an ließ mein Mann keinen Zweifel daran, daß er es behalten wollte, wogegen ich nichts einzuwenden hatte.

Anfangs ließ sich alles noch ganz harmlos an. Er schlug vor, den mir zustehenden Betrag in monatlichen Raten abzuzahlen. Als wir dies dem Rechtsanwalt vortrugen, stutzte der kurz und vermerkte dann sachlich, er könne das gern tun, müsse mich jedoch darauf aufmerksam machen, daß ich bei dieser Regelung meinem Mann eine große Summe Geldes schenken würde.

Nun wurde ich hellhörig. An die Zinsen, die mir auf diese Weise von der vereinbarten Summe verlorengehen würden, hatte ich nicht gedacht. Das waren für mich böhmische Dörfer. Also machte ich mich sachkundig, und von da an begann ein zermürbender Kleinkrieg zwischen uns, der uns beide viele Nerven kostete und der sich über mehr als ein halbes Jahr hinzog.

Mir lag daran, auch auf finanzieller Ebene eine klare und endgültige Trennung herbeizuführen. Dies war in meinen Augen zwischen uns beiden nur möglich, wenn mein Mann mich auszahlte. Ich nahm mir also einen eigenen Rechtsanwalt. Das erlebte er offenbar wie eine Kriegserklärung, und von nun an ging es hart auf hart.

Jetzt war ich nicht mehr die gefügige Ehefrau, die sich den Wünschen des Mannes unterordnete und die eigenen Interessen hintanstellte. Ich widersetzte mich konsequent, und ich ließ nicht mit mir handeln, weil es nach meiner Sicht der Dinge nichts zu verhandeln gab. Das ging oft über meine Kräfte, denn nun bekam ich seinen Haß und das Unverständnis seiner Familie zu spüren, und auch meine Familie bezog er in die Auseinandersetzung mit ein.

Das Schlimmste aber war, daß ein Teil von mir ihnen recht gab, sich mit ihnen solidarisierte. Da waren alte, vertraute Stimmen in meinem Inneren, die mich beschworen: Gib nach! Es geht ja nur um Geld, deswegen mußt du dich nicht unglücklich machen! Mußt du so hart sein, so kleinlich? Könnt ihr nicht als Freunde auseinandergehen? Im übrigen hast du ihn verlassen. Du kannst jetzt nicht erwarten, daß er wegen deiner Eskapaden auf das Haus verzichtet. Er braucht es. Es ist zum Mittelpunkt seiner Familie geworden und für ihn zum Symbol. Zerstöre ihm das nicht!

Und dann die Telefonate, die Beschimpfungen, Unterstellungen, Verdächtigungen! Wir hatten beide nicht mit einer solchen Eskalation gerechnet, und sein Haß traf mich bis ins Innerste. Aber er bestätigte mich auch in meiner Absicht. Jetzt waren wir zwei getrennte Personen. Es gab keinen Grund mehr, sich durch Einfühlen in seine Situation, seine bewußten und unbewußten Motive, verunsichern und irritieren zu lassen. In dieser Zeit habe ich den Briefkasten oft klopfenden Herzens geöffnet, voller Angst, wieder eines seiner Schreiben vorzufinden, die mich jedesmal völlig aus der Bahn warfen.

Irgendwann hatten wir es geschafft. Beide hatten wir unser Ziel erreicht. Er war nun alleiniger Besitzer des Hauses, und ich erhielt meinen Anteil. Die Scheidung, die dann zwei Jahre später erfolgte, war nur noch eine Formalität. Lange Zeit hörten wir kaum noch etwas voneinander. Erst nach dem Tod meines Vaters kam es wieder zu persönlichen Gesprächen. Erst jetzt war ich bereit und in der Lage, ihm freundschaftlich zu begegnen und den Faden aufzunehmen, der uns früher einmal verbunden hatte.

Zum ersten Mal in meinem Leben hatte ich keine halben Sachen gemacht, war ich das Risiko eingegangen, mir die Hände schmutzig zu machen in einem Kampf, mit dessen Waffen ich nicht umzugehen gelernt habe. Es war ein Kampf nicht nur um die Durchsetzung meiner Interessen, sondern auch eine zunehmend bewußte Konfrontation mit meinen bisher unbewußten Schattenanteilen, meinem Haß, meiner Rücksichtslosigkeit, auch meiner Stärke im weitesten Sinne.

Dieser innere Konflikt kostete mehr Kraft als der nach außen hin sichtbare Streit, der sich ja weitgehend zwischen den beiden Rechtsanwälten abspielte. Ich lernte mich von einer Seite kennen, die mir gänzlich unvertraut war, aber ich ließ es zu, das Neue, und akzeptierte es als meine dunkle Seite.

Wir haben wohl beide aneinander gelitten. Wir haben uns gegenseitig von einer Seite kennengelernt, die abschreckte und abstieß. Ich habe nun das Gefühl, wir sind quitt. Da ist keine Rechnung mehr zu begleichen, keine Schuld zu tilgen. Kein Vorwurf steht mehr im Raum. Möglich wurde das nur, weil ich bereit war, auf Zuneigung zu verzichten, indem ich den Vorschlag meines Mannes, der mich ungebührlich benachteiligt hätte, zurückwies und eine klare Trennung durchsetzte, die beiden Seiten gerecht wurde. Ich denke, daß nur so die gegenseitige Achtung und Wertschätzung langfristig gesehen möglich werden konnte.

Vom Umgang mit Depressionen

Beide Auseinandersetzungen – der Konflikt mit meiner Kollegin und die finanziellen Streitigkeiten um unser Haus – liefen zeitweilig parallel. Die Belastung war so enorm, daß ich nicht nur mit Ängsten, sondern auch wieder mit depressiven Verstimmungen reagierte. Ich fühlte mich von all dem überfordert, wußte jedoch, daß ein Rückzug für mich verheerende Folgen haben würde, und so erlebte ich mich ausgelaugt, schlaff und lahmgelegt.

Ein nur allzu vertrautes, bedrohliches Gefühl schlich sich ein, beherrschte mich schließlich wieder jeden Morgen, wenn ich aufwachte: das Gefühl, vor einem Berg zu stehen, den ich überwinden mußte und den abzutragen mir die nötigen Reserven fehlten. Am liebsten hätte ich mir die Decke über den Kopf gezogen und den Tag im Bett verstreichen lassen. Doch an Schlafen war nicht zu denken. So stand ich immerhin auf. Alles ging langsamer und viel beschwerlicher als sonst. Arme und Beine fühlten sich zentnerschwer an, und die Welt war grau in grau getönt.

Solch depressiv-resignative Verstimmung kannte ich zur Genüge aus meiner »nassen« Zeit, aber auch aus den dunkelsten Tagen des ersten Jahres meiner Trockenheit. Angst und Depression brauten sich zu einem unheilvollen Gemisch zusammen, dem ich damals noch so wenig entgegenzusetzen hatte und das den Gedanken an Tabletten immer wieder hochkommen ließ. Dieser Umstand allein war Grund genug, wachsam zu bleiben, das untergründige Drängen ernst zu nehmen und nicht aus den Augen zu verlieren. »Du mußt positiv denken lernen«, empfahl man mir in der Gruppe, »darfst dich nicht selbstmitleidig in dein Unglück verkriechen.« Damit konnte ich in meiner damaligen Situation herzlich wenig anfangen, das war viel zu allgemein, gab mir keinerlei Hinweise, wie ich trotz des lähmenden Schweregefühls und des lastenden Grauschleiers meinen Alltag bewältigen konnte.

Wieder einmal war es Jonas, der Rat wußte. Als Spezialist für die sogenannten »Faltkartenweisheiten« wußte er aus eigener Erfahrung, wie hilfreich gerade ganz banale Tricks sein können, wenn es gilt, Gefühlhaftes zu bändigen und innere Widerstände zu überwinden.

So riet er mir, das zu tun, was ihm früher einmal in vergleichbarer Situation geholfen hatte, nämlich jeden Morgen der Reihe nach aufzuschreiben, was ich an diesem Tag zu erledigen gedachte. Darunter sollten mindestens zwei Dinge sein, die ich ungern tat. Es brauchte geraume Zeit, bis ich bereit war, den Vorschlag in die Tat umzusetzen, zu simpel und kleinkariert erschien mir dies Rezept, zu unspezifisch angesichts des beängstigenden Gespenstes meiner Depression, doch da mir nichts Besseres einfiel und es ja in keinem Fall schaden konnte, setzte ich mich eines Morgens an den Schreibtisch und begann zu notieren.

Ganz einfache Verrichtungen waren das: staubsaugen zum Beispiel oder einkaufen, Diktatkorrektur, zur Reinigung gehen, Anrufe oder Behördengänge erledigen, Briefe schreiben, ein Geschenk besorgen, bügeln und so weiter. Die Dinge, die ich ungern erledigte, setzte ich an den Anfang meiner Liste. So kamen täglich sechs bis acht Punkte zusammen.

Dabei achtete ich darauf, daß ich mir nicht zuviel zumutete, damit ich mich nicht unter Druck setzte. Den konnte ich weiß Gott nicht gebrauchen. Was ich dann im Laufe des Tages erledigt hatte, hakte ich ab. Bevor ich am nächsten Morgen einen neuen Zettel ausfüllte, sah ich auf die gestrige Liste und setzte die unerledigten Dinge an den Anfang. Das waren in der Regel die unangenehmeren Aufgaben, die ich gern vor mir herschob. So konnte nichts unter den Tisch fallen, und es passierte nur selten, daß ein Punkt öfter als dreimal oben auf dem Papier stand, zu deutlich wurde dann der innere Widerstand.

Anfangs fiel es mir schwer, in dieser Aktion irgendeinen tieferen Sinn zu sehen. Doch ich blieb stur und hielt durch. Ich gewöhnte mir an, meinen Gefühlen und Stimmungen möglichst nicht allzuviel Gewicht beizumessen, das lästige Körpergefühl zwar zur Kenntnis zu nehmen, es ansonsten aber nicht überzubewerten und einfach das zu tun, was anstand. Es machte ja nichts, wenn alles etwas langsamer und vielleicht auch nicht so perfekt erledigt wurde.

Manchmal verrichtete ich meine Angelegenheiten mit regelrechter Todesverachtung. Ich erinnere mich an die große innere Anstrengung, die es mich einmal kostete, den Staubsauger in Gang zu setzen, wie ich mich überwand, ein Zimmer nach dem anderen im Schneckentempo zu säubern, wie ich anschließend erschöpft, als hätte ich Schwerarbeit geleistet, aufs Sofa fiel, und wie dann ganz leise, ganz vorsichtig und von viel Skepsis begleitet Zufriedenheit sich breitmachte angesichts der geleisteten inneren und äußeren Selbstüberwindung. Manchmal reichte auch der bloße Anblick eines frisch geputzten Fensters oder die Erleichterung, ein unangenehmes Telefonat endlich hinter mich gebracht zu haben, um die Stimmung zu heben.

Allmählich spürte ich die besänftigende Wirkung, die von dieser selbstauferlegten Pflichterfüllung ausging. Der Tag, der bisher so einheitlich grau ausgesehen hatte, erhielt Struktur, wurde überschaubar in einzelne kleine Hügel eingeteilt, die weniger Angst machten als der riesige Berg am Morgen. Und ich überwand diese Hügel, das war nachweisbar. Jeden Morgen, wenn ich auf meinen Zettel schaute, waren wieder einige von ihnen abgetragen. Das machte Mut, gab Selbstvertrauen und Zuversicht.

Bald wurde deutlich, daß die äußere Strukturierung, die der Tag durch diese Liste erhielt, auch mein Inneres zu ordnen und zu beleben vermochte. Immer seltener befiel mich das lähmende Gefühl, einem unüberschaubaren Wust von entmutigenden Anforderungen gegenüberzustehen. Die Aufgabenstellungen waren begrenzt, und sie waren machbar, auch in der jämmerlichsten Verfassung. Das beherrschende Grau, das dem Tag seine schwermütige Tönung verliehen hatte, verschwand ganz allmählich. Der Tag wurde wieder durchschaubar und damit auch farbiger.

Es kam dann eine Zeit, wo in meiner kleinen Wohnung kaum noch ein Fleckchen zu finden war, das sich für meine täglichen Pflichterfüllungen anbot, kein Schrank, der nicht schon einmal ausgeräumt, kein Boden- oder Kellerraum, der nicht schon einmal entrümpelt worden wäre. So sauber und geordnet war es bei mir noch nie gewesen.

Damals hätte ich diese Zettelwirtschaft schon gar nicht mehr nötig gehabt. Den Tiefpunkt hatte ich längst überwunden, zumal auch die Auseinandersetzungen mit meinem Mann und meiner Kollegin inzwischen weitgehend beigelegt waren. Doch ich spürte, daß es mir guttun würde, diese Disziplin noch eine Weile beizubehalten, abzuwarten, ob die Stabilisierung von Dauer sein würde. Und ich wollte mich üben, wollte sicher sein, dies Instrument meiner Selbstregulierung zu beherrschen und jederzeit zur Verfügung zu haben, wenn ich wieder einmal in Bedrängnis geraten würde.

Nach einem guten dreiviertel Jahr schien es mir dann genug. Seitdem habe ich schon oft wieder auf dies einfache und doch wirksame Hilfsmittel zurückgegriffen, immer dann, wenn mein inneres Barometer zu sinken drohte, oder einfach, wenn der bevorstehende Arbeitsaufwand so beträchtlich war, daß jede Art von Strukturierung und Planung hilfreich sein würde.

Geborgenheit

Nachdem die Hausangelegenheit endgültig geregelt war, begann eine lange Phase zunehmender Konsolidierung, die sich über viele Jahre erstreckte und die geprägt war von dem Grundgefühl einer wachsenden Geborgenheit in der Beziehung zu Jonas. Im Laufe der Zeit verloren sich meine Unsicherheiten und Verlustängste, lernte ich seine gleichbleibende Zuwendung vertrauensvoll anzunehmen und in ihrem Schutz Atem zu holen, auszuruhen, aufzutanken. Es war mir, als wäre ich endlich angelangt, endlich bei mir, zu Hause. Dabei gestaltete sich unser Zusammensein keineswegs zu dicht. Jeder hatte seine eigenen vier Wände, seinen Beruf, sein Leben. Vor allem Jonas war sehr darauf bedacht, daran nichts zu ändern. Und das war gut so.

Noch nie habe ich in einer Beziehung soviel Ruhe und zugleich auch Glück gefunden. Aufregungen, Spannungen und Unruhe hatte ich in mir selbst mehr als mir lieb war, und auch meine bisherigen Beziehungen waren davon nicht frei gewesen. Ich ging im Gegenteil davon aus – und meine Verbindung zu Jens bestätigte diese Einschätzung –, daß es Beziehungen ohne Beunruhigungen, Streß und Konflikte nicht geben könnte.

Und nun erlebte ich einen Menschen, mit dem Streit und konflikthafte Auseinandersetzung nicht möglich waren. Solange es sich um sogenannte Banalitäten des Alltags handelte, wie etwa die Frage nach dem nächsten gemeinsamen Reiseziel oder was wir am Wochenende unternehmen würden, Entscheidungen, die in meiner Ehe oft zu heftigen Debatten geführt hatten, hatte ich weitgehend freie Hand, und da ich mich durch ihn weder direkt noch indirekt unter Druck gesetzt fühlte, war ich automatisch immer auch darauf bedacht, seine unausgesprochenen Wünsche miteinfließen zu lassen.

Auf die wenigen großen Entscheidungen, die zu treffen

waren, hatte ich ohnehin keinen Einfluß, ob mit oder ohne Diskussion, das war mir von vornherein klar. Gegen seine Überzeugungen kam ich nicht an, auch nicht mit den besten Argumenten. Sehr viel später, als es dann schon zu spät war, stellte sich heraus, daß er mir zuliebe seine Grundsätze an einer Stelle doch aufgegeben hatte. Das war der Anfang vom – vorläufigen – Ende unserer Beziehung. Aber das wußte ich damals noch nicht.

Vorerst genoß ich die Harmonie als ein unerwartetes Geschenk, das mir die Möglichkeit gab, in aller Ruhe neue, weiträumigere Grenzen zu setzen, in denen ich mich erproben konnte. Jonas' geduldige Begleitung war mir dabei eine wertvolle Hilfe, die ich dankbar annahm und auch weidlich nutzte.

In diesen Jahren war er mir Geliebter, Vater, Bruder und auch Freund oder Freundin in einer Person. In seiner Eigenschaft als väterliche Leitfigur vermittelte er mir Wissen, vor allem über meine dunklen Seiten, gab Ratschläge und regelte die Dinge des täglichen Alltags bis hin zur Steuererklärung, der Reparatur des Lichtschalters oder des Autos. »Frag doch Jonas!«, dieser Satz wurde bald zum geflügelten Wort, wenn bei uns im Haus irgend etwas nicht klappte oder etwas unklar war. Anfangs hatte ich Hemmungen, ihn wegen derartiger Kleinigkeiten in der Apotheke anzurufen. Doch irgendwann spürte ich, daß er sein Angebot ernst meinte, daß ich ihn nicht störte mit meinen Fragen und Hilferufen und daß er sich auch mitten in seiner Arbeit auf mein jeweiliges Anliegen konzentrieren konnte. Wenn ein Kunde kam, wartete ich eben, und wurde der Andrang im Geschäft gar zu groß, rief er zurück, sobald er Zeit hatte.

Selbst beim Stricken machte ich von seiner Langmut Gebrauch, wenn ich beim Zählen des Musters in Schwierigkeiten geraten war. So kam es vor, daß ich dann zum Telefonhörer griff, und er nahm – als wäre es das Selbstverständlichste von der Welt – einen Zettel oder seinen Taschenrechner und klärte das Problem. Als sich einmal beim Aufwickeln eines Knäuels alles restlos verheddert hatte und ich drauf und dran war, alles hinzuschmeißen, nahm er sich des Chaos' wortlos an, und nach einer Viertelstunde geduldiger Kleinarbeit legte er mir das entwirrte Knäuel zufrieden in den Schoß. Es blieb nicht das einzige Mal, daß er mir solcherart unter die Arme griff. Nichts war ihm zu banal, wenn es darum ging, mit den Widrigkeiten des täglichen Lebens fertigzuwerden oder auch unbewußten Seelenregungen auf die Spur zu kommen, jedenfalls dann, wenn es um die der anderen ging.

Einmal erzählte ich ihm beim abendlichen Telefonat – Jonas hatte sich bereits hingelegt, da er müde von der Arbeit war – eher beiläufig von Janas Schwierigkeiten mit einer durchgebrannten Sicherung. Sie konnte an ihrem Referat nicht weiterarbeiten, das sie am nächsten Tag halten sollte. Wie das denn passiert sei, wollte er noch wissen, bevor er sich anzog, sein Werkzeug einpackte und sich ins Auto setzte, um den Schaden zu beheben.

Begierig hatte ich teil an seinem schier unerschöpflichen Wissen, profitierte von seiner Großzügigkeit, seiner Hilfsbereitschaft, und wie eine gelehrige Tochter war ich stolz auf einen solchen Übervater. Ich wollte ihn so. Der Sockel konnte mir nicht hoch genug für ihn sein. Doch er ließ sich nicht einfangen, klebte nicht auf seinem Podest, wollte die Freiheit behalten, jederzeit heruntersteigen zu können. Und er stieg herunter, immer wieder, so sehr ich mich auch bemühte und so sehr er auch die luftigen Höhen des Auserwählten genoß. Diese Unbestechlichkeit beeindruckte mich mehr als alles andere.

Kaum noch nachvollziehbar, aber um so deutlicher zeigt eine Erinnerung aus jener Zeit, wie sehr ich in ihm den Vater, den Weiseren suchte: Ich ging davon aus, daß er älter, vielleicht sogar deutlich älter war als ich. Darüber hatte er sich nur in vagen Andeutungen geäußert, wohl wissend von meinem Hang zum Väterlichen. Als ich dann nach einem Jahr zufällig feststellte, daß er einige Jahre jünger ist als ich, schien eine Welt in mir zusammenzubrechen. In mir braute sich ein brodelndes Gemenge an Gefühlen zusammen: Wut, Enttäuschung, Vorwürfe, auch das Gefühl, betrogen worden zu sein, erfüllten mich und machten mich sprachlos. Es war das einzige Mal, daß Jonas laut und heftig mir gegenüber wurde, als es dann zur Aussprache kam. Der Disput war sehr kurz, sehr deutlich, und ich habe danach nie wieder Probleme mit seinem Alter gehabt.

In den ersten Jahren unseres Zusammenseins konzentrierte ich mich ganz auf die Beziehung, und da fast alle meine alten Kontakte eingeschlafen waren und ich für neue weder die Zeit noch die Energie hatte, war er lange Zeit fast mein einziger Gesprächspartner. Keine Freundin hätte diese Funktion besser erfüllen können, so offen, so ehrlich habe ich davor und danach mit niemandem sprechen können.

Da Jonas eine Reihe ehrenamtlicher Verpflichtungen im Verein übernommen hatte, fanden viele unserer Aktivitäten in dessen Rahmen statt. Für längere Zeit wurde der Verein so zu einer Art Familienersatz. Das kam meinem kindlichen Bedürfnis nach Geborgenheit und Versorgtwerden entgegen. Dort traf man sich, redete, spielte Karten oder Tischtennis. Dort feierten wir alle großen und kleinen Feste. Dort redigierten wir die Vereinszeitung, für die ich hin und wieder kleine Artikel schrieb. Anders als am Anfang meiner Trockenheit mied ich jetzt aber private Kontakte, beschränkte meine Beziehungen zu den Gruppenfreunden auf die Geselligkeiten, die im Vereinshaus stattfanden.

Das Vereinshaus ist ein kleines ehemaliges Bauernhaus, das unter Denkmalschutz steht. Mit seiner langgestreckten, niedrigen gelbgetünchten Fassade und dem üppigen Grün des alten Gartens wirkt es von außen recht einladend und anheimelnd. Als ich jedoch damals, im Mai 1981, zum ersten Mal über die Schwelle des Hauses trat, zuckte ich trotz meines desolaten Zustandes innerlich ein wenig zusammen angesichts der Dürftigkeit und Abgewetztheit im Inneren. Das alles sah nicht gerade vertrauenerweckend aus, diese im Lauf der Jahre grau und unansehnlich gewordene Tapete mit dem stereotypen Muster, die mit Styroporplatten verkleidete Decke mit diesen einfallslosen viereckigen Lampen, die ein kaltes, unwirtliches Licht verbreiteten. Dem ganzen Raum haftete die verhaltene Traurigkeit eines Provinzbahnhofes an. Dieser Eindruck wurde verstärkt durch die lieblos aufgehängten Bilder und Sprüche und die in Hufeisenform aufgestellten Tische, von denen das billige Teakholzfurnier an den Rändern abblätterte. Je weiter man in die Räumlichkeiten vordrang, desto dunkler und ungemütlicher wurde es, und die unsäglich geschmacklose Kunstledergarnitur im Büro unterstrich den Eindruck von kleinbürgerlicher Schäbigkeit und Enge nur noch. Bläuliche Schwaden und der abgestandene Rauch unzähliger Zigaretten vervollständigten das desolate Bild.

Doch eigenartigerweise störte mich das nach kurzer Zeit nicht mehr. War es Gewöhnung, war es Anpassung oder war es die Konzentration auf mein eigentliches Thema, meine Sucht, die mich diese ungewohnt abstoßende Umgebung bald so gleichmütig hinnehmen ließen? Wahrscheinlich spielten dabei vielerlei Gründe eine Rolle, sicher auch meine Neugierde und die aufkeimende Ahnung, daß vor einem solchen Hintergrund meine Schattenseiten, mein Perfektionismus, meine Neigung zu Arroganz und Überheblichkeit wirkungsvoller zur Geltung kommen würden und ich so die Chance haben würde, sie kennenzulernen und zu überwinden beziehungsweise mit ihnen leben zu lernen.

Nach den Verunsicherungen und Zweifeln des ersten halben Jahres gestaltete sich die Beziehung mit Jonas nun ausgesprochen harmonisch und vertrauensvoll. Seine Zuverlässigkeit und sein Verantwortungsbewußtsein waren sprichwörtlich, und so genoß ich erstmals in meinem Leben das Gefühl von Geborgenheit. Da, wo Jonas war, war er zu Hause. Das konnte das schäbigste Hotelzimmer, die schmutzigste Bahnhofshalle, die trostloseste Vorstadtgegend sein. Und seine Selbstgenügsamkeit steckte an. Oft habe ich diese beruhigende Wirkung in unseren gemeinsamen Ferien verspürt, wenn wir mit irgendeiner zweifelhaften Absteige vorlieb nehmen mußten, deren Anblick mich depressiv stimmte. Er brauchte sich nur mit seinem zufriedenen Lächeln in den nächsten Sessel zu setzen, eine Zigarette anzuzünden, und schon fühlte ich mich heimisch.

Manchmal kam mir damals der Gedanke, daß ich lediglich ein Teil seiner Staffage war, der Hintergrund, vor dem er agierte und ohne den er zweifellos auch gut existieren konnte, denn er schien sich selbst genug zu sein. Ich hatte nicht vergessen, daß er keine Beziehung ohne emotionales Engagement aufrechterhalten würde. Wie lange würden sie dauern, die so schwer faßbaren Gefühle dieses Menschen? Doch bei solchen sporadischen Zweifeln blieb es. Sie gingen nicht in die Tiefe, blieben eher theoretisch, erhielten auch keine Nahrung und verschwanden so unauffällig, wie sie gekommen waren.

Es tat mir gut zu spüren, daß auch Jana nach anfänglicher Skepsis Zutrauen zu Jonas faßte. Auf einer Reise in den Süden begleitete sie uns. Sie war damals gut siebzehn Jahre alt und hatte meinen mühevollen Weg in die Trockenheit bisher sehr bewußt, kritisch und mit großer Anteilnahme begleitet. Zwar hatte sich unsere Beziehung im Laufe der Zeit gebessert – viele Gespräche und Auseinandersetzungen waren dazu nötig gewesen –, doch wurde auf dieser Reise deutlich, wie sehr Janas besorgte Fixierung auf mich sie lähmte und unselbständig werden ließ. Selbst bei banalen alltäglichen Verrichtungen wie Abwasch oder Essensvorbereitungen schien sie ohne meine Anweisungen orientierungslos. Es fiel ihr schwer, eigene Entscheidungen zu treffen, ein Verhalten, das sie nur in meiner Gegenwart zeigte. Wir litten beide darunter, und so kam es zu einem sehr emotionsgeladenen Gespräch, in dessen Verlauf wir beschlossen, daß sie spätestens nach dem Abitur eine eigene Wohnung nehmen sollte, was dann auch geschah.

Inzwischen ist Jana zu einer verantwortungsbewußten und selbstbestimmten jungen Frau herangewachsen, die gelernt hat, ihr Leben in die eigenen Hände zu nehmen, und unser Miteinander ist bestimmt von Verständnis und Offenheit, gegenseitiger Zuneigung und Achtung sowie einer seltenen geistigen Nähe und Übereinstimmung.

Für mich begann in den ersten drei, vier Jahren meiner Trockenheit eine Phase zunehmender innerer und äußerer Ruhe, und zum ersten Mal war ich über einen längeren Zeitraum wirklich glücklich und zufrieden. So hegte und pflegte ich das zarte Pflänzchen meines Selbst. Nicht daß es gleich in die Höhe schoß – es blieb weiterhin klein und einseitig in seinem Wuchs, denn noch war es festgebunden an den Stamm des um so vieles kräftigeren und stabileren Jonas, dem es entgegenwuchs. Aber seine Wurzeln hatten Fuß gefaßt.

Unsere Beziehung dauerte etwa drei Jahre, als ich begann, vorsichtig meine Fühler auszustrecken, alte, auf Eis gelegte Kontakte wieder aufzunehmen oder neue zu suchen. Auch erweckte ich schlummernde Fähigkeiten zu neuem Leben oder startete neue, bisher unbekannte Aktivitäten, die Abwechslung, oft auch Unruhe in mein manchmal einförmiges Leben brachten. Nicht, daß ich unzufrieden damit gewesen wäre. Ich liebte dieses Gleichmaß, das meiner inneren Bewegtheit den angemessenen Rahmen gab. Doch instinktiv spürte ich, daß ich dieses Glück gefährden würde, ließe ich es zum Stillstand kommen. Und so wagte ich die ersten Schritte nach außen.

Erste eigenständige Gehversuche

Es begann mit Spanischkursen in der Volkshochschule. Da wir unsere Ferien häufig in spanischsprechenden Ländern verbrachten, bot sich das an. Es machte mir Spaß, zumal sich bald einige Kontakte ergaben, denen ich gerne nachging. Doch nach einigen Semestern gab ich diese Beschäftigung auf, da in der Zwischenzeit der Wunsch nach einer neuen Betätigung in mir herangereift war und beide sich aus zeitlichen Gründen nicht miteinander vereinbaren ließen.

Schon als Kind habe ich gern und viel gemalt, habe tagelang fasziniert über einem Bild gesessen und alle anderen Beschäftigungen darüber vernachlässigt. Ab und zu habe ich später auch im Erwachsenenalter zum Pinsel gegriffen, doch blieb es bei einzelnen Versuchen, die mich nie recht befriedigten, da die Ergebnisse meinen Ansprüchen nicht genügten.

Diesmal würde ich nicht gleich nach dem ersten Anlauf aufgeben, würde mich in die Materie vertiefen und mich mit neuen Techniken vertraut machen. Dazu wählte ich eine alte Liebe, die Technik des Aquarellierens, die mich schon lange gereizt hatte, über deren stümperhafte Anfänge ich jedoch nie hinausgekommen war.

So wechselte ich vom Spanischkurs zum Aquarellieren. Die Anfänge waren recht ermutigend. Der Umgang mit den Farben fiel mir leicht, und auch im Erlernen der Technik bewies ich einiges Geschick, so daß ich nach zwei Semestern das Gefühl hatte, in diesem Rahmen nichts Neues mehr dazulernen zu können. Zufällig entdeckte ich dann in einem Café Aquarelle von einer Künstlerin, die mich sehr ansprachen. Ich meldete mich bei ihr zum Malen an und malte dort einige Jahre mit großem Gewinn. Als ich sie dann verließ, um an anderer Stelle meine Fähigkeiten zu vervollständigen, tat ich dies schweren Herzens, denn der Kreis der Freunde war mir lieb geworden, und es fiel mir schwer, auf diese regelmäßigen Treffen zu verzichten.

Inzwischen hatte ich bereits in einem Atelier unter Anleitung verschiedener Künstler zu malen begonnen, und irgendwann war klar, daß ich meine Zelte im Aquarellkurs endgültig abbrechen mußte. Seit längerem war ich mit meinen Arbeiten nicht mehr zufrieden, malte lust- und phantasielos, und meine inneren Widerstände teilten sich auch den anderen mit, steckten an und beeinträchtigten das Arbeitsklima. Wieder hatte ich das Gefühl, auf der Stelle zu treten, und mein Wunsch nach neuen Möglichkeiten, neuen Techniken und Anregungen wurde übermächtig. Und wieder setzte ich zu einem Neuanfang an.

Hier im Atelier hatte ich Licht, Platz und Anregung genug. Der erste Eindruck, den ich gewann, beunruhigte mich. In der weiten, lichtdurchfluteten Fabriketage standen etwa acht bis zehn Leute unterschiedlichen Alters vor ihren Staffeleien. Ein Mann blieb mir besonders in Erinnerung. Er hatte ein großformatiges Bild vor sich, auf dem verschiedene Farben nach einem mir nicht ersichtlichen Plan verteilt waren. Abstrakt also. Er war dabei, das Bild zu vervollständigen, indem er weitere Farbflecken oder Linien darauf malte und zwar so überlegt, so konzentriert und bedächtig, daß es den Anschein hatte, als wisse er, was und warum er es tat. Zwischendurch trat er immer wieder für mehr oder weniger kurze Zeit zurück, ließ das Ergebnis seines Tuns auf sich wirken, um dann entschieden weiterzumalen.

Solch freier Umgang mit der Farbe war mir fremd. Zur abstrakten Malerei hatte ich bisher keinen Zugang gefunden. Die hatte für mich – wenn ich ehrlich war – viel mit Willkür, Chaos und Unordnung zu tun, und das war mir schon immer suspekt erschienen. Also hielt ich mich ans Konkrete. Ein blauer Gartenstuhl war das erste Objekt, das ich aufs Papier zu bannen versuchte. Eine Fleißarbeit. Der Erfolg war zweifelhaft. Nicht einmal die Perspektiven stimmten. Weitere Versuche folgten. Ich wurde lockerer in der Pinselführung und Farbgebung, und so allmählich machte ich mich dabei mit der Technik der Acrylmalerei und mit größeren Formaten vertraut. Nebenher übte ich mich im Zeichnen, im Collagieren, und ich lernte verschiedene Arten des Druckens kennen.

Herausforderungen

Die Gruppe war mir weiterhin eine ständige und unverzichtbare Begleiterin. Nachdem ich im ersten Jahr einige Monate täglich hingegangen war, reduzierte ich dann die Besuche allmählich, wobei ich in schwierigen Zeiten auch wieder häufiger da war. In jedem Fall waren es feststehende Termine, die ich mit eiserner Konsequenz wahrnahm. Außer ernsthafter Krankheit oder beruflichen Verpflichtungen gab es damals für mich keinen Grund, sie zu versäumen. Das kam erst sehr viel später, als ich genügend Stabilität und Sicherheit besaß, eigene Entscheidungen zu treffen und deren Folgen zu tragen. So weit war ich damals noch lange nicht. Ich brauchte das Gleichmaß und die Stringenz dieses Gerüsts, das die Woche in überschaubare Abschnitte einteilte und mir bei Entscheidungen half.

Eine Zeitlang hatte ich versucht, ein wenig Bewegung und Eigenverantwortlichkeit in das starre Schema zu bringen, indem ich beschloß, dreimal in der Woche in die Gruppe zu gehen, ohne mich dabei auf bestimmte Tage festzulegen. Doch dieses Experiment war nur von kurzer Dauer. Zu schnell geriet ich in Bedrängnis, wenn ich beim Verschieben der Termine am Wochenende angelangt und ein dritter Gruppenabend beim besten Willen nicht mehr unterzubringen war.

So ließ ich also alles beim alten. Montags zum Beispiel

ging ich regelmäßig. Es war eine meiner Stammgruppen, die ich über einige Jahre besuchte. An sie erinnere ich mich besonders lebhaft, denn in ihrem Schutz wagte ich zum ersten Mal die Auseinandersetzung mit der eigenen Schattenproblematik; das heißt, ich suchte die Konfrontation mit meinen ungeliebten, verpönten und daher abgewehrten und auch verdrängten Eigenschaften. Zunächst geschah dies keineswegs beabsichtigt. Es ergab sich einfach von selbst, und als es so weit war, stand ich noch vor der Entscheidung, ob ich die Herausforderung annehmen oder ob ich mich ihr entziehen sollte. Ich nahm an, nicht wissend, was auf mich zukommen würde. Die Neugierde trieb mich und eine Ahnung, daß ich mich um diese Erfahrung nicht drücken durfte.

Erika war es, die mich provozierte, und zwar heftig. In ihrer »nassen« Zeit hatte sie auch schon mal als Prostituierte gearbeitet. Inzwischen hatte sie eine radikale Kehrtwende vollzogen, war zur aktiven Kirchgängerin einer Sekte geworden und verfolgte deren Ziele mit missionarischem Eifer. Nie werde ich ihre laute, immer ein wenig rauhe Stimme vergessen, die so offen und ungeschützt ihre wechselnden Stimmungslagen intonierte. Außer in depressiven Stimmungen legte sie ungeniert los, startete ihre ungehemmten, immer ein wenig theatralischen Auftritte mit ungebremster Kraft und in lautem, oft auch ordinärem Tonfall. Dabei hatte sie etwas zu sagen, sprach von sich, blieb ehrlich und verschonte auch sich selbst nicht. Das überzeugte, nahm ein für sie.

Im Laufe der Zeit lernte ich vorherzusagen, wann wieder einer ihrer überfallartigen Ausbrüche fällig war. Bei bestimmten Themen konnte ich darauf warten, daß ihr Finger in die Höhe schnellte, ihre Gesichtszüge sich anspannten und der Blick scharf und unerbittlich wurde, so als nähme er die Ächtung oder Vernichtung seines »Opfers« vorweg. Und da ich mich immer aktiv am Gruppengespräch beteiligte, bot ich eine ideale Projektionsfläche für ihre vehementen Gefühlsaufwallungen.

Es gab wohl nach außen hin kaum einen größeren Kontrast als uns beide: sie, die Gefühlshafte, die Laute, immer ein wenig Gewöhnliche und Ungehemmte, die ihr Herz auf der Zunge trug, und ich, die Verstandesbetonte, die Zwanghafte, immer auf Perfektion und Anstand Bedachte, nur allzu Kontrollierte und Maßvolle. Das gab ein explosives Zusammentreffen, mußte zu Konfrontationen führen, zumal wir beide geradezu besessen waren vom Diktat der Ehrlichkeit und Aufrichtigkeit. Das immerhin verband uns, und zwar sehr intensiv und zäh. Und ein gewisser Hang zu missionieren, zumindest aufzuklären, ist auch mir nicht fremd.

Es war da zwischen uns eine eigenartige Mischung aus Anziehung und Abstoßung, die ich mir lange Zeit nicht recht erklären konnte. Ich spürte diese Ambivalenz deutlich und meinte, sie auch bei ihr wahrnehmen zu können. Sobald Erika anfing zu reden, begann mein Herz heftiger zu schlagen. Ich saß wie auf dem Sprung. Nur ja genau hinhören, nichts verpassen, nichts ungeprüft durchgehen lassen! Mein Verstand sortierte, filterte, arbeitete in Sekundenschnelle, fand Schwachstellen, triumphierte.

Und dann traf es mich doch. Mein Körper erstarrte, verkrampfte sich, war nur noch Abwehr. Irgendwo war eine undichte Stelle gewesen, die Aufsicht hatte versagt. »Scheinheilig«! Das Wort durchbohrte mich, fiel in mich hinein, sank tief, machte sich breit, blähte sich auf, nahm mir den Atem. Es hatte mich erreicht. Nun wurde ich es nicht mehr los. Es heftete sich wie eine Klette an mich, saugte sich fest in meinem Inneren, beherrschte mein Denken und Fühlen. Ich nahm es mit nach Hause, wütete, verfluchte diese Person, und ich wußte, daß sie irgendwo recht hatte, daß sie mich an einer meiner unwegsamsten Stellen erwischt hatte. Den Heiligenschein meiner Mutter konnte ich mir nicht ungestraft zu eigen machen. Er war einige Nummern zu groß für mich, unglaubwürdig.

Und ich wußte zugleich, daß sie auch von sich gesprochen hatte. »Scheinheilig«, das war das Wort, das mir immer durch den Kopf ging, wenn sie ihre Heiligenrolle spielte und andere missionierte. Sie hatte das Wort zuerst gebraucht und dabei unversehens eigene Schattenseiten aufgestöbert, während sie meine Schwachstellen stimmgewaltig geißelte. Das Thema war ihr vertraut. Sie kannte sich da aus, fühlte sich zu Hause. Sie brauchte nicht lange zu suchen, fand treffsicher das Wort, das mich traf.

»Scheinheilig«, das war ein Synonym für »verlogen«, für »vortäuschen«, für »blenden«, Worte, die mir auf bedrohliche Art vertraut waren, die – einmal gedacht oder gar ausgesprochen – einen Aufruhr von Gefühlen in mir weckten, dessen Sichtung und Klärung ich bisher angstvoll vermieden hatte. Nun aber ließ ich das innere Chaos zu und hielt die lästigen bis peinlichen Gefühle aus, die dabei in mir geweckt wurden. Erinnerungen stiegen hoch, Bilder aus meiner Kindheit.

Ich war zehn Jahre alt. Wegen meines Asthmas war ich auf die Insel Amrum verschickt worden. In dem Kinderheim herrschte ein strenges Regiment. Vieles war verboten, so auch das Schlittern auf dem glatten Parkettfußboden. In der Regel hielt ich mich an Verbote, ich wollte nicht anecken, nicht auffallen, keinen Ärger haben. Doch einmal war die Versuchung zu groß, zumal keiner in Sichtweite schien. Ich nahm also einen kräftigen Anlauf und glitt wie im Flug über den spiegelglatten Fußboden, zwei-, dreimal nur. Plötzlich fühlte ich mich unsanft aus meinen Träumen gerissen. Jemand packte mich am Arm. »Wie oft sollen wir das noch verbieten!« schimpfte die Kinderschwester ungehalten. »Ich bin doch nur ausgerutscht«, entfuhr es mir ganz automatisch. »Tu doch nicht so scheinheilig!« war die entrüstete Antwort. Als wäre es gestern geschehen, fühle ich den Stich in der Magengegend, spüre es heiß in mir hochsteigen und mein Gesicht mit glühendem Rot übergießen. Ja, ich hatte gelogen, hatte das Unschuldslamm gespielt. Nicht die Tat als solche schien mir verwerflich, aber meine Lüge, die machte mir zu schaffen, verfolgte mich in den Schlaf.

Ich habe im Lauf meines Lebens relativ selten bewußt gelogen, zu streng und unerbittlich stand das Bild meiner Eltern mir vor Augen, zu deutlich wurde dabei mein Versagen. Ich bin verschlungenere Wege gegangen, habe Mechanismen gefunden, die meine Lügen verschleierten, vor allem vor mir selber, so daß ich das Bild von der Heiligen, der Reinen, der Unschuldigen weiterhin aufrechterhalten konnte. Und diese Lügen kleideten sich dann in die harmlosere Form von Illusionen, Lebenslügen, Beschönigungen, traumartigen Wunschvorstellungen und Selbstbetrügereien.

Erst jetzt, während ich darüber nachdenke, verstehe ich, warum ich während meiner Analyse fast zwanghaft ein zerbrechliches, engelhaftes blondes Wesen in einem zarten Spitzenkleid malen mußte. Damals hielt ich dieses hehre Bild für einen bedeutsamen Aspekt meiner selbst, und ich war stolz darauf. Heute weiß ich, daß es ein – zwar sehr filigraner, aber um so wirksamerer – Deckmantel war, hinter dem sich die ursprüngliche, die eigentliche Wahrheit verbarg, mein dunkler Schattenengel, der auf Erlösung wartete und der all meine vitalen, ungelebten Bedürfnisse, Antriebe und Möglichkeiten repräsentierte, die ich hinter dem Trugbild des Spitzenkleides verstecken mußte. Paradoxerweise war es der Alkohol, der »Stoff«, der als Kontrast zu den dunklen Abgründen meiner Sucht ein so lichtes, fast überirdisches Bild erstehen ließ.

Nun, da ich dem Schattenwesen seine Freiheit gegeben habe, kann ich mich gefahrlos und sicher auch mit Gewinn dem damals so trügerischen Bild vom engelhaften Schein nähern, kann darangehen zu überprüfen, ob diese langlebige und sehr zähe Vorstellung vom engelgleichen Wesen auch positive Möglichkeiten birgt. Jetzt erst scheint die Zeit reif für eine ganzheitliche Sichtweise dieses Phänomens, das mir zum damaligen Zeitpunkt in seiner Vielschichtigkeit und Tiefe verborgen bleiben mußte.

Doch vorerst war ich mit der Wunde beschäftigt, die Erika mir zugefügt hatte. »Scheinheilig« hatte sie gesagt.

Ich ließ das Wort wirken, tagelang, wochenlang. Mit den Erinnerungen stiegen Gefühle wie Scham und Wut auf, die sich nun nicht mehr wegschieben ließen. Ich sprach in der Gruppe darüber, und nach und nach verlor das Wort seinen bedrohlichen Charakter. Ich lernte, auf das illusionäre, kraft- und inhaltslos gewordene innere Bild vom reinen, unantastbaren Wesen zu verzichten, ließ es los und spürte dankbar die neue Energie in mich einströmen.

Ich war nicht weniger findig als Erika, wenn es darum ging, ihre dunklen Seiten zu entdecken und aufzuspießen mit einem Wort, das Bestürzung, Abwehr, Widerspruch auslöste. Da gab es keine Zweifel. Ich brauchte sie nur zu beobachten, ihren Worten nachzuspüren, ihren Tonfall und ihre theatralischen Gesten auf mich wirken zu lassen, ihre Angst nachzuempfinden, das Nichtgesagte mitzudenken, miteinzuflechten in das konstrastreiche Bild ihrer widersprüchlichen Persönlichkeit, und schon fühlte ich mich mittendrin in vertrauter Atmosphäre, spürte die Unruhe, das Herzklopfen, die Angst.

Es war so einfach, so offensichtlich. Ich blickte sie an, schaute in einen Spiegel und sah mich selber. Alles, was mich an ihr abstieß, was ich ablehnte, verachtete, das war auch ich, so wie ich mich nicht mochte. Meine Schattenseiten, meine Schwächen und Fehler, in ihr konnte ich sie so leicht, so anschaulich zur Kenntnis nehmen, konnte sie studieren, ihre zerstörerischen Kräfte wahrnehmen, aber auch die Energie, die in ihnen gebunden war.

Nachdem ich einmal begriffen hatte, welch ungeahnte Erkenntnismöglichkeiten solch projektive Sichtweise bietet, wieviel leichter es fällt, die eigenen, unbekannten Schattenaspekte im Gegenüber aufzuspüren, setzte ich mich diesem Prozeß zunehmend bewußt aus. Das war eine schwere Zeit. Oft kam ich nach der Gruppe völlig aufgelöst bei Jonas an, erzählte, spuckte aus, was in mir wütete, und er grinste, schwieg meist. Es gab ja auch nichts dazu zu sagen. Es mußte einfach durchlitten, durchlebt werden.

Allmählich wurde ich vertrauter im Umgang mit meinen vernachlässigten Seelenanteilen, jedenfalls mit den Aspekten, denen ich in der Auseinandersetzung mit Erika begegnete. Und in dem Maße, wie ich sie annehmen, sie als Teil meiner selbst begreifen konnte, normalisierte sich mein Verhältnis zu ihr. Bald entdeckte ich sogar liebenswürdige Seiten an ihr, die meine ablehnende Haltung ihr gegenüber auflockerten, relativierten. Es gab jetzt so etwas wie eine unausgesprochene, geheime Komplizenschaft zwischen uns.

Im Laufe der Zeit lernte ich die negativen Gefühle, die mein Gegenüber in mir auslöst, ernst zu nehmen, sie nicht als Launen abzutun. Inzwischen sind sie mir ein unverzichtbares Werkzeug im Dienste meiner Selbsterkenntnis geworden, denn immer dann, wenn ich einem Menschen mit unerklärlicher oder unangemessen heftiger Antipathie begegne, kann ich davon ausgehen, daß ich ihn befrachte mit eigenen ungeliebten oder gar verdrängten Eigenschaften, die ich stellvertretend in ihm bekämpfe, und zwar um so heftiger und intoleranter, je wesensfremder und damit auch gefährlicher ich sie erlebe.

Als ich dann die Auseinandersetzung mit Ernst wagte, hatte ich bereits eine gewisse Strecke auf dem Weg der Selbsterkenntnis zurückgelegt, war sicherer geworden, hatte an Konturen, auch an Substanz gewonnen. Ernst war schon unvorstellbar lange trocken. Er saß da – Woche für Woche – wie ein Relikt aus längst vergangenen Zeiten. Und er saß immer am gleichen Platz, denn er hatte seinen Stammplatz. Wie in der Kneipe. Und er bestand darauf. Das war schon immer so. Man richtete sich danach, ohne viel nachzudenken. Er saß vorne neben dem Gruppensprecher, und wenn er zu spät kam, was öfter geschah, dann war sein Stuhl freigehalten worden. Das war Gewohnheitsrecht.

Ernst sprach selten. Aber wenn er es tat, dann holte er weit aus, griff tief in die Mottenkiste seiner Vergangenheit und erzählte weitschweifig und bedeutungsschwer Geschichten aus seiner »Saufzeit«. Immer wieder dieselben, wie ein defektes Grammophon. Das hörte sich dann an wie Kriegsberichte von der Front. Er war dabei gewesen, konnte mitreden, hatte sich auch die Finger schmutzig gemacht. Aber das war lange her. Nun waren sie sauber, und das sollte auch so bleiben. Er war ja schließlich trocken, und zwar länger als alle anderen im Raum. Über den Alltag des Trockenwerdens, über das Heute brauchte man keine Worte zu verlieren. Darüber lohnte es sich nicht zu reden. Das war banal, gab nicht genug her, könnte auch zu Kritik Anlaß geben. Also schwieg er sich darüber aus.

Um so attraktiver war das Gestern für ihn. Er konnte ja auf eine lange Zeit der Trockenheit zurückblicken und somit auch auf einen reichen Erfahrungsschatz auf diesem Gebiet. Den wollte er gerne weiterreichen, was er dann auch tat, und zwar in Form von Ratschlägen.

Das war seine zweite Spezialität, und darin hielt er sich für unschlagbar. Im gemessenen, schulmeisterlichen Tonfall gab er sein Wissen »preis«, kanzelte sein »Opfer« ab, um es dann gönnerhaft wieder aufzurichten, an die Hand zu nehmen, ihm Mut zuzusprechen und den rechten Weg zu weisen. Ernst tat das guten Gewissens, denn schließlich erfüllte er ja damit den zwölften Schritt der Anonymen Alkoholiker, und das konnte man von einem so lange trockenen Alkoholiker wohl erwarten: Er gab sein Wissen weiter an die, die noch nicht so weit waren wie er. Daß er dabei all die dazwischenliegenden Schritte vernachlässigte, war ihm offenkundig nicht bewußt.

Eine gewisse Zeitlang hatte er auch mich im Visier, wenn er seine Weisheiten verbreitete. Ich empfand das damals nicht als herablassend. Es hatte für mich eher etwas Väterliches, Umsorgendes, und als gefügige Tochter hatte ich ja eine gewisse Übung im Annehmen kluger Ratschläge. Anfangs fühlte ich mich sogar ein wenig geschmeichelt, wenn er sich mir so interessiert zuwandte. Doch meine Auseinandersetzungen mit Erika trugen Früchte.

Meine Sprache wurde härter, deutlicher und verlor das Kindlich-Naive.

Und mit der Sprache wandelten sich auch die Inhalte. Ich ließ mich nicht mehr so schnell von netten Worten hinters Licht führen, hinterfragte die Dinge und kratzte am Lack von Autoritäten oder denen, die sich dafür hielten. Ich konnte es mir nun leisten, schließlich ließ ich es ja auch geschehen, daß an meiner Fassade gekratzt wurde. Auch mein Lack hatte Risse bekommen, und ich lernte damit zu leben.

Ernst fing an, mich zu nerven mit seinen hohlen Reden, die unwidersprochen hingenommen wurden. Ich fühlte mich erinnert an eigenes Verhalten in meiner »nassen« Zeit oder auch in den Anfängen der Trockenheit. Damals hatte ich es auch nötig gehabt, andere zu belehren, Weisheiten von mir zu geben und meinen Sockel zu putzen. Und eines Abends war es dann soweit.

Das Herz klopfte mir bis zum Hals, als ich zu erzählen begann, wie ich damals meine Unsicherheit hinter der Rolle der Therapeutin zu verbergen suchte, wie ich Eltern, Freunden, Familienmitgliedern Ratschläge erteilte, um von der eigenen Misere abzulenken, wie ich im ersten Jahr der Trockenheit großartige theoretische Gedankengebäude errichtete, nur um den Kern meines Unglücks zu verschleiern, unkenntlich zu machen. Ich sprach von meiner Unfähigkeit, den Dingen freien Lauf zu lassen, dem Zufall Raum zu geben, meiner mangelnden Flexibilität, deren tiefere Ursache die Angst vor dem Neuen, Unbekannten, Unvorhersehbaren ist. Und davon, daß zum Beispiel schon ein Wechsel meines angestammten Sitzplatzes zu einer kleinen Katastrophe werden kann, wenn ich dieser Angst das Feld überlasse. Und ich sprach auch von meiner Angst, mich unbeliebt zu machen, Freunde, Verehrer, Anhänger zu verlieren, und von meinen Erfahrungen, die ich damit seit Beginn der Trockenheit gemacht habe.

Nachdem ich all dies geschildert hatte, holte Ernst aus

zu einer großangelegten Rechtfertigung für sein eigenes Verhalten, die in einer niederschmetternden moralischen Verurteilung meiner Person gipfelte. Es fiel mir danach schwer, ihn noch zu achten, aber ich ging gestärkt aus dieser Auseinandersetzung hervor, mein Selbstwertgefühl ist seitdem gewachsen.

Und auch mein Respekt vor Autoritäten hält sich von nun an in Grenzen. Später habe ich noch öfter ähnliche Situationen erlebt, habe die Fragwürdigkeiten, Ängste und Großspurigkeiten sogenannter »Staubtrockener« zum Anlaß genommen, über eigene Unzulänglichkeiten in der Gruppe laut nachzudenken. Dabei kann jeder sich den Schuh anziehen, der ihm paßt. Er kann aber auch vornehme Zurückhaltung üben und die jeweils passenden Schuhe den anderen überlassen. Er kann – wie Ernst – seine persönliche Betroffenheit in einem Schwall von Anwürfen ertränken und die Chance, etwas über sich selbst zu erfahren, ungenützt verstreichen lassen. Diese Freiheit hat jeder in der Gruppe.

Inzwischen gehöre ich selber zur Kategorie der »Staubtrockenen«, und ich bemühe mich nach Kräften, nicht allzuviel Staub anzusetzen. Am einfachsten und sichersten gelingt mir das, wenn ich weiterhin von meinen ganz banalen alltäglichen Erfahrungen berichte, von meinen momentanen Schwierigkeiten und Problemen, und wenn ich offen bleibe für Neues und bereit, Altvertrautes immer wieder neu in Frage zu stellen.

Lehrjahre als Gruppensprecherin

Ich war gut vier Jahre trocken, als ich eine eigene Gruppe übernahm. Es war der richtige Zeitpunkt für mich. Ich war geschult durch die Auseinandersetzung mit Erika und die Erfahrung mit Ernst. Ich hatte im privaten Bereich keinerlei Probleme und fühlte mich insgesamt stabil genug, eine zusätzliche Belastung auf mich zu nehmen.

Eigentlich ist die Position des Gruppensprechers nichts Außergewöhnliches. Ich hatte nur die Wortmeldungen nacheinander aufzuschreiben, das Wort zu erteilen, bei besonderen Vorkommnissen, wenn zum Beispiel jemand randalierte oder gegen die Regeln der AA's verstieß, einzuschreiten und zu informieren, aufzuklären. Ob und was ich sonst noch aus dieser Aufgabe machen würde, blieb mir überlassen.

Und an dieser Stelle begannen meine Ansprüche, meine überzogenen Erwartungen zu wuchern. Würden auch genug Gruppenfreunde kommen? Würden sie wegbleiben, andere Gruppen vorziehen? Würden sie meine Art akzeptieren? Bin ich ihnen vielleicht zu streng, zu schulmeisterlich, zu intellektuell? Ob ich ihnen wohl etwas von meinen Erfahrungen, meinem Wissen würde vermitteln können?

Ich hatte einige Mühe, mich zur Ordnung zu rufen, nur bei mir und meiner Aufgabe zu bleiben. Vor jeder Gruppensitzung rief ich mir in Erinnerung: Anspruchshaltung, Erwartungshaltung gleich Null! Das half meist über die gröbste Unruhe hinweg, und sobald der Einstieg ins Gespräch gefunden war, war ich ganz konzentriert bei der Sache, sehr darauf bedacht, auch den kleinsten Anlaß herauszuhören, der mir Gelegenheit geben würde, eigene Erfahrungen mit ins Spiel zu bringen oder grobe Fehleinstellungen von Gruppenfreunden zu korrigieren beziehungsweise zu hinterfragen.

Anfangs machte ich von dieser Möglichkeit nur sehr begrenzt Gebrauch, da ich noch unsicher war, wieviel Raum ich mir zumessen konnte, ohne die Zeit der anderen unnötig zu beschneiden. Später, als ich sicherer und auch selbstbewußter war, ging ich mit dieser Möglichkeit sehr viel freier um, nahm mir die Zeit, wenn ich es inhaltlich für wichtig hielt, und ging im übrigen davon aus, daß es auch Aufgabe einer gut funktionierenden Gruppe ist, ihren Sprecher zur Ordnung zu rufen, wenn es nötig ist. Meine eigenen Erfahrungen mit Autoritätspersonen hatte ich wiederholt mit ins Spiel gebracht und damit zu entsprechenden Reaktionen ermutigt.

Ich hatte das Glück, daß meine Gruppe redefreudig war. Vielleicht aber lag das auch daran, daß ich selber und inzwischen auch weitere Gruppenfreunde bekannt waren für die Offenheit und nicht zuletzt auch die Hemmungslosigkeit, mit der wir die Gruppe in ihrer therapeutischen Funktion als Spiegel und Katalysator der eigenen Seele benutzten, indem wir uns nicht scheuten, auch unsere dunkelsten Seiten ans Tageslicht zu holen. Vor allem die gerade erst dem »Stoff« Entronnenen ermunterte ich immer wieder dazu, sich nicht mit dem bloßen, sehr viel unverbindlicheren Zuhören zu begnügen.

Doch es gab auch Tage, an denen sich das Gespräch sehr zähflüssig und von lastendem Schweigen durchsetzt über die Runden quälte. Ich kannte Vergleichbares aus meiner Analyse, und auch damals hatte ich das Schweigen oft wie einen gefährlichen Abgrund erlebt, dessen bedrohlichen Sog ich fürchtete und dem ich mich anfangs mit hektischem, oberflächlichem Gerede zu entziehen suchte.

Später begann ich zu verstehen, was es mit diesem Schweigen auf sich hatte. In dem Maße, in dem ich die Pausen als vielschichtige und vielsagende Unterbrechungen meines Gedanken- und Gefühlsstromes begreifen lernte, verlor der Sog ins Ungewisse an Bedrohlichkeit, konnte ich mich ihm angstfreier anvertrauen und mich lösen von der zwanghaften Aufsicht durch mein Ich-Bewußtsein. Dadurch eröffneten sich mir neue Möglichkeiten und Dimensionen eigenen Fühlens und Empfindens. Ich brauchte nur nachzuschauen, an welcher Stelle der Redefluß ins Stocken geraten war, mußte nur nachfühlen, was in diesem Moment in mir vorging und welche inneren Barrieren sich aufbauten. Dann spürte ich, daß mein Abgleiten ins Banale, Unverbindliche oder meine fruchtlosen, um sich selbst kreisenden Grübeleien nichts anderes waren als Abwehr des Eigentlichen, Darunterliegenden, das ich mit meinem Schweigen aus dem Bewußtsein verbannen wollte.

Ähnlich verstand ich das Schweigen in der Gruppe. Da saßen Menschen, die vor einer Stunde noch getrunken hatten neben solchen, die das Glas schon jahrelang stehengelassen hatten, Männer oder Frauen, die vor Angst und Verzweiflung nicht aus noch ein wußten neben solchen, die in ihrer Abgeklärtheit schon fast unglaubwürdig wirkten, und dann wieder ganz Hochgestimmte, Euphorische neben zutiefst Depressiven und Gedrückten. Und immer saßen da jene stillen, ausdruckslosen Gestalten, austauschbar in ihrer Maskenhaftigkeit, die – gerade ein paar Tage, Wochen oder Monate abstinent – den Ernst ihrer Lage nicht begriffen, sich sicher wähnten auf ihrem Weg in die Trockenheit. Sie zogen es vor zu schweigen und sich und anderen vorzugaukeln, daß sie alles im Griff hatten und es sich leisten konnten, die Ängste, Unsicherheiten und Versuchungen, denen jeder am Anfang der Trockenheit ausgesetzt ist, unter den Tisch zu kehren. Sie blieben nicht lange, vertaten ihre Chance. Früher oder später holte sie die Sucht wieder ein.

Doch kam es auch vor, daß einer von ihnen den Druck des Schweigens nicht aushielt, sich zu Wort meldete und das lange Verschwiegene, Verdrängte, Vergessene heraussprudelte oder -stotterte – je nach Temperament. Er hatte die Chance, die im Schweigen liegt, ergriffen, die innere Barriere überwunden und einen Neuanfang gewagt. In solchen Situationen war ich froh, daß ich das Warten gelernt hatte.

Die einzig heikle Situation, die ich zu meistern hatte, fiel in die Anfangsphase. Volker hatte sich unter anderen meine Gruppe ausgesucht, um Unruhe zu stiften. Er, der mir damals zu Beginn meiner Trockenheit ein paar deftige und sehr treffende Sprüche mit auf den Weg gegeben hatte, saß nun am Tisch und mißbrauchte unsere sonst so segensreiche Regel, daß jeder das Recht hat zu reden, so lange und so oft er will. Er war nicht zu bremsen. Für mich war klar, daß er nicht trocken war. Wahrscheinlich Tabletten, dachte ich, so jedenfalls hörte sich sein Gerede an. Es war nicht wirr wie unter Alkoholeinfluß, die einzelnen Sätze hatten Hand und Fuß, wirkten zum Teil sogar so, als hätte er lange über seine Formulierungen nachgedacht. Aber er drehte sich im Kreis, wiederholte sich, kreiste immer wieder um einen zentralen Gedanken: Alle Welt wolle ihm Böses, und er sei das unschuldige Opfer.

Ich hörte mir das eine Weile an, dachte an all die Gruppenfreunde, die Volkers Geschichte nicht kannten, ihm jedes Wort abnehmen würden, oder an die, für die er immer noch der große Guru von früher war und die wie die Kinder an seinen Lippen hingen. Und ich dachte an meine Glaubwürdigkeit.

Irgendwann unterbrach ich ihn einfach, verbot ihm für den Rest der Gruppensitzung das Wort und sagte ihm auf den Kopf zu: »Du bist nicht trocken!« Ich sagte dies laut, so laut ich konnte, und ich war froh, daß meine Stimme nicht zitterte, sich nicht überschlug. Sicher hatte ich wieder rote Flecken am Hals, sicher sah man mir an, welche Anstrengung mich eine solche Konfrontation kostete.

Ich wußte, worauf ich mich einließ, und so war ich vorbereitet auf seinen Protest, der umgehend folgte. Autoritär sei ich, das sei typisch für mich. Er fühle sich vollauf bestätigt in seinen Äußerungen und so weiter.

Ich schnitt ihm kurzerhand das Wort wieder ab. Sehr laut, sehr nachdrücklich sagte ich nur: »Jetzt reicht's! Halt den Mund!« Das verblüffte ihn wohl so, daß er wirklich aufhörte. Ab und zu murmelte er noch etwas Unverständliches dazwischen, ansonsten aber gab er für den Rest des Abends Ruhe. Aber er kam wieder, versuchte es noch einmal, bis ich seine Redezeit auf drei Minuten begrenzte und ihn jedesmal kräftig unterbrach, wenn seine Zeit um war. Danach hielt er sich an die Spielregeln, bis er irgendwann ganz wegblieb.

Es war ein Machtkampf, der sich über mehrere Wochen hinzog. Er kostete mich viel Kraft. Jedesmal, wenn ich ihn kommen sah, schlug mein Herz heftiger, stieg der Blutdruck und versetzte mich in eine Dauerspannung, die erst nachließ, wenn die Gruppe beendet war. Es war eine jener Auseinandersetzungen, die ich mir nicht ausgesucht hatte, der ich mich aber stellen mußte, wenn ich meine Glaubwürdigkeit, auch vor mir selber, nicht verlieren wollte.

Volker hatte meine beginnende Trockenheit mit sehr klaren, sehr drastischen Worten begleitet und kommentiert (»Du mußt erst einmal richtig in die Gosse, bevor du es schaffst, trocken zu werden.«). Diesmal war ich es, die ihm den Spiegel vorhielt. Ob er sich darin erkennen konnte, vermag ich nicht zu sagen. Aber vielleicht waren unsere Zusammenstöße doch Anstöße für ihn, denn inzwischen ist er eine ganze Weile trocken, und zwar auf sehr überzeugende Art. Es muß ein schwerer Weg gewesen sein bis dahin, und ich achte und schätze Volker sehr.

Sehr bald stellte sich ein Zusammengehörigkeitsgefühl in meiner Gruppe ein, ein Gefühl von Geborgenheit und Wärme, wie ich es am Anfang meiner Trockenheit gespürt hatte, nachdem ich alle Hoffnungen aufgegeben und wie eine Ertrinkende nach diesem Strohhalm gegriffen hatte. Diesmal aber erlebte ich es von einer neuen Warte aus. Ich war es nun, die den Rahmen für das Wir-Gefühl gestaltete, die dafür sorgte, daß keiner zu kurz kam, keiner sich ausgeschlossen wähnte. Fast möchte ich von einem mütterlichen Gefühl sprechen, das mich leitete, in jedem Fall fühlte ich mich verantwortlich und handelte entsprechend.

Im Laufe der Zeit verlor sich der Erwartungsdruck an mich selbst. Mehr und mehr erlebte ich das Gruppensprecheramt als eine Aufgabe wie viele andere auch, eine, die ich zunehmend gern und mit wachsender Sicherheit betrieb. Ich spürte, daß ich hier an der richtigen Stelle war, daß ich etwas zu sagen hatte, und zwar etwas, das ich selbst durchlitten hatte, in dem ich mich auskannte.

An keiner Stelle in meinem Leben habe ich je so eine Sicherheit, so eine Übereinstimmung mit meinen ureigensten Bedürfnissen und Möglichkeiten erlebt wie hier. Weder in meinem Beruf als Lehrerin und schon gar nicht damals als Kindertherapeutin. Hier brauchte ich nur zuzuhören, mich einzufühlen, die Worte wirken zu lassen, um dann in mich hineinzuhorchen, eigene Erfahrungen aufsteigen zu lassen, darauf vertrauend, daß ich die richtigen auswählen würde, und dann von ihnen zu sprechen.

Die Voraussetzung ist allerdings, daß ich in der Gruppe bereit bin, mir selber mit größtmöglicher Ehrlichkeit zu begegnen, meine Gefühle und unbewußten Seelenanteile vorurteilslos und akribisch zu beobachten, zu registrieren, Schlüsse zu ziehen und dann zu handeln, auch auf die Gefahr hin, verzichten oder leiden zu müssen. Ich selber mache mich dabei zum Objekt meiner Erkenntnis und bin zugleich deren bestes Instrument, wenn es darum geht, die unbewußten Regungen meines Gegenübers zu verstehen. Nichts anderes tut ja der Therapeut, nur daß er sich selbst heraushält und so ein Gefälle entsteht, das den Patienten in die Rolle des Abhängigen drängt.

Es ist klar, daß diese spezielle Art, mit der Sucht umzugehen, nicht jedermanns Sache war. Viele horchten nur ein paarmal rein und blieben dann weg. Da werde zuviel über Gefühle gesprochen. Vom Alkohol, vom Trinken, von der Vergangenheit höre man zu wenig. Das sei etwas für »bessere Leute«, für Intellektuelle, so hieß es mancherorts in einer seltsamen Mischung aus Geringschätzung und uneingestandener Neugierde, und schon hatten wir unseren Stempel weg: Intellektuellengruppe. Dabei waren diese nur eine verschwindende Minderheit. Diejenigen, die in der Gruppe blieben, die sich nicht an der konsequent vorurteilslosen Arbeitsweise stießen, gehörten bald zum Stamm, mit dem sich sehr fruchtbar arbeiten ließ.

Ich denke da zum Beispiel an Andreas, den Fleischermeister, der mit bewunderungswürdiger Geradlinigkeit seinen Weg in die Trockenheit ging, der hier in der Gruppe zum ersten Mal mit seinen Gefühlen konfrontiert wurde und dessen Lernbereitschaft und Fortschritte auf diesem Gebiet mich immer wieder aufs Neue beeindruckten. Der seine völlig zerrüttete Ehe gemeinsam mit seiner Frau, die regelmäßig die Angehörigengruppe besuchte, in geduldiger, mühevoller Kleinarbeit zu neuem Leben erweckte, der erstmalig eine tragfähige, liebevolle Beziehung zu seinen beiden Söhnen fand und dessen Dankbarkeit und Zuversicht angesichts seiner neugewonnenen Lebensqualität ansteckend wirkten und in ihrer Ehrlichkeit und Schlichtheit viele neue Gruppenfreunde immer wieder neu überzeugen. Wenn er sich heute nach langen Jahren der Trockenheit zu Wort meldet, höre ich immer gern und sehr genau zu, denn die Klarheit und Unkompliziertheit seiner Gedankengänge sind von ganz besonderer Qualität.

Und da ist Heidi, die Gartenbauangestellte, deren neurotische Ängste mich so sehr an meine Anfangsphase erinnerten. Sie ist auch eine von denen, die keine Wahl hatten, als es darum ging, sich dem eigenen Unbewußten zu stellen. Es gelang ihr allmählich, neben ihrer Sucht auch ihre psychischen und physischen Symptome in geduldiger Kleinarbeit zu überwinden, so daß sie inzwischen mit den noch verbliebenen Schwierigkeiten selbstbewußt und humorvoll umzugehen vermag und im großen und ganzen gesehen ein zufriedenes, trockenes Leben führen kann.

Und ich denke an Stefan, den Studenten, der völlig orientierungslos und resigniert zu uns stieß und der im Laufe der Jahre ein so sicheres Gespür für sich selbst, seine Möglichkeiten, Fähigkeiten und Grenzen entwickelt hat, daß es mir jedesmal eine Freude ist, ihn zu erleben. Er übt inzwischen einen qualifizierten Beruf aus und ist verheiratet.

Etwa fünf Jahre lang war ich Gruppensprecherin. Dann schien es mir an der Zeit, die Leitung abzugeben. Damals steckte ich mitten in einer persönlichen Krise, für die ich meine gesamte Energie brauchte. Ich wollte ihr auf den Grund gehen, ihr meine ganze Kraft widmen, um sie zu verstehen. Nachdem ich einen Nachfolger gefunden hatte, nahm ich an »meiner« Gruppe weiterhin als einfaches Gruppenmitglied teil.

Tochter und Vater

Seit dem Tod meiner Mutter hatte sich das Verhältnis zu meinem Vater intensiviert. Er war inzwischen Anfang achtzig und trotz seiner Krankheit geistig noch sehr rege. Er hatte sich in den Kopf gesetzt, die zwei begonnenen wissenschaftlichen Arbeiten noch vor seinem Tode zum Abschluß zu bringen. Zu diesem Zweck beschäftigte er einen ganzen Stab von Mitarbeitern, die er später auch vom Krankenbett aus noch sehr wirkungsvoll zu dirigieren wußte. Ich ging damals einmal wöchentlich zu ihm. Wir unterhielten uns, und dann las ich ihm vor. Da er inzwischen stark sehbehindert war, konnte er nur noch mit der Lupe lesen, und diese Anstrengung beschränkte er auf die sporadische Lektüre wissenschaftlicher Arbeiten am Vormittag, wenn seine Sekretärin anwesend war.

Anfangs erlebte ich diese Stunden als reine und zunehmend lästige Pflichterfüllung, da mein Vater recht launisch sein konnte und immer wieder in altvertrautes patriarchalisches, autoritäres Verhalten abglitt. Ich litt unter der Rolle, die ich mir hatte zuschreiben lassen, und fühlte mich als ausgebeutete Tochter, die gerade gut genug war, einfache Arbeiten zu verrichten. Irgendwann eskalierte die Situation, und ich war drauf und dran, wieder einmal den Kontakt abzubrechen.

In dieser kritischen Phase wirkte ein klärendes Gespräch mit Jonas Wunder. Mein Vater sei ein alter Mann, der sich nun nicht mehr ändern könne. Ich sei eine erwachsene Frau. Ich solle seine Eskapaden nicht überbewerten und die Rolle des Kindes für mich selbst zu den Akten legen. Dann nämlich könne er mich nicht mehr als ein solches behandeln. Von ihm könne ich diesen Schritt nicht erwarten. Im übrigen sei doch er von mir abhängig, nicht umgekehrt. Wenn ich mir dieser Tatsache immer bewußt sei, könne ich meinem Vater als erwachsener Mensch gegenübertreten und Grenzen setzen, da wo ich es für nötig halte. Ich brauchte dann nicht mehr wie ein Kind wegzulaufen.

Diese Klarstellung war sehr hilfreich für mich. Ich veränderte meine Einstellung ihm gegenüber und konnte ihn nun als den Menschen sehen, der er war, als einen kranken, alten Mann, der seinen Umgang mit uns von Kinderzeiten an bis heute fraglos und unverändert aufrecht erhielt. Bisher hatte ich ihn daran nicht gehindert, hatte ebenso kritiklos wie er die mir zugedachte Kinderrolle übernommen, die mich jeder ernsthaften Verantwortung enthob und die das über mehr als vierzig Jahre gewachsene Beziehungsgefüge nicht ins Wanken brachte. Ich hatte die bisweilen entwürdigenden Situationen ertragen, den Ärger und die Wut heruntergeschluckt und eine Konfrontation und Auseinandersetzung vermieden.

Und nun reichte eine klärende Bestandsaufnahme, um das Verhältnis zwischen uns zurechtzurücken. Jetzt konnte ich ihm als erwachsene Frau begegnen und ihn von dieser neuen Warte aus mit ganz anderen Augen wahrnehmen. Ich erlebte ihn zunehmend als einen interessanten, belesenen und auch humorvollen Menschen, mit dem ich oft informative und anregende Gespräche führen konnte. Und da ich seitdem bei der Wahl seiner Lektüre mitbestimmte – was ich längst hätte tun können –, wurde auch das Vorlesen oft zu einem Gewinn. Seine seltenen Rückfälle in alte Gewohnheiten trug ich nun mit Gelassenheit. Ich war selber verblüfft, was eine bloße Veränderung der inneren Einstellung – wenn sie aus tiefster Überzeugung und zum richtigen Zeitpunkt vollzogen wird – bewirken kann.

Später, als mein Vater sehr krank wurde und ich häufiger mit ihm zu tun hatte, kam seine herrische, ungeduldig fordernde Art wieder stärker zum Tragen. Doch nun konnte ich damit viel überlegener umgehen, da ich sein Verhalten mir gegenüber nicht mehr als persönliche Kränkung erlebte.

Im letzten Jahr vor seinem Tod führten wir hin und wieder auch persönliche Gespräche – zum ersten Mal in unserem Leben –, und ich war überrascht, wie offen und interessiert er sich in manchen Fragen zeigte. Meinen Alkoholismus nahm er als gegeben hin. Er ignorierte ihn nicht mehr, aber er stellte auch keine weitergehenden Fragen. Nur nach meiner Arbeit in der Gruppe erkundigte er sich sehr interessiert. Er begriff sie, jetzt da ich trocken war, als eine Art Sozialarbeit, die anderen, schwächeren Menschen zugute kam, so wie er als junger Mann in der evangelischen Kirche Gruppenarbeit geleistet hatte. So gesehen war es für ihn fast ehrenhaft, eine Tochter mit einem solchen Makel zu haben. Ich ließ ihn bei dieser Version. Hauptsache, ich wußte es besser.

Er blieb bis ins hohe Alter hinein lernfähig, selbst im zwischenmenschlichen Bereich. Das zeigte sich, als ich mich einige Monate vor seinem Tod zu einer sehr deutlichen Aussage gezwungen sah. Ich mußte ihm klarmachen, daß er die Frau, die für seine tägliche Versorgung jetzt unentbehrlich war, mit seiner autoritären Art und seinen Ansprüchen von heute auf morgen aus dem Haus gegrault hatte. Ich redete nicht um den heißen Brei herum, sondern nannte die Dinge beim Namen, sagte alles, was zu sagen war, kein Wort zuviel, keines zuwenig. Er war schwerhörig, und so fielen meine Sätze besonders kurz und überdeutlich aus. Am nächsten Tag bedankte er sich für meine offenen und bedenkenswerten Worte. Damit hatte ich nicht gerechnet. Ich war froh, in ihm einen Menschen wiedergefunden zu haben, den ich achten konnte.

Sein Sterben war qualvoll und zog sich über Wochen hin. Er blieb bis zum Schluß in seinem Haus. So hatte er es gewollt. Sein Tod fiel zusammen mit dem – vorläufigen – Ende meiner Beziehung zu Jonas.

Die Krise

Eine Illusion zerplatzt

So ging das nicht weiter! Ich mußte ihn sprechen, heute noch! Mein Puls raste, das Herz schlug mir bis zum Hals. Worte, Sätze schossen mir durch den Kopf, während ich schon im Auto saß und zu ihm fuhr:

»Du behandelst mich lieblos! Kein Wort, keine Geste als Antwort auf meinen Brief, den ich dir neulich schrieb! Warum? Warum weigerst du dich so stur, mal etwas von dir zu geben, was dir so schwer über die Lippen kommt, was ich aber in einer solchen Situation weiß Gott erwarten kann: ein Dankeschön, einen Hinweis, daß du dich gefreut hast, oder auch ein kritisches Wort, in jedem Fall irgendeine kleine Reaktion! Du bist doch sonst so erfinderisch! Das grenzt an Nichtachtung, an Desinteresse, so jedenfalls erlebe ich das, und ich weiß, daß ich das auf Dauer nicht ertragen kann und will...«

Ganz sicher, er würde das klären, würde es mir verständlich machen können wie schon so oft, wenn ich früher ähnlich erregt zu ihm fuhr. Immer war es ihm gelungen, meine Unruhe zu vertreiben und Licht ins Dunkel der Gefühle zu bringen. Auch diesmal würde es so sein, zweifellos! – Und wenn nicht? Wenn er sich weiter in Schweigen hüllte? – Ich schob den Gedanken angstvoll beiseite, ließ ihn nicht Fuß fassen.

Es war gegen neunzehn Uhr, als ich vor seinem Haus hielt. Er würde erst in einer guten Viertelstunde kommen. Solange wollte ich an der frischen Luft noch einmal meine Gedanken sortieren. Mein Blick glitt beiläufig zu seinen Fenstern hoch. Merkwürdig, da brannte Licht! Das mußte er morgens in der Eile vergessen haben... Kann ja vorkommen. Aber eigentlich ist das nicht seine Art, korrekt, wie er in solchen Sachen ist. Irgendwie komisch ist das schon! Doch das wird sich gleich klären, so wie sich immer alles geklärt hat!

Für einen kurzen Moment spürte ich eine Leere in meinem Kopf, beunruhigend und bedrohlich, ein Vakuum, in das nun machtvoll und unwiderruflich ein Gedanke stieß, der sich wie ein Fremdkörper in mir breitmachte, kalt, beziehungslos und abgehoben: Andere würden denken, daß da eine Frau im Spiel ist, aber *ich* doch nicht! – Das hatte ich nicht nötig. Jonas und Fremdgehen, das paßte nicht zueinander! Für Bruchteile von Sekunden genoß ich mein Überlegenheitsgefühl. Doch dann überfiel mich Panik: Und wenn doch? Mein Gott! Das Blut schoß mir zum Herzen. Ich drückte auf den Klingelknopf. Wartete. Hörte das Hämmern in meinen Schläfen. Drückte noch einmal. Wartete, fingerte nervös den Schlüssel aus meiner Tasche, schloß die Haustür auf, stieg die Treppe hoch, klingelte an der Wohnungstür, hörte von innen ein fragendes »Jonas?« und schloß die Tür auf. Da stand sie.

Es traf mich völlig unvorbereitet, und es traf mich hart. War es die andere Frau, die mir die Knie zittern ließ, so daß ich mich setzen mußte? Wohl kaum. Sie würde ihre Rolle schnell ausgespielt haben, daß wußte ich instinktiv, als ich sie sah, sie hatte nie ernsthafte Bedeutung für Jonas.

Nein, es war sein Sturz vom Podest, der mir den Atem nahm, mich so tief verstörte und mich zweifeln ließ an meiner Wahrnehmungsfähigkeit. Das war doch nicht der Jonas, den ich liebte! Ich mußte mich täuschen. Ganz sicher! So gewöhnlich, so schäbig, so verlogen wie die Männer, von denen immer die Rede war und von denen ich bisher keinen kennengelernt hatte, konnte er doch nicht sein! Er nicht!

Und seltsam, was suchte dieser verdorrte Adventskranz auf seinem Tisch, was sollten die vielen Trockensträuße hier? Das war doch nicht sein Werk. So etwas war ihm zutiefst zuwider. Wie konnte er das mit sich geschehen lassen? Was hatte ihn bewogen, derlei Fremdkörper in seiner Wohnung zu dulden? Nie wäre ich auf die Idee gekommen, ihn mit etwas Ähnlichem zu belästigen, seinen vier Wänden meinen Stempel so ungeniert, so unübersehbar aufzudrücken. Hatte ich ihn so falsch eingeschätzt? Dieser Jonas jedenfalls schien ein anderer zu sein als der, den ich bis vor kurzem noch zu kennen glaubte. Dem war offenbar alles zuzutrauen. Wo waren seine Glaubwürdigkeit, seine Integrität, seine Zuverlässigkeit? Hatte er das alles über Bord geworfen? Und warum? Wie konnte er so leichtfertig unsere Liebe aufs Spiel setzen?

Wie im Zeitlupentempo formte sich eine Frage nach der anderen in mir. Mühsam faßte ich einige davon in Worte, denn inzwischen war Jonas erschienen und hatte die Frau gebeten, uns allein zu lassen. Doch ich kam nicht weit. Entsetzen lähmte mich, ließ mich schließlich verstummen. Eine Illusion stürzte in sich zusammen, von einem Augenblick zum anderen. Ich stand fassungslos, sprachlos vor dem Trümmerhaufen. Kein Platz für Wut und Tränen. Mechanisch kramte ich den Schlüsselbund aus der Tasche, klinkte seinen Schlüssel aus und legte ihn auf den Tisch. »Laß das doch!« sagte er wie beschwörend. Ich stand auf und ging. Langsam und wortlos. Er folgte mir die Treppe hinunter, begleitete mich nach draußen. Ich schloß das Auto auf. »Fahr vorsichtig!« sagte Jonas leise. Wie erstarrt setzte ich mich hinters Lenkrad und startete, den Blick geradeaus auf die Straße gerichtet.

Phase der Lähmung und inneren Trugbilder

Das war der Beginn einer tiefen Krise und zugleich eines neuen Lebensabschnitts. Jahrelang hatte ich mich in der trügerischen Sicherheit gewiegt, daß ich nun doch noch in meinem neuen Lebenspartner meinen »Prinzen« gefunden hatte, mit dem ich »glücklich und zufrieden bis ans Lebensende« meinen Weg gehen konnte. Und nun stellte sich diese Hoffnung von heute auf morgen als eine Illusion heraus. Daß ich an diesem »Märchen« selber kräftig mitgewirkt hatte, war mir zu diesem Zeitpunkt allerdings noch nicht bewußt.

»Fahr vorsichtig!« klang es mir noch im Ohr, als ich mich ins Auto setzte. Die Straße war spiegelglatt, wie geschaffen für einen Unfall, der alle meine Probleme aus der Welt schaffen würde.

Nein, ich würde es nicht tun, würde vorsichtig fahren, mich nicht in Gefahr begeben! Diese Art der Problemlösung gehörte ein für allemal der Vergangenheit an. Dafür hatte ich nicht jahrelang gelitten, um nun die Flinte ins Korn zu werfen. Alle meine Sinne waren darauf bedacht, diese gefährliche Fahrt heil zu überstehen. Nun gerade!

Mechanisch lenkte ich den Wagen durch die dunklen Straßen, und ganz automatisch gab ich acht, nicht zu schnell zu fahren. Es war, als stünde ich neben mir, als sähe ich im Zeitlupentempo einen Film ablaufen, in dem ich eine tragische Hauptrolle spielte. Und immer wieder war da der Gedanke: Du mußt ihn nur anhalten, diesen Film, ihn zurückdrehen. Es ist nur ein böser Spuk. Gleich ist alles vorbei, alles wieder beim alten. Doch die Realität holte mich schnell wieder ein.

Ich kam nach Hause in meine Wohnung, und jetzt endlich konnte ich weinen. Angst übermannte mich, bodenlose Angst vor dem Nichts, das sich vor mir auftat. Ich schluckte die Verzweiflung herunter, ließ sie nicht Herr werden über mich, wies sie in ihre Schranken und setzte einen Riegel vor die Schleusen, die die Dämonen aus der Tiefe freisetzen würden. Ich rief Maria an. Sie holte mich ab.

In dieser Nacht habe ich kein Auge zugetan. Die Gedanken drehten sich im Kreis. Immer und immer wieder rekapitulierte ich das Erlebte. Wie er vor mir kniete, meine Hände hielt, seinen drängenden Blick auf mich gerichtet. Die spärlichen Worte, die mein stummes Entsetzen durchbrachen: »Ich wollte dich nicht verlieren, wollte dich nicht verletzen!« Und warum hatte er es dann getan? »Das hat sich so ergeben. Ich wollte die Sache ja gleich wieder beenden. Aber irgendwie dann auch wieder nicht.« So diffus, so vage, das war doch sonst nicht seine Art! Und was meinte er damit: »Ich hab dich doch nicht ersetzen wollen«? Und dann der seltsame Satz: »So viel habe ich von keinem Menschen vorher gelernt.« Was sollte er von *mir* gelernt haben? Nie war bisher davon die Rede gewesen. Und warum hatte er mich gehen lassen, warum hatte er mich nicht zurückgehalten? Und immer wieder der verzweifelte Gedanke: Morgen früh wird sich alles aufklären. Das kann doch nicht wahr sein! Ich muß mich irren!

Natürlich kam auch der Gedanke an Tabletten, an Alkohol, doch nicht als drängender Wunsch. Trotz aller Verzweiflung blieb für mich durchgehend klar: Ich würde die Jahre der Trockenheit, all das, was ich mir mühsam erworben hatte, nicht aufs Spiel setzen, würde alles tun, um sie zu retten. Was, das wußte ich damals noch nicht. Ich wußte nur, daß eine einzige winzigkleine Tablette oder ein einziger Schluck Alkohol alles zunichte machen würden, was mir inzwischen so viel bedeutete.

Und immer wieder auch wanderten meine unruhigen Gedanken in dieser durchwachten Nacht zurück in meine »nasse« Zeit. Nie wieder wollte ich dorthin zurück. Um keinen Preis. Allein die Tatsache, daß ich in einer solchen Krisensituation klar denken konnte, daß ich meine

Selbstachtung nicht verloren hatte, waren Gründe genug, mich jeder nur erdenklichen Mühsal zu unterziehen.

Ich konnte auf Erfahrungen aus neuneinhalb Jahren Trockenheit zurückgreifen und wußte ja inzwischen, daß jede Krise in sich den Keim des Neuen birgt und daß es an mir ist, ihn zum Wachsen zu bringen, wußte auch, daß dies Neue nur unter Schmerzen geboren werden kann und daß ich kreativ immer nur dann werde, wenn die Umstände mich dazu zwingen, weil ich ohne Druck nun einmal nicht geneigt bin, vertraute Pfade zu verlassen.

Also nahm ich den Schmerz an, klammerte mich mit verzweifelter Hoffnung an diese Vision vom Neuen, noch zu Gestaltenden und quälte mich Stunde um Stunde durch die Nacht.

Phase der Widersprüche

In den nächsten Tagen begann sich die anfängliche Erstarrung zu lösen, und eine Lawine unterschiedlichster Gefühle überschwemmte mich. Es war so, als öffnete sich nach und nach meine Seele, um dem großen, stummen Anfangsgefühl Ausdruck zu geben, es aus seiner Form- und Sprachlosigkeit zu erlösen. Und ich ließ die Angst vor dem Verlust zu, vor Einsamkeit, vor dem Überwältigtwerden durch das Übermaß der Emotionen, vor dem Versagen angesichts der erlebten Kränkung, vor dem Rückfall.

Nachdem ich in der ersten Woche nach heftigen Wechselbädern zwischen abgrundtiefer Verzweiflung und aufflackernder Hoffnung am Ende meiner Kraft angelangt war, entschied ich mich erst einmal zu einem radikalen Abbruch der Beziehung. Immer wieder hatte ich gehofft, daß alles sich wie ein böser Spuk in ein Hirngespinst auflösen würde und wir an dem Faden weiterspinnen konnten, wo wir vor diesem furchtbaren Januarabend aufgehört hatten. Doch inzwischen war mir klar geworden, daß nichts mehr so sein würde wie früher. Der tiefe Riß, der uns trennte, würde nicht wegzudiskutieren sein, die Kränkung, die ich erfahren hatte, würde unsere Zweisamkeit vergiften, und der Jonas, dem meine Liebe galt, schien nicht mehr zu existieren.

Nichts – fast nichts – hatte darauf hingedeutet, daß wir auf einen Abgrund zusteuerten. Sicher, rückblickend sagt sich das so leicht, daß ich hier und da hätte hellhörig werden müssen, daß ich warnende Vorzeichen hätte wahrnehmen müssen, denn die gab es natürlich. Aber ich tat sie ab als streßbedingte Zurückhaltung und normale Ermüdungserscheinungen einer immerhin inzwischen siebeneinhalbjährigen Beziehung. Das würde sich geben, wenn er beruflich aus dem Gröbsten heraus wäre.

Im übrigen hatte er ja neulich in einem kurzen Gespräch – dem einzigen dieser Art – überzeugend und fast beschwörend klargestellt, daß doch so, wie es ist, alles in Ordnung sei. »Da gibt es keine andere Frau«, hatte er noch hinzugefügt, und ein wenig hatte mich dieser Zusatz irritiert, denn nach einer Frau hatte ich ihn nicht gefragt. An eine solche Möglichkeit hätte ich nicht einmal im Traum gedacht. Doch ich schob diese Ungereimtheit beiseite. Irgendeine belanglose Erklärung würde sich sicher dafür finden. Ich hielt mich an seine Worte und sah keinen Grund, daran zu zweifeln. Er war es doch gewesen, der mich davon überzeugt hatte, daß es viel sinnvoller ist, ehrlich zu bleiben, wenn schon nicht aus moralischen Gründen, so doch aus Gründen der Vernunft und der Selbstachtung. – Warum in aller Welt hatte er gelogen? War es aus Angst oder Feigheit, war es Rücksichtnahme oder einfach Nichtachtung? Irgendwann würde ich es sicher erfahren.

In jedem Fall war er seinen eigenen Ansprüchen nicht gerecht geworden, und damit hatte er offenkundig große Mühe. »Damit muß ich ganz allein fertigwerden«, hatte er in unserem ersten Gespräch danach beiläufig gesagt.

Mehr war zu diesem Thema nicht von ihm zu erfahren. Sein Schweigen, seine lapidaren Hinweise auf die Zeit, die Zukunft, die notwendige Geduld, die aufzubringen sei, nachdem dies nun einmal geschehen sei, strapazierten meine Nerven über Gebühr und machten mich endgültig zornig. Ich fühlte mich alleingelassen, lieblos meinem Schicksal, meinen verzweifelten Fragen, meinem Nichtverstehen-Können ausgeliefert, und für eine kurze Zeit sah ich in einer endgültigen Trennung für mich die einzige Möglichkeit.

Darin hatte ich Übung. Der Abschied von Jens war mir noch in Erinnerung, aber auch die früheren radikalen Trennungen in meinem Leben. Offenkundig war dies meine bevorzugte Form der Konfliktlösung, jedenfalls wenn es um Beziehungskrisen ging. Sie schaffte klare Verhältnisse, milderte die wuchernden Ängste, schob allen gefährlich schillernden Hoffnungen einen Riegel vor und hob das geschwächte Selbstwertgefühl. Das war oft notwendiger Selbstschutz gewesen, und auch diesmal schien mir die Radikallösung angezeigt. An ausreichenden, erholsamen Schlaf war nicht zu denken, und meine Nerven waren zum Zerreißen gespannt.

So tat ich, was man in solchen Fällen eben tut, um die Endgültigkeit der Entscheidung zu bekräftigen und zu demonstrieren. Ich gab ihm die Dinge zurück, die ihm gehörten, und erbat mir von ihm meine, die er mir umgehend und kommentarlos zukommen ließ. Seine Kälte und Distanziertheit trafen mich tief. Fühlte er so gar nichts bei dieser Trennung? Konnte er sich so wenig in meine Lage versetzen, nachempfinden, wie ich litt und wie sehr ich auf ein erklärendes Wort von ihm wartete? Merkte er nicht, wie ungleich die Last in unserem Drama verteilt war, wie sehr mir mein Nicht-verstehen-Können zu schaffen machte? Immerhin besiegelte sein Schweigen meinen Entschluß. War es das, was er damit bezweckte? Wollte er mich auf diese Art loswerden? Inzwischen gab es Momente, in denen ich ihm alles zutraute, und meine Wut gab mir die Kraft für die nächsten Schritte.

Es war ein Weg ins Ungewisse, und ich ging ihn allein. Da gab es keinen, der den Überblick hatte, keinen, der mich lenkte, mir den Weg wies, keinen, der mir mit seinem Wissen voraus war und meinen jeweiligen Standpunkt bestimmen konnte. Zwar ging ich weiterhin einmal wöchentlich in die Gruppe, doch spürte ich hier zum ersten Mal so etwas wie eine Grenze des Verstehens. So hielt ich mich mit meinen Äußerungen zu diesem Thema zurück, und im Laufe der Zeit spürte ich, daß ich inzwischen in mir selber den sichersten Kompaß trug, der mir meinen Weg aus dem Dickicht der Gefühle wies.

Nachdem ich mich also zu einer endgültigen Trennung durchgerungen hatte, begann ich, meine Tage mit Aktivitäten unterschiedlichster Art zu füllen, so daß zum Grübeln kaum noch Zeit blieb. Vor allem war ich darauf bedacht, mich körperlich ausgiebig zu betätigen. Also meldete ich mich mit einer Freundin in einem Sportstudio an, das ich mehrmals in der Woche besuchte. Und einmal wöchentlich ging ich in die Sauna. Wenig später kam noch ein Yogaabend dazu. Die restlichen Abende verbrachte ich in der Gruppe oder im Atelier, und an den noch freien Nachmittagen machte ich ausgedehnte Spaziergänge, meist mit Freundinnen, vor denen ich immer und immer wieder mein inneres Drama aufrollte. Das Reden, und zwar mit möglichst verschiedenartigen Menschen, war eine große Hilfe für mich, um den stundenlangen fruchtlosen Grübeleien zu entkommen, die zu nichts führten. Jede Anregung, jede Kritik, jede neue Sichtweise, die das Gespräch bot, sog ich dankbar auf, immer in der Hoffnung, einen Schlüssel für unser Beziehungsdrama zu finden, eine Erklärung, mit der ich mich zufriedengeben, mit der ich leben könnte.

Die Wochenenden verbrachte ich nun regelmäßig im Haus von Marias Freund. Dort fühlte ich mich geborgen und weit ab von allem, was mich quälte. Von dort aus unternahmen wir zu dritt lange Erkundungstouren in die Mark Brandenburg. Meine Tage waren weitgehend verplant, so daß für spontane Unternehmungen kaum Zeit blieb. Und das war gut so. Zu diesem Zeitpunkt brauchte ich das starre Gerüst einer solchen Wochenplanung, so wie ich die »Zettelwirtschaft« gebraucht hatte, als die Erschöpfungsdepression sich breitmachte. Es gab mir die Gewißheit, daß es im Verlauf des Tages keine unvorhergesehenen dunklen Löcher geben würde, in die ich in meiner damaligen Verfassung jederzeit hätte stürzen können.

Doch meine Entscheidung, die Beziehung von heute auf morgen abzubrechen, war von kurzer Dauer. Anders als bei früheren radikalen Trennungen nahm der innere Druck angesichts des ungelösten Beziehungsrätsels stetig zu, je mehr Zeit verstrich. Die offenen, ungeklärten Fragen türmten sich zu gewaltigen Bergen auf, verstellten mir die Sicht auf Neues und ließen sich von keiner noch so interessanten Aktivität beiseite schieben.

Denn noch waren die vielen Betätigungen reine Beschäftigungstherapie, noch füllte mich keine von ihnen so aus, daß ich sie um ihrer selbst willen betrieb. Noch schlichen sich beim Malen, bei den Entspannungsübungen im Yoga, oder wenn ich auf einer dieser scheußlichen Maschinen im Sportstudio trainierte, immer wieder wohlvertraute Grübeleien ein, besetzten meine Aufmerksamkeit und ließen mich mechanisch das weiterführen, was die Situation verlangte, während meine Gedanken sich im Kreis drehten und erschöpften.

Abhilfe war weithin nicht in Sicht. Es war an mir, Bewegung in die Situation zu bringen, zu begreifen, daß ich mir das innere Bild von Jonas nicht so einfach aus dem Herzen reißen konnte. Es war tiefer und fester verankert, als ich vermutet hatte. Neue, differenziertere Wege waren nötig, um sich diesem Problem zu nähern, denn diesmal würde es nicht so einfach gehen wie bisher. Nicht einmal die Bereitschaft zu leiden würde ausreichen, um irgendwann zur Ruhe zu kommen. Immer wären da die ungelösten Fragen, das tiefe Entsetzen angesichts seines Vertrauensbruchs und seiner unerklärlichen Kälte, die jeden Neuanfang im Keim vergiften würden. Ich mußte diese offene Wunde bewußt in Augenschein nehmen, durfte sie nicht verstecken unter einem Verband, unter dem sie nie ausheilen könnte.

Ich nahm also den Faden wieder auf, suchte das Gespräch mit ihm, versuchte zu verstehen, was so unerklärlich schien, die drängendsten Fragen wenigstens ansatzweise zu klären. Und er stellte sich dem Dialog, zögernd zwar und immer nur reagierend, doch offen und ehrlich, so wie ich ihn bisher kannte. Das entspannte die Situation etwas, gab Raum für vorurteilsfreiere Wahrnehmung. Langsam kam Licht in das verwirrende und verwobene Dunkel unseres Beziehungsgeflechts, und indem ich seine unbewußten Motive, die Hintergründe seines so schwer einzuordnenden Verhaltens zu erahnen begann, gewann ich an Klarheit für mich selber und konnte es mir nun leisten, die bisher weitgehend unter Verschluß gehaltenen Gefühle wenigstens hin und wieder zu ihrem Recht kommen zu lassen.

Und so sah der Konflikt aus, den wir – für uns beide überraschend und verwirrend – nach und nach gesprächsweise aufdeckten: Zu dicht war es ihm geworden in der Beziehung, zu verpflichtend und einengend. Abhängigkeiten waren auf beiden Seiten entstanden, die ihn störten und beunruhigten, seinen persönlichen Freiraum einschränkten. Damals auf unserem langen Spaziergang vor sicher mehr als anderthalb Jahren sei ihm klar geworden, daß das Ende unserer Beziehung – jedenfalls in ihrer jetzigen Form – nur noch eine Frage der Zeit sei, daß früher oder später eine Entscheidung getroffen werden müsse.

Ich erinnere mich noch gut an dieses Gespräch, so als wäre es gestern gewesen. Klopfenden Herzens hatte ich ihm zu verstehen gegeben, wie schwer ich mit seiner Zurückhaltung gegenüber meiner Familie und meinen

Freunden leben könnte, wie wichtig es mir wäre, ihn intensiver in mein Leben miteinbeziehen zu können. Er unterbrach mich nicht, widersprach nicht, rechtfertigte sich auch nicht, und ich sprach mich zunehmend frei, verlor die Angst und fühlte mich sicher. Und er fügte sich meiner Bitte, begleitete mich von da an zu den diversen Einladungen, nahm teil an meinem Leben, übte sich im small talk und bewies auch hierin seine lässige Überlegenheit.

Dieses errungene Zugeständnis mußte ich nun teuer bezahlen. Er hatte nicht mit mir gehandelt, als es darum ging, mir einen Herzenswunsch zu erfüllen, wohl wissend, daß jeder Kompromiß eine endlose Folge zermürbender Auseinandersetzungen nach sich ziehen würde, hatte sich gefügt, solange es ihm möglich war. Doch irgendwann begann ihm dieses Zugeständnis lästig zu werden und schließlich an die Substanz zu gehen. Ein Konflikt bahnte sich an, denn da gab es ja noch seine Gefühle für mich. Noch immer waren sie lebendig, führten ihr Eigenleben, waren erstaunlich zäh und langlebig. Das war neu für ihn und hinderte ihn daran, Konsequenzen zu ziehen aus dem sich bedrohlich anstauenden Widerwillen gegen die befürchtete Vereinnahmung.

Ein Ausweg aus diesem Dilemma war nicht in Sicht, und gegen eine Aussprache, den Versuch einer Klärung sträubte sich alles in ihm. Was sollte ein Gespräch bringen? Die Situation würde sich dadurch nicht ändern, und unsere Vorstellungen vom Leben würden einander nicht näherrücken. Er würde seine Vorbehalte gegenüber Familienfeiern, den Treffen im Freundeskreis und den small talks nicht verlieren, würde nicht zum pflegeleichten Begleiter meiner geselligen Unternehmungen werden und im Kern der »einsame Wolf« bleiben, als den ich ihn kennen und lieben gelernt hatte. Und ich würde um nichts in der Welt verzichten wollen auf eben diese vielfältigen Beziehungen, die sich gerade jetzt für mich so bewährten. Durch Worte ließen sich unser beider Lebenspläne nicht zur Deckung bringen, zu verschieden waren wir beide.

Und als trockener Alkoholiker hatte er gelernt, die Dinge hinzunehmen, die er nicht ändern konnte. So schwieg er weiter, und der Konflikt brodelte vor sich hin, wurde beherrschend und forderte eine Lösung.

Die fand sich dann auch irgendwann: Eine Zweitbeziehung ergab sich wie zufällig, und zwar eine, die als solche deklariert war und damit jederzeit zu den Akten gelegt werden konnte, die tiefere Schichten nicht berührte und auch sonst keinen nennenswerten Stellenwert besaß. Das alles war so angelegt, daß es früher oder später entdeckt werden mußte, denn er, der sonst so Umsichtige und Vorausschauende, hatte »vergessen«, daß ich seinen Wohnungsschlüssel besaß. Mühsame Auseinandersetzungen erübrigten sich damit, und eigene – bewußte – Entscheidungen wurden überflüssig. Das Unbewußte hatte entschieden.

Vorsichtig tastend hatten wir uns diesen Hintergründen genähert, ohne dabei verletzende Details unnötig aufzurühren, und auch er schien betroffen von der Wucht und dem Ausmaß seiner unbewußten Steuerung. In der Folgezeit hielt er sich eher bedeckt, ließ meine Fragen, meine Anwürfe, meine Verletzungen mit stoischem Gleichmut über sich ergehen, bot sich willig als Projektionsfläche an.

Und ich nutzte seine Zurückhaltung, um meinerseits herauszulassen, was mich so quälte: »Du machst es dir einfach, hältst dich raus aus allem, überläßt mir die Dreckarbeit. Und das, nachdem du dich so dürftig, so jämmerlich, so schäbig benommen hast!« Ich schwelgte geradezu in der Aufzählung von Worten, die sein Versagen geißelten und überdeutlich werden ließen. »Mußtest du unsere gemeinsamen Erinnerungen so in den Dreck ziehen, hattest du es nötig, mich so zu belügen?« »Was soll ich dazu sagen?« meinte er dann betont sachlich und immer ein wenig resigniert, so klang es mir, »du hast ja in allem recht. Es ist völlig normal, daß du auf mich wütend bist. Ich wäre es auch an deiner Stelle.«

Ich begann, mich mit dem Gedanken vertraut zu machen, daß die Zeit für eine Entscheidung noch nicht reif war und ich mich in Geduld üben mußte. Vielleicht würde ich sehr lange mit dieser offenen Wunde leben müssen. Die Vorstellung beunruhigte mich sehr, war ich doch bisher daran gewöhnt, ungeklärte Situationen, offene Fragen und Ungewißheiten möglichst umgehend aus meinem Weg zu räumen. Doch diesmal halfen die bewährten Rezepte offenkundig nicht, mußten neue Wege beschritten werden.

Wenn es mir jetzt nicht gelänge, die innere Unruhe, das Drängen, das quälende Bedürfnis nach alten, vertrauten Lösungen in eigener Regie in den Griff zu bekommen, dann verschenkte ich die Chance, die in jeder Krise steckt, mißachtete und verkannte ich die kreativen Möglichkeiten des Unbewußten. Ihm mußte ich nun das Feld überlassen, indem ich die Zeit für mich arbeiten ließ und mich vorerst darauf beschränkte, auf die Mitteilungen meines Körpers und meiner Seele zu warten.

Einmal noch kam es zu einem heftigen »Rückfall« in alte Verhaltens- und Erlebensweisen. Damals trafen wir uns monatlich etwa einmal zum Gespräch, ein Zeitraum, in dem sich genügend Fragen und Probleme angesammelt hatten, die es für mich zu klären galt. Es fiel mir oft schwer, die nötige Distanz dabei zu wahren, doch Jonas' demonstrative Zurückhaltung, die gleichwohl nie unfreundlich war, ließ mir keine Wahl, wollte ich die Suche nach einer gemeinsamen Lösung nicht gefährden. Eines dieser Gespräche ist mir in besonderer Erinnerung geblieben.

Ich war voller Wut und Vorwürfe. »Eiskalt bist du und völlig gefühllos. Manchmal denke ich an Stasileute oder Schlimmeres, wenn ich dich höre! Nichts berührt dich wirklich. Ein emotional Behinderter bist du!« Ich steigerte mich regelrecht in Haßgefühle und Verachtung hinein und war in diesem Moment felsenfest von der Richtigkeit meiner Beschimpfungen überzeugt. Seine Gesichtszüge erstarrten, wurden fahl und ausdruckslos, seine Schultern und sein Kopf sackten unmerklich tiefer. Wie leblos hingen die Hände zwischen seinen Knien. Lange schwiegen wir nach meinem Ausbruch. Irgendwann erhob er sich mühsam vom Sofa. »Später wird mir dazu sicherlich noch einiges einfallen«, hörte ich ihn leise sagen. Und: »Meld' dich mal wieder!« Da war er schon im Gehen. »Wozu?« entgegnete ich herausfordernd, und er lachte tonlos.

Phase der Einkehr und Neuorientierung

Zweierlei war es nun, worum ich mich bemühte: zum einen unsere Beziehung über die Krise hinweg zu retten, indem wir sie mit neuen Inhalten füllten, zum anderen – und das war vorrangig – um die schrittweise Abnabelung und Loslösung von Jonas und meinem inneren Bild von ihm, das nun nicht mehr stimmte, nie gestimmt hatte.

In dem Maße, wie es mir gelang, Abschied zu nehmen von dieser inneren Vorstellung, dieser Idylle, die sich überlebt hatte, wuchs die Chance, Neues zu gestalten. Ob dieses Neue auch unsere Beziehung beinhalten würde, mußte dabei vollkommen offen bleiben. In jedem Fall würde ich als Gewandelte aus dem Prozeß hervorgehen.

Ich wußte, daß dies langwierig und entbehrungsreich sein würde, und fragte mich, ob ich das alles durchhalten würde, ob ich nicht irgendwann schwach werden und altbewährte Pfade vorziehen würde. Doch das mußte die Zukunft zeigen. Vorerst konzentrierte ich mich ganz darauf, das Heute in Angriff zu nehmen.

In diesem Jahr machte ich drei Reisen, und jede hat mich ein gutes Stück weiter gebracht auf meinem Weg zu mir. Knapp drei Monate war die Krise alt, und das bedrückende Gespräch, in dem ich Jonas so tief verletzt hatte, lag gerade erst zwei Tage zurück, als ich die erste Reise antrat. Eine Freundin, die ich bei dieser Gelegenheit kennenlernte, schilderte mir sehr viel später ihren ersten Eindruck von mir auf dem Flughafen: Depressiv, in mich gekehrt, hängende Schultern, den Blick nach unten gerichtet und das gepflegte und sorgfältig gestylte Äußere Lügen strafend, kurz: ein Bild des Jammers.

Ich kam aufrechten Ganges und fröhlich wieder. In unzähligen Gesprächen hatte ich um mein Thema gekreist und es auf den Punkt gebracht: Zu einer Beziehungskrise gehören zwei Menschen. Welches war mein Anteil? Was hatte ich dazu beigetragen, daß es so kommen mußte? War ich es nicht gewesen, die Jonas in die Ecke des Märchenprinzen gedrängt hatte? Hatte ich ihm überhaupt eine Chance gegeben, schwach und anlehnungsbedürftig zu sein? Hatte ich mich nicht versteckt hinter seiner Stärke, seiner Ausstrahlung, und hatte ich mich nicht geweigert, ihm eine erwachsene, verantwortungsvolle Partnerin zu sein? – Fragen über Fragen, die meine vertrauten Denk- und Fühlgewohnheiten durcheinanderbrachten und neue Sichtweisen eröffneten.

Ja, ich hatte diese Idylle gewollt, hatte sie provoziert, sie gehegt und gepflegt. Ich war es auch, die einen so starken Mann an der Seite gebraucht hatte. Ich hatte ihn stilisiert, hatte seine Schwächen übersehen, seine dunklen Seiten weggeschoben, weil ich es so wollte, hatte ihm das Gefühl vermittelt, daß ich ihn nur im strahlenden Glanz lieben konnte, daß er es sich nicht leisten konnte, gewöhnlich, durchschnittlich, einfach nur banal zu sein.

Nichts anderes hatten meine Eltern damals mit mir getan, als sie sich weigerten, genau hinzuschauen, mich in meiner Begrenztheit und Bedürftigkeit wahrzunehmen und gutzuheißen. Und nun wiederholte ich das, was mir früher so zu schaffen gemacht hatte! Jonas blieb im engen Rahmen unserer Zweisamkeit gar nichts anderes übrig, als seine vermeintlichen Schwachstellen – und dazu gehörten aus seiner Sicht auch die Gefühle – ins Abseits zu schieben und zu riskieren, daß sie irgendwann unkontrolliert alles überwucherten, wenn er unsere Beziehung nicht gefährden wollte.

Eigenartigerweise waren diese Einsichten keineswegs bedrückend für mich. Sie munterten mich auf, schwemmten die fruchtlosen und lähmenden Wut- und Haßgefühle hinweg, ließen Sehnsucht und Zärtlichkeit auftauchen und vor allem die beflügelnde Vorstellung, daß ich als Mitverursacherin der Krise ja auch die Chance hatte, an ihrer Bewältigung mitzuarbeiten. Es war ein durchaus befreiendes Gefühl, das mich zum Handeln ermunterte, mir nahelegte, mein Schicksal in die eigenen Hände zu nehmen, unabhängig davon, was Jonas tat oder getan hatte. Ich konnte Bewegung in die Situation bringen. Ich schrieb ihm aus den Ferien, ließ ihn teilhaben an meinen Gedanken. Vielleicht könnte dieser Ansatz ja der Grundstock für einen Neuanfang sein.

Meine Hoffnungen waren verfrüht. Noch ahnte ich nicht, wieviel Zeit und Geduld ich brauchen würde, und immer wieder blickte ich zu Jonas. Würde auch er Anstalten machen, aus der Krise zu lernen? Würde auch er alles tun, um unsere Beziehung zu neuem Leben zu erwecken? Würden all meine Bemühungen, meine Entbehrungen nicht umsonst sein? Würden sie ausreichen? Und immer wieder der Gedanke: Was zum Teufel muß ich noch alles tun, damit sich bei ihm, dem eigentlichen Verursacher der Krise, etwas Wesentliches ändert? Was in aller Welt muß ich noch ertragen, bis eine erwähnenswerte Reaktion von seiner Seite kommt? – Doch der Anfang war gemacht.

Eine zweite Reise folgte. Zwei Wochen auf einem Segelschiff in südlichen Gewässern, in denen ich die Sonnenauf- und -untergänge beobachtete, den Fahrtwind auf nackter Haut spürte, in das türkisfarbene Wasser eintauchte und mich vom alltäglichen Treiben an Deck gefangennehmen ließ. Und ich konnte es genießen, dieses Nichtstun, konnte mich ihm überlassen, ohne einzubrechen in meine Trauer, konnte – im Schatten des Sonnensegels liegend – mit meiner Freundin immer und immer wieder darüber sprechen.

Und ich konnte es mir nun erlauben, in die Erinnerung abzugleiten, einzutauchen in die gemeinsame Vergangenheit, sie nachzugestalten und festzuhalten. Mir wurde klar, daß ich auf diese Gemeinsamkeit nicht verzichten mochte.

Allmählich konnte ich mich freier bewegen, mußte nicht mehr wie hypnotisiert auf Jonas starren, hatte begonnen, mein Leben in meine Hände zu nehmen, es unabhängig von ihm zu gestalten und zu genießen. Das wurde besonders augenfällig auf meiner dritten Reise im Herbst jenes Jahres, eine Malreise in die Toskana. Was ich vorher nicht geglaubt hätte, es gelang mir: Ich konnte kreativ sein, konnte mich stundenlang vertiefen in die gewählte Aufgabenstellung und alles um mich herum vergessen. Damals begann ich zu ahnen, was es heißt, den eigenen schöpferischen Impulsen zu folgen, sich vom Gegenständlichen zu lösen und sich ganz der bildnerischen Komposition und Gestaltungskraft zu überlassen.

Sie tat mir gut, diese Malerei, die mich weit weg führte von meinen häuslichen Problemen. Und ich führte auch kein ständiges Zwiegespräch mehr mit Jonas. Er war mehr wie ein stiller Beobachter, der mir interessiert über die Schulter sah, dem ich erzählen konnte von meinen Erfahrungen bei der Arbeit, meinen Erlebnissen in der Natur, den ich teilnehmen ließ an meinen Fortschritten.

Ein Ausflug in die Esoterik

Diese Reise stärkte mein Vertrauen in meine schöpferischen Möglichkeiten und machte mir Mut, eigene Wege zu gehen. Die beschritt ich dann auch, zögernd zwar und äußerst skeptisch, aber doch voll Neugierde.

Zunächst ließ ich mir ein Horoskop erstellen. So etwas zu tun war in meiner Familie ein Sakrileg, und wahrscheinlich hätte ich es zu Lebzeiten meines Vaters nicht gewagt. Ich wäre nicht einmal auf die Idee gekommen, einen solchen Schritt nur in Erwägung zu ziehen. Jetzt aber fühlte ich mich frei, abtrünnig zu werden und die Gebote des reinen Verstandes und der Religion hinter mir zu lassen.

Was konnte mir schon passieren? Schlimmstenfalls würde ich ein wenig Geld loswerden, ohne etwas Greifbares dafür zu bekommen. Also riskierte ich es. Neugierde und Angst mischten sich, ließen mein Herz heftig schlagen, und fast kam ich mir anstößig vor, als ich mich aufmachte, eine Adresse in der Tasche.

Ich war erstaunt, eine gutaussehende Frau meines Alters vorzufinden, die auf mich einen intelligenten und weltoffenen Eindruck machte. Auch die helle, geschmackvoll und eher sparsam eingerichtete Wohnung trug dazu bei, daß ich schnell Vertrauen faßte.

Vieles, was sie sagte, blieb mir zwar unverständlich oder unklar, doch fand ich mich in dem Gesamtbild, das sie an Hand meines Horoskops entwarf, durchaus wieder, und das machte sie für mich glaubwürdig, unterstrich vor allem ihre eingangs gemachte Bemerkung, als sie meine Handlinien betrachtete, auf die sie immer wieder zurückkam: »Sehen Sie hier diese mächtige Linie! Sie haben ein großes Maß an Energie. Nur nutzen Sie sie nicht so, wie Sie könnten. Sie leben weit unter Ihrem Niveau, schöpfen Ihre Möglichkeiten keineswegs aus. Natürlich werden Sie auch Probleme bekommen, wenn Sie beginnen, Ihre Kraft zu nutzen. Aber es wird Sie – langfristig gesehen – zufrieden machen.«

Das setzte sich in mir fest. Sollte sie recht haben? Hatte ich unbewußt meine Ängste und meine Sucht benutzt, um tatkräftigen Entscheidungen aus dem Weg zu gehen? Eine Antwort auf meine Frage konnte nur die Zukunft geben. Also beschloß ich, diese Aussage im Sinne einer

Arbeitshypothese zu verstehen, das heißt, einfach einmal davon auszugehen, daß sie den Tatsachen entsprach und daß ich in Zukunft stärker als bisher auf meine Möglichkeiten setzte. Ganz falsch konnte das nicht sein.

Dann machte ich weitere Entdeckungsfahrten. Ein Ausflug in die Esoterik bot sich mir an, ein Gebiet, dem ich bisher im wesentlichen mit vagen Vermutungen und Vorurteilen begegnet war. Aber meine Freundin hatte mich durch ihre Erzählungen neugierig gemacht, und irgendwann war dann die Entscheidung in mir reif. Ich meldete mich zu einem sogenannten spirituellen Wochenende an, dessen Ankündigungstext stilistisch zwar etwas abgehoben und wolkig daherkam, inhaltlich jedoch recht vielversprechend war.

Es war ein strahlender Freitagmorgen, als ich erwartungsvoll zu meinem Ziel aufbrach. Nach der Hausnummer brauchte ich nicht lange zu suchen, denn von allen Seiten strömten inzwischen Menschen mit großen Taschen und Rucksäcken in die gleiche Richtung und verschwanden in einem Toreingang. Ich folgte ihnen, überquerte den kahlen Hof, stieg die zunehmend voller werdende Treppe des Fabrikgebäudes hoch und reihte mich ein in die Schlange der Wartenden. Nachdem ich die Teilnahmegebühr bezahlt hatte, suchte ich mir in dem großen unmöblierten Mehrzweckraum einen Platz auf dem Parkettfußboden. Ich setzte mich auf mein Kissen, stellte die Provianttasche neben mich und schaute mich interessiert um. Etwa hundert Leute saßen oder standen schon in dem Raum, und immer noch drängten sich Neuankömmlinge am Eingang. Alle Altersstufen waren vertreten, doch die größte Gruppe bildeten zweifellos die Fünfunddreißig- bis Fünfundvierzigjährigen. Männer waren in der Minderheit.

Und dann der Auftritt des Gurus, ein gut vierzigjähriger, wort- und stimmgewaltiger Mann von gewinnendem Äußeren mit sympathischer, fast jungenhafter Ausstrahlung, mit der er sein Publikum für die nächsten drei Tage in seinen Bann schlug, jedenfalls die meisten von uns. Ich blieb zunächst eher skeptisch, ablehnend. Seine neben aller Liebenswürdigkeit doch recht selbstgefällige, fast autoritäre Art, mit Kritik umzugehen, stieß mich ab, ließ Zweifel an seiner Integrität und Souveränität aufkommen. Doch am zweiten Tag siegte bei mir der Wunsch nach weitergehenden Erfahrungen, die er so überzeugend und verlockend ankündigte, daß ich meine Zurückhaltung aufgab und mich einließ auf ein Abenteuer, aus dem ich mit neuen Perspektiven und Denkanstößen hervorzugehen hoffte. Was konnte mir schon passieren? Schlimmstenfalls hätte ich drei Tage lang Zeit und Energie vergeudet.

Ein verwirrendes und zugleich faszinierendes Gemisch aus Gesprächen, Vorträgen, Spielen und Spielereien, Gruppen-, Partner- und Einzelübungen kam nun in Gang, und je ungehemmter ich mich dieser ansteckenden und berauschenden Atmosphäre überließ, desto tiefer sank ich ein in die Welt meiner Emotionen. Mit bewundernswertem schauspielerischen Elan, beachtlichem Einfühlungsvermögen, das gepaart war mit Witz und Spott, zum Beispiel über die arrivierte Konkurrenz der Ärzte, Therapeuten und Analytiker, mit hemmungsloser Selbstüberschätzung und unermüdlichem körperlichen Einsatz hetzte der Guru uns von einem Aha-Erlebnis zum anderen, von einer Gefühlsaufwallung zur nächsten. Gegen Mitternacht fiel ich vollkommen erschöpft und todmüde ins Bett, unfähig, auch nur einen vernünftigen Gedanken zu fassen, doch erfüllt von der beseeligenden Vorstellung, einem »Naturereignis« beizuwohnen, das mich als einen gewandelten Menschen entlassen würde.

Die Euphorie nach diesem Wochenende hielt einige Wochen an, bis ich zunehmend ernüchtert feststellte, daß ich offenkundig wieder einmal einer Illusion nachgejagt war, denn in Wirklichkeit hatte sich nichts geändert seitdem. Wie auch? Ich war für kurze Zeit tief in meine Gefühlswelt eingetaucht, hatte mich berauscht an meiner eigenen Emotionalität, mich lebendig gefühlt und war dem Trugschluß verfallen, daß das unspezifische, möglichst heftige An-, Auf- und Umrühren untergründiger Schichten zu Einsichten oder gar Veränderungen führt.

Natürlich war mir klar, daß ein intensiv erlebtes Wochenende allein keine Wunder bewirken kann, daß die eigentliche Arbeit im Alltag, vor allem aber in den zusätzlich angebotenen Kursen stattfinden muß, damit wirkliche Veränderung möglich wird. Doch je länger das Erlebnis zurücklag, desto deutlicher wurde mir, daß mir all das, was hier an neuen Einsichten und Lebenshilfen angeboten wurde, sehr vertraut war, daß die meisten Probleme, die die anderen bewegten, für mich der Vergangenheit angehörten, daß ich in jahrelanger Kleinarbeit bereits gelernt, zumindest geübt hatte, im Heute zu leben, positiv zu denken, zu verzichten, meine Anspruchshaltung zu reduzieren, um nur einige dieser uralten Weisheiten zu nennen, die dort in neuer Verpackung angeboten wurden.

Es blieben dennoch Reste von Zweifel, ob denn dieser seltsam faszinierende Mensch nicht vielleicht doch über Möglichkeiten verfügte, die mir nicht zugänglich waren und die sich mir erst im Kurs für Fortgeschrittene eröffnen würden. So jedenfalls legten es die Erzählungen von Freunden nahe, die sich auszukennen schienen. Also belegte ich ein halbes Jahr später erneut einen Wochenendkurs, der die Erfahrungen vom ersten Mal vertiefen sollte. Aber es blieb bei einer an- und aufregenden Neuauflage des Alten, bereits Vertrauten. Diesmal war es jedoch befrachtet mit für mich zunehmend fragwürdigen bis peinlichen Hinweisen auf den Bereich des sogenannten Übersinnlichen, das in den weiterführenden Kursen erst eigentlich zum Tragen kommen sollte. Und ich wußte nun sicher, daß ich hier fehl am Platz war.

Wieder einmal war ich auf Umwegen zu einer längst bekannten Einsicht gelangt, zu der im Grunde banalen, aber nicht weniger folgenreichen Erkenntnis, daß ich allein meines Glückes Schmied bin. Insofern war dieser Abstecher in die Welt der Esoterik keineswegs umsonst. Er bestärkte mich in vielem, was ich in den letzten zehn Jahren getan hatte, und machte zugleich deutlich, daß mein Weg eine andere Richtung, andere Ziele hatte als die, die ich hier gezeigt bekam. Je länger ich mich in diesem Milieu aufhielt, desto klarer wurde mir, daß es hier primär darum ging, den Zugang zur spirituellen Welt – was immer das auch ist – zu finden: ein Bereich, der seine Gestaltung, Erklärung und Definition durch den jeweils aktuellen Guru erfährt. Diese Abhängigkeit vom Vermittler der Lehre wird zwar immer wieder abgestritten, ist jedoch bei den Anhängern nicht zu übersehen. Sie ist es vor allem, die mich sehr skeptisch werden ließ.

Im nachhinein wird mir verständlich, warum ich in diesem Umfeld keinem wirklich unabhängigen und eigenständig denkenden und handelnden Menschen begegnet bin. Kaum einer hatte sich je der Mühe unterzogen, in täglicher, oft entmutigender und sehr gewöhnlicher Kleinarbeit Erfahrungen zu sammeln, quälende Durststrecken durchzustehen, und kaum einer war je – wie ich als Süchtige – so lebensnotwendig darauf angewiesen, sich immer und immer wieder neu die Konsequenzen des eigenen Tuns vor Augen zu halten.

Ich wollte und brauchte nun keinen Menschen mehr, der mir ein fertiges Konzept vorsetzte, den Entwurf einer besseren Art zu leben, eine spirituelle Dimension, die meinem Leben Sinn und Ziel geben sollte. Was ich suchte, war der Zugang zu meinem eigenen Inneren. Dort vermutete ich Möglichkeiten und Erkenntnisse, die über das Alltagsgeschehen hinausreichten und die so etwas wie Sinngebung beinhalteten. Dieser Weg würde streckenweise einsam sein, gesäumt von Irrtümern und Zweifeln, aber es würde *mein* Weg sein.

Eine Ausstellung

Als nächstes nahm ich einen Plan in Angriff, den ich bereits seit einiger Zeit hegte: die Vorbereitung einer Ausstellung meiner Bilder. Wie zu erwarten, gab es einige Hindernisse zu überwinden, Absagen, die verkraftet, und Termine, die verschoben werden mußten. Doch irgendwann war es dann soweit. Ort und Zeit standen fest, ich mußte die Auswahl der Bilder treffen, sie rahmen lassen, und sie mußten aufgehängt werden.

Nicht, daß ich die Illusion gehabt hätte, mit dieser Ausstellung den Beginn einer Künstlerkarriere einzuleiten. Inzwischen hatte ich einige Übung darin, unangemessenen Ansprüchen gegenüber wachsam zu sein, und ich konnte mich durchaus damit zufriedengeben, daß meine Arbeiten zumindest einiges handwerkliches Können zeigten und eine eigene Handschrift hier und da ansatzweise zu erkennen war. Und um die ging es mir. Diese zaghaften Ansätze eigenständiger schöpferischer Gestaltung wollte ich weiterverfolgen und sie zum Ausgangspunkt eines möglichen eigenen Weges machen.

So lag mir viel daran, über meine Bilder mit anderen Menschen ins Gespräch zu kommen, im Dialog mit ihnen meinen Standort neu zu bestimmen. Denn zu dieser Zeit war ich mit meiner Malerei wieder einmal an einem Wendepunkt angelangt. Meine bisherigen Techniken, Themen und Herangehensweisen hatte ich für mich ausgeschöpft, sie waren unergiebig geworden. Mit ihnen konnte ich nicht mehr das ausdrücken, was in mir nach Gestaltung drängte, und Neues war noch nicht in Sicht.

Eine vertraute Situation, wie ich sie in meiner Trockenheit nun schon häufiger erlebt hatte und die nur durch einen entschiedenen Schritt nach vorn, durch aktives Ausprobieren gemeistert werden konnte. Doch beflügelte mich vor allem die Gewißheit, daß ich niemanden brauchte, der mich an die Hand nahm und mir Wege ebnete. Wie oft zum Beispiel hatte Jonas gesagt: »Mach doch mal eine Ausstellung! Ich helf dir auch dabei.« Und jedesmal hatte ich Angst vor dem Neuen und winkte resignierend ab: »Vielleicht später einmal, wenn ich keine Angst mehr habe.«

So wurde es eine für mich in jeder Hinsicht sehr erfolgreiche Ausstellung. Ich verkaufte eine ganze Reihe von Bildern und machte vor allem die ermunternde Erfahrung, daß ich selbst nur etwas in Bewegung zu setzen, die innere Unruhe und die Ungewißheiten auszuhalten brauchte, um neue, unbekannte Pfade zu beschreiten.

Ich war stolz und glücklich, als Jonas am Eröffnungsabend erschien.

Die Zeit der Stille

Ich war nun gut gerüstet, um die nächste Aufgabe, die anstand, zu bewältigen. Seit über einem Jahr besaß ich gemeinsam mit meiner Schwester Maria ein idyllisch gelegenes Grundstück im Umland Berlins mit einem unbewohnten Bauernhaus und einer Scheune, in der noch Kühe und Schweine hausten. Wir hatten es auf einem unserer sonntäglichen Ausflüge entdeckt und uns kurz entschlossen zum Kauf entschieden.

Damals war mein Vater nach monatelangem Leiden gerade gestorben, und ich steckte mitten in der Krise mit Jonas. So war ich eigentlich in keiner Weise motiviert, mir eine zusätzliche Belastung zuzumuten. Doch ich fuhr mit, um den Kauf vorvertraglich gemeinsam zu regeln.

Es war ein sonniger Morgen. Wir waren etwas zu früh angekommen und machten im nahen Dorf Station, schlugen den Weg zum See ein, vorbei an einem schlichten Herrenhaus, das von zwei uralten, weitausladenden Kastanienbäumen beschattet wurde. Tief atmete ich die klare, frische Frühlingsluft ein. Ein zarter Morgennebel lag über dem stillen Wasser. Wir waren ein paar Schritte dem schmalen Pfad zwischen Schilf und dem angrenzenden verwilderten Park gefolgt, als sich uns ein Blick von seltener Dichte auftat: Vor uns lag eine saftige Wiese, auf der einen Seite begrenzt durch den See und auslaufend in riesige Weidekoppeln. Ganz weit hinten grasten zwei Pferde, deren rötlich-blondes Fell die Morgensonne beschien. Ein friedliches, ein anrührendes Bild. Wir standen eine Weile still, und ich wußte, daß ich diese Chance nicht vertun würde, daß ich bei dem Kauf dabei sein würde.

Viel war zu tun an dem niedrigen kleinen Bauernhaus, das Maria bewohnte, und noch mehr an der baufälligen Scheune, die einmal mein Ferienhaus werden sollte. Vorerst nahm ich vorlieb mit einem winzigen Mansardenzimmer bei Maria, das sie mir für die Dauer des Umbaus angeboten hatte. Doch noch nutzte ich es nur selten; ich reiste in diesem Jahr sehr viel und war zu sehr mit mir selbst beschäftigt. Zu bedrohlich noch wirkte auf mich das Gespenst der Einsamkeit, des fruchtlosen Grübelns, zu sehr noch brauchte ich das Gespräch und die Ablenkung durch die Großstadt.

Doch inzwischen war ein Jahr vergangen, und ich fühlte mich stark und engagiert genug, den Ausbau meiner Scheune zu planen. Bald war klar, daß mir hier eine Aufgabe zugefallen war, die meinem Bedürfnis nach Gestaltung und Formgebung sehr entgegenkam, und es war jetzt an mir, meine innere Ungeduld und Hast zu bezähmen, um die vielen kleinen und großen Entscheidungen, die auf mich zukamen, nicht überstürzt zu treffen.

Es war ein ruhiger, nachdenklicher Sommer, die Zeit vor der Einweihung meines »Refugiums«. Der Ausbau schritt voran, und ich genoß die Natur und die Stille. Anfang Oktober feierten wir die Einweihung, und ich konnte zum ersten Mal in meinen neuen vier Wänden übernachten.

Ich war auf eine Zeit der Einkehr eingestimmt und

wollte viel viel lesen. Ich freute mich auf einsame Ruderpartien auf unserem See, das erfrischende Bad nach langen Fahrradtouren auf sonnig-heißen Landstraßen, die Wanderungen durch die umliegenden Wälder, die üppigen, farbenfrohen Sträuße, die ich am Wegrand pflücken würde, die ersten Strahlen der Morgensonne über dem sanft ansteigenden Kornfeld vorm Haus und den milden Schein der Abendsonne hinter den Wipfeln der mächtigen Silberpappeln und Erlen.

In dieser Zeit machte ich mich mit C. G. Jungs Werken und denen seiner Schülerinnen und Schüler aufs Neue vertraut, ließ den seltsam verzaubernden Charme der Märchen und Mythen auf mich wirken und fühlte mich im Einklang mit der Natur, die mich umgab und deren Rhythmus ich mich anpaßte. Ich hatte das Gefühl, ganz in mir zu ruhen und meine Mitte gefunden zu haben.

Hier in der selbstgewählten Einsamkeit, in der mich die Außenwelt weder durch Telefon noch durchs Fernsehen erreichte, gelang mir also, was ich mir nie hätte träumen lassen: Ich war zufrieden mit mir selber, genoß das Für-mich-Sein und das In-den-Tag-hinein-Leben und gehorchte nur den Eingebungen des Augenblicks. Alles, was ich tat, ob lesen, kochen, zeichnen, Blumen pflücken, Unkraut jäten oder einfach nur träumen, horchen und schauen, wurde wertvoll und bedeutsam, da *ich* ihm Wert und Bedeutung gab. Ich brauchte hier niemanden zu meiner Unterhaltung oder Ablenkung, und es gab nichts, von dem ich mich ablenken mußte.

Ahnungsweise lernte ich allmählich Sinn und Wert von Jonas' abwartend-hinnehmender Haltung, mit der ich so lange gehadert hatte, verstehen und schätzen. Ohne sie hätten wir nicht die nötige Zeit zum Reifen und Wachsenlassen gehabt, die wir beide brauchten, um die Krise – jeder auf seine Weise und jeder für sich allein – zu verarbeiten; ohne sie hätte der wechselvolle Prozeß meiner Entscheidungen nur allzu schnell in eine der üblichen Sackgassen geführt.

Fast unmerklich wandelte sich nun auch mein Verhältnis zu ihm. Ich brauchte nicht mehr nach seinen verlorengeglaubten Qualitäten zu suchen. Ich konnte wie von selbst darauf verzichten, mein Idealbild von Jonas am realen, um so vieles menschlicheren Jonas zu messen. Jetzt endlich ließen sich die beiden Bilder von ihm zur Deckung bringen, die bisher so unvermittelt nebeneinander gestanden hatten und mir wie zwei Seiten einer Medaille vorkamen, mir unvertraut und rätselhaft geblieben waren.

Ich fand den Menschen Jonas, der solche Mühe hatte, den ersten großen – vielleicht den größten – Verlust seines Lebens, den Tod seines Vaters zu verkraften. Jonas, der es nicht vermochte, den kleinen Zwölfjährigen von damals anzunehmen, ihn zu bejahen in seiner Verletzlichkeit, Einsamkeit und Trauer und in sein Erwachsenenleben zu integrieren; der zu schwach war, seine Schwäche zu akzeptieren, der es darum nötig hatte, sich im Laufe der Jahre so aufzublähen, daß zeitweilig kaum etwas daneben Platz hatte, kein tragfähiges Gefühl, keine bewußt erlebte Angst, keine Weichheit, keine Irritation.

Meine Liebe zu Jonas konnte ich nun als ein Geschenk annehmen, das ich gern mit ihm geteilt hätte und das mir das beglückende Gefühl von Fülle und Überfluß gab – mir, die ich mein Leben lang in dem Gefühl gelebt hatte, nicht genug zu bekommen, das Wenige, das ich zu besitzen glaubte, sorgsam hüten zu müssen, damit ich nicht ganz leer ausging, und die süchtig werden mußte, um wenigstens momenthaft im Rausch das Gefühl des Erfülltseins erleben zu können. Ich erlebte meine Liebe nicht mehr als Besitzstreben, sondern als eine innere Kraft, die von mir ausgeht, die nicht fordert, sondern gibt, nicht festhält, sondern losläßt, nicht einengt, sondern wachsen läßt.

Ich erinnere mich an ein Gespräch mit Jonas aus dieser Zeit. Damals verbrachte ich meine Sommerferien in meiner Scheune, und einmal wöchentlich fuhr ich nach Berlin, auch um Jonas zu sehen. Diesmal trafen wir uns in einem Restaurant, und das Gespräch drehte sich um das Problem der Abhängigkeit, sein Thema, das ihn heute besonders beschäftigte. Ich sehe noch seinen intensiven Blick, höre seine beschwörende Frage, warum die Menschen, auch die, mit denen er nur flüchtig zu tun habe, immer wieder in Abhängigkeit von ihm gerieten. Er tue doch inzwischen alles, um das zu verhindern. Und ich spürte zwischen den Zeilen den unausgesprochenen Wunsch nach wirklicher Beziehung, einer Beziehung, die den anderen nicht benutzt oder vereinnahmt und vor allem nicht überhöht. Seine Offenheit und Verletzlichkeit machten es mir leicht, ihm das zu sagen, was mir in einer anderen Situation sicher nicht so klar und selbstbewußt über die Lippen gekommen wäre: daß ich ihn liebte und daß ich mich nun nicht mehr abhängig von ihm fühlte. »Das sind zweierlei Dinge, die viel miteinander zu tun haben. Aber sie können auch jedes für sich stehen. Auch mir ist das neu.« Er nickte, schwieg, und ich wußte, daß er Zeit brauchte, Zeit, um meine Worte in sich aufzunehmen und um Vertrauen zu schöpfen.

Damals erlebte ich mich im Überfluß. Das teilte sich auch meinen Schülern mit, als ich nach den Ferien in den Unterricht zurückkehrte. Ich setzte bald einen Elternabend an, um eine zunehmend unbefriedigende Klassensituation zu klären. Die Trennung von Jonas, die inzwischen anderthalb Jahre zurücklag, hatte meine Energie so beansprucht, daß für die Kinder nicht mehr viel übriggeblieben war. Die Folgen waren unübersehbar: Ein allgemein aggressiver Umgangston der Schüler untereinander, Unlust, mangelnder Arbeitseifer und eine entsprechende Vorwurfshaltung meinerseits hatten sich breitgemacht und drohten das bisher gute Arbeitsklima zu vergiften.

Ich erzählte an diesem Elternabend von mir, von meinen Versäumnissen und welche Vorstellungen ich hatte, wie es weitergehen könnte. Dieser Einstieg nahm den inneren Druck von den Eltern, gab ihnen die Möglichkeit, eigene Fehler und Gedankenlosigkeiten zu sehen, und weckte ihr Gefühl für die eigene Verantwortlichkeit. Innerhalb weniger Wochen wurde das Miteinander für alle Beteiligten erfreulich und ausgesprochen angenehm.

Damals begriff ich auch, was es in letzter Konsequenz heißt, *mein* Leben zu leben, nicht das Leben, das meine Eltern, meine Freunde, meine Therapeuten – vielleicht – für mich vorsahen, sondern das, wofür ich allein die Verantwortung trug, für dessen Folgen ich allein aufzukommen hatte. Sicher, es gab Erfahrungswerte, Richtlinien, Normen, doch an denen war ich schon einmal gescheitert, war süchtig geworden, süchtig – auch – nach dem Dazugehörigsein, dem Geliebtwerden. Aber das kam für mich nicht mehr in Frage, und so konnte ich auch den gutgemeinten Ratschlägen, mit denen mich besorgte Freunde und Verwandte verfolgten, standhalten:

»Laß diesen Jonas laufen! Was bringt er dir noch? Letztendlich nur Probleme und Ärger. Du verbaust dir dein Leben, wenn du an diesem Menschen so festhältst! Was soll bei der Warterei herauskommen? Menschen verändern sich nicht, nicht in diesem Alter! Und Männer schon gar nicht! Das ist reine Zeit- und Energieverschwendung. Du machst dir Illusionen! Was einmal kaputt ist, ist nicht zu reparieren. Bloß nichts aufwärmen, was im Grunde vorbei ist! Das hat noch nie funktioniert. Du hast inzwischen dein Leben so gut im Griff, laß es dir nicht zwischen den Fingern zerrinnen …!«

Sollte ich mich irren in dem Grundgefühl, daß wir trotz allem immer noch zusammengehörten, daß es nur eine Frage der Zeit und der Geduld sein würde, bis wir einen Neuanfang wagen könnten? Es wäre so einfach gewesen, das zu tun, was so viele tun, die in einer »Beziehungskiste« stecken: sich irgendwie durchzuwursteln mit den nur allzu bekannten endlosen Diskussionen, gegenseitigen Vorwürfen und Verletzungen sowie einer sich breitmachenden Gleichgültigkeit oder gar Haß und Verachtung. Doch da hatten sich zwei »Überzeugungstäter« gefunden, die keine halben Sachen machten und nicht so schnell aufgaben.

So ging jeder seinen Weg, den er zu gehen hatte, er den seinen, ich den meinen. Ab und zu begegneten wir uns dabei, und jedesmal nahm ich etwas Neues an ihm wahr, vervollständigte das Bild, das ich in mir trug. Vielleicht würde es uns ja gelingen, eines Tages wieder gemeinsam zu gehen.

Die Früchte der Stille

In dieser Zeit der Stille hatte noch etwas Neues in mir zu keimen begonnen: der Gedanke, dies alles aufzuschreiben, den verschlungenen Pfaden meines Aufbruchs in die Trockenheit zu folgen, die großen Linien nachzuzeichnen, aber auch den Abwegen und Sackgassen auf die Spur zu kommen. Ich ließ diesem Gedanken Zeit und verfolgte ihn nicht mit dem Wenn und Aber meines Verstandes. Doch ich nährte ihn mit meinen Lesefrüchten, meinen Gefühlen, Gedanken und Träumen. Und ich hütete diese Idee, schützte sie vor fremden Blicken, störender Einflußnahme und drängenden Erwartungen, indem ich sie für mich behielt.

Herbst und Winter kamen. Jedes Wochenende zog ich mich in meine Scheune zurück, um in wohltuender Stille die begonnene Arbeit fortzuführen. Irgendwann Anfang Januar war es dann soweit. Der erste Satz meines Textes geisterte mir durch den Kopf. Ich schrieb ihn auf. Der Anfang war getan.

Das Schreiben nahm mich von nun an gefangen. Ich tauchte ein in meine Vergangenheit, ließ die einzelnen Stationen meiner Trockenheit an mir vorüberziehen, spürte den unwillkürlich aufsteigenden Gefühlen nach, die die jeweilige Situation begleiteten, suchte den roten Faden, der die einzelnen Wegstrecken miteinander verband und der mir – so hoffte ich – zugleich auch meinen Weg in die Zukunft weisen würde.

Eines war von Anfang an klar: Ich wollte mir Klarheit verschaffen über mich selber, meine Schwierigkeiten und Probleme, meine Möglichkeiten und Fähigkeiten. Dieser Wunsch stand an erster Stelle, und durch das Schreiben konnte ich ihn verwirklichen. Nichts und niemand anderes hatte in dieser Zeit Platz neben meiner Arbeit. Auch Jonas nicht. Zum ersten Mal konnte ich ohne Not die Zügel locker lassen, konnte auf die regelmäßigen Treffen verzichten, ohne zu leiden. Nicht, daß ich ihn aus meinem Herzen verbannt hätte. Aber er drängte sich nicht in den Vordergrund und hinderte mich nicht daran, meine Wege zu gehen.

Doch einmal, während ich gerade an den letzten Seiten des Manuskripts schrieb, geschah etwas, das mich aus dem sonst so ruhigen Gleichmaß meiner Tage warf. Damals hatte ich draußen in meiner Ferienidylle eine kleine Liebesgeschichte mit einem anderen Mann, leicht, unbeschwert und unverbindlich. Aber die Freude war nur von kurzer Dauer. Unwillkürlich hatte ich weinen müssen in seinen Armen. Es waren Tränen der Trauer und der Sehnsucht. So sehr war ich innerlich also noch an Jonas gebunden, daß sein Bild sich dazwischendrängte, wo ich mich frei bewegen und eigene Erfahrungen sammeln wollte. Das schreckte mich auf und machte mich wütend. So hatte ich mir mein neues Leben nicht vorgestellt, so sollte er mich nicht einengen in meiner Erlebnisfähigkeit! Jetzt war für mich der Zeitpunkt gekommen, wo eine Entscheidung fallen mußte. Die Phase des unverbindlichen Aufeinander-Bezogenseins war nun vorüber. Jetzt mußten klare, eindeutige Worte von seiner Seite kommen, wie auch immer sie ausfallen würden.

Ich rief Jonas am nächsten Tag an und bat ihn um ein Gespräch. Wir trafen uns noch am selben Abend... Da ich nichts zu verlieren hatte, brauchte ich auch nichts zu verschweigen, weder meine gestrigen Tränen noch deren Ursache. Und während ich sprach, löste sich meine innere Anspannung wie von selbst, ging auf in dem umfassenden Gefühl tiefer gegenseitiger Vertrautheit und Bindung, und ich wußte, daß es gut war, so wie es war, was auch immer zwischen uns geschehen würde. Schweigend ruhte sein Blick auf mir, offen, verletzlich, voller Zuneigung. Ruhig und sicher konnte ich fortfahren: »Deine Kinderfotos, von denen du mir so oft erzählt hast, ich hätte sie so gern irgendwann. Ich möchte auch jetzt noch wissen, wie der kleine Jonas ausgesehen hat, der es so verabscheute, wenn die Leute im Vorübergehen über seine blonden Locken strichen.« Und nach einer kurzen Pause fügte ich nachdenklich hinzu: »Irgend etwas ist in dir ganz furchtbar in Unordnung.« Ich blickte ihn voller Wärme an. »Das denke ich auch manchmal«, sagte er kaum hörbar, und sein Kopf senkte sich unmerklich. Es dauerte geraume Zeit, bis ich gewahr wurde, daß er weinte.

Das war der Anfang unserer neuen Beziehung, einer reiferen und erwachseneren Verbindung zweier Menschen, die versuchen, einander zu lieben, ohne sich gegenseitig zu vereinnahmen. Inzwischen ist einige Zeit ins Land gegangen, und ich weiß heute, daß es an uns liegt, dieses kostbare Gut immer wieder neu zu gestalten. Darin haben wir beide einige Übung.

Literaturhinweise

Apuleius: Amor und Psyche. Mit einem Kommentar von E. Neumann. Bern/München 1977.
Beit, Hedwig von: Symbolik des Märchens. Band 1 und 2. Bern/München 1977ff.
–: Gegensatz und Erneuerung im Märchen. Bern/München 1977.
Birkhäuser-Oeri, Sibylle: Die Mutter im Märchen. Hrsg. v. Marie-Luise von Franz. Stuttgart 1990.
Dieckmann, Hans: Individuation im Märchen aus 1001 Nacht. Stuttgart 1974.
–: Märchen und Symbole. Stuttgart 1977.
–: Gelebte Märchen. Lieblingsmärchen der Kindheit. Zürich 1991.
Franz, Marie-Luise von: Das Weibliche im Märchen. Stuttgart 1977.
–: Der Mensch und seine Symbole. Olten/Freiburg 1979.
–: Das Böse. Zürich 1978.
–: Der Schatten und das Böse im Märchen. München 1991.
Freud, Sigmund: Trauer und Melancholie. In: Psychologie des Unbewußten. Studienausgabe Band III, Frankfurt a. M. 1975.
Jacobi, Jolande: Die Psychologie von C. G. Jung. Eine Einführung in das Gesamtwerk. Olten/Freiburg 1971.
Jung, Carl Gustav: Die Beziehungen zwischen dem Ich und dem Unbewußten. Gesammelte Werke Band 7. Olten/Freiburg 1978.
–: Die Archetypen und das kollektive Unbewußte. Gesammelte Werke Band 9/1. Olten/Freiburg 1978.
–: Psychologie und Alchemie. Gesammelte Werke Band 12. Olten/Freiburg 1978.
Kast, Verena: Trauern. Phasen und Chancen des psychischen Prozesses. Stuttgart 1982.
–: Der schöpferische Sprung. Vom therapeutischen Umgang mit Krisen. Olten/Freiburg 1987.
Landau, Erika: Psychologie der Kreativität. München 1969.